学术顾问：魏中林

粤港澳大湾区
与新时代应用型高等教育

A New Era: Applied Higher Education of the
Guangdong–Hong Kong–Macao Greater Bay Area

王彦斌　曾祥辉　段颖逸　编著
王　俊　李　旖　霍萧夷

广东高等教育出版社
Guangdong Higher Education Press
·广州·

图书在版编目（CIP）数据

粤港澳大湾区与新时代应用型高等教育/王彦斌等编著.—广州：广东高等教育出版社，2019.12
ISBN 978-7-5361-6624-0

Ⅰ.①粤… Ⅱ.①王… Ⅲ.①地方教育－高等教育－发展－研究－广东、香港、澳门 Ⅳ.①G649.286.5

中国版本图书馆CIP数据核字（2019）第227863号

粤港澳大湾区与新时代应用型高等教育
YUEGANGAO DAWANQU YU XINSHIDAI YINGYONGXING GAODENG JIAOYU

出版发行	广东高等教育出版社 地址：广州市天河区林和西横路 邮政编码：510500　电话：(020) 87551597 http://www.gdgjs.com.cn
印　　刷	广东信源彩色印务有限公司
开　　本	880毫米×1 194毫米　1/32
印　　张	10
字　　数	263千
版　　次	2019年12月第1版
印　　次	2019年12月第1次印刷
定　　价	48.00元

序

孙中山先生在《建国方略》中畅想:"为建设一南方大港,以完成国际发展计划篇首所称中国之三头等海港。"百年后的今天,港珠澳大桥过伶仃洋,珠江口货如轮转之景已远超孙中山先生当年构想。放眼望去,一个世界级湾区正在释放塑造历史的变革之力。粤港澳大湾区建设,这个影响也许不只限于中国经济社会跃动提升的区域大战略,已然展开。

当今,社会经济的发展愈来愈依赖于高等教育的引领和支撑。观之世界诸大湾区史,无不与高校集群的壮大形成交织叠动之势。粤港澳大湾区,就其所逐次展开的创新科技和宏大产业以及相应各类人才的需求而言,无疑急切需要高等教育的同步共振。湾区高校该如何应对这一庞大而持久的需求?这既是挑战,又是机遇。

数年前在中山大学成立的粤港澳高校联盟已然迅速作出了回应:三地高校强强协作,着力科技创新和创新型人才培养,主动适应湾区需求。确实,科技创新和创新人才培养是引领湾区发展建设的火车头,就此而言,一方面,湾区内粤港澳三地这些允称为一流高校的反响是足称敏锐并切中肯綮的。但另一方面,湾区的主体是大量丛生的产业和产业集群,持续需要同样大量的应用型和服务型人才。同时,无论是公办还是民办,湾区高校大部分为一般普通本科和职业院校,这个高校群体该如何应对湾区需求,并同湾区建设融通壮大?

如此，现实要求和逻辑性相统一地提出了关于应用型高校建设和应用型人才培养的问题。南博集团试图对此作出回答，集团2018年成立了教育研究院，并于6月率先举办了首届以粤港澳大湾区与应用型高等教育为主题的论坛，将其所属的广东科技学院明确定位为应用型本科院校，锐意在办学实践基础上，持续推进应用型高等教育的研究。

应当说，从20世纪90年代开始，我国高等教育在全力打造以"211""985""双一流"为标志的高水平大学、着力创新型人才培养的同时，也一直在强调应用型人才培养，但这显然局限于提倡，而缺乏机制上的落实。2014年首次提出了新办地方本科院校应用型转型问题，2016年正式颁文出台关于引导部分地方普通本科高校向应用型转变的指导意见，2017年"十三五"高校设置规划明确提出，对应创新型、应用型、技能型三类人才培养，我国高等教育分为研究型、应用型和职业技能型三大类型。其间，从地方到国务院的相关政策文件和各省次第展开的应用型本科转型试点，共同形成和确定了应用型本科高校的基本定位。由此，应用型人才培养不再是一般浮泛的提倡，而是具有了应用型人才培养和应用型高校类型设置的机制保障。这无论是对社会经济之产业发展，还是对大量一般本科高校来说，都具有深远影响。

人才是主体类型和多元复合型的统一体。如果不执着于创新型人才，就没有应用型、技能型人才不需要创新之类的诘问纠缠。简单来说，所谓应用型高校的职能就是培养一般本科层次的应用型人才。这也许同新近出现的职业有所交集，但其基本指向是明确的。我们也许可以在应用型这一基础上加上具有创新精神和专业技能等要求，但应用型本科这个核心定位是本质。问题在于，相对于有国际通行评价标准体系的高水平研究型大学和有相对成熟的职业教育评价体系的职业教育院校而言，应用型本科评价只是有了一些导向性要素，整体上还未形成一个基本的标准评价体系。无论是现在使用的合格评估标准，还是审核评估标准，都是基于一般学科型综合性本科制定的。虽然在具体实施当中可以植入或突出若干导向性要素，但缺乏量身打造的基本评价标准形成的结构体系，显然不利于引导已成声势的应用型本科高校建设。另外，经济社会产业的需求从内容到方式千变万化，应用型高校如何适应和支撑这种变化中的需求，更是个迫切的课题。再则，经济社会产业五花八门，途辙各有轨范，相对应的专业学科如何应变对接，亦需不断琢求。简言之，应用型人才培养和应用型高校建设，是个整体上尚待深入开发的课题。

作为初步应对《粤港澳大湾区与新时代应用型高等教育》一书是在南博教育研究院几位一线青年教师与研究人员共同努力下完成的一部学术成果。其参阅和借鉴了大量有关大湾区的报道、报告、文献和已有的相关专著，汲取首届南博教育高峰论坛专家的精辟观点，以应时而生的粤港澳大湾区为研究背景，力求系统梳理粤港澳大湾区高等教育发展的现状；从湾区的产业特点与人才需求环境分析入手，探索新形势下大湾区应用型高等教育所面临的发展机遇与挑战；回顾粤港澳大湾区地方本科院校的转型发展历程，试图探索服务湾区发展的应用型高校人才培养模式；剖析港、澳两地应用型人才培养的成功案例，力求总结可供应用型高校借鉴的若干经验，共同合作，推进大湾区应用型人才培养向纵深发展。

从提出这个课题到确定全书纲目，从章节调整到分工撰写，从材料取舍到体例安排，从反复推敲修改到最后审阅定稿，我参与了由广东南博集团教育研究院周二勇、王彦斌两位领衔者牵头组织的这几位青年朋友合作撰写的全过程。与他们共同研究讨论，我深切感受到他们强烈的使命感、事业心和锐意进取的精神。几位青年教师在日常生活中有着繁重的教学任务和行政工作，他们多是利用业余时间去查阅资料、思考构思及撰写书稿。他们多数并非教育研究的科班出身，但具有良好的学术素养和敏锐的思维能力，善于接受新事物、新挑战。说是青年，却多已为人父母，能够在不轻的家务负担之下，挺直了腰身坚持下来，在规定时限内完成各自的任务，理当给这几位青年人点赞。

显然，这个可喜可贺的成果还只是初步的。一是全书内容大多取自二手资料，对具体问题的研究缺乏原始创新要素，也缺乏对实践实验一线调研的数据归纳与分析，以及相应的个案剖析。二是全书对大湾区及应用型高等教育研究的展开主要是要素层面的平行性铺排，大多只列出了问题和状况，理实融合的深切分析不足。三是从观点到置论，从逻辑到行文，存在一些还需深切推敲的地方。

南博集团旗下的广东科技学院作为湾区内的一所民办高等院校，立志以"创百年学府，育产业精英"为战略目标，以应用型本科为根本定位，自应理所当然地把握这一课题，借助将持续办下去的以应用型本科建设为主题的论坛这一平台，将研究持续推宕下去，不转轨，不易帜，坚守初心，久久为功，终期有成。这不仅为其自身办学实践提供指引，而且对应用型人才培养和应用型院校建设具有借鉴意义。

那么，下一步的研究该如何系统谋划、深入推进呢？我揣想，至少应当在四个方面格外着力。一是立意明确。针对应用型本科高校缺乏自身系统标准和评价体系的状况，应将建立契合应用型高校的建设标准和评价体系作为目标和职守，至少要成为积极的助推者。希望在今后成熟的标准体系当中，能看到南博人的贡献。二是身段下沉。我们的研究不能漂浮在现有材料的爬梳中，研究者要在核心要素和关键环节上深入到应用型人才培养的各个前沿，获取第一手材料，以原始数据形成货真价实的原创性研究。三是执本深掘。本科院校建设的根本在于专业建设，专业缩结着课程、实习、实训、教学管理、社会服务和具体产业，是人才培养各要素的核心环节。所谓深入的要义不是先构造一个宏大的标准体系，而是从具体专业入手，研究不同专业应用型人才培养的过程和课程结构，再向下细研课程内容与方式、理论与实践的分布与配比等，形成以数据为支撑的专业人才培养模式。四是统筹协作。学校层面应做好顶层设计与有效推行的工作，这需要全员动员和全员参与。研究者要同各专业一线教师组成课题组，就所属专业和课程等形成研究成果。专业研究成果一方面可以横向形成南博集团广东科技学院应用型人才培养模式的综合成果，另一方面，各专业可以就其课程、实践、组织等关键要素，横向和纵向展开，进而形成扎实的专业性应用型人才培养成果。

我们有理由看到这样一种图景：以南博集团广东科技学

院为对象的应用型高校和应用型人才培养研究与南博论坛并行，不断涌现具有自身特色的阶段性成果，从而形成相应的系列成果。这将有力支撑南博集团广东科技学院应用型高校的自身建设，同时为同类高校建设提供有益的南博经验。

对此，我对撰写这本书的几位青年朋友有更多的期待！是为序。

魏中林

2019 年 5 月 25 日

目录

第一章　应时而生的粤港澳大湾区 …………………… 1
　第一节　新时代中国的历史发展成就与区域发展战略 …… 1
　　一、新时代中国发展的历史性成就与历史性变革 …… 1
　　二、新时代中国特色社会主义发展总体战略 ………… 8
　　三、新时代中国区域发展的新增长极：雄安新区与
　　　　粤港澳大湾区 …………………………………… 13
　第二节　粤港澳大湾区的机遇与挑战 ………………… 24
　　一、粤港澳大湾区建设的发展缘起与历史机遇 …… 24
　　二、粤港澳大湾区发展的优势与挑战 ………………… 36
　第三节　以高等教育为视角的国际湾区经验启示 ……… 38
　　一、粤港澳大湾区与世界三大湾区的比较 ………… 38
　　二、经验与启示：呼唤应用型高等教育大发展 …… 43

第二章 粤港澳大湾区人才需求环境分析 …… 49

第一节 粤港澳大湾区的产业特点与人才需求 …… 49
一、粤港澳大湾区的城市结构与产业特征 …… 49
二、粤港澳大湾区的人才需求 …… 59

第二节 应用型高等教育对粤港澳大湾区产业的支撑 … 73
一、对应用型高等教育发展的总体需求 …… 73
二、粤港澳大湾区内应用型高等教育的发展格局 … 81

第三章 粤港澳大湾区的应用型高等教育发展 …… 90

第一节 粤港澳大湾区应用型高等教育的发展历程 …… 90
一、广东省应用型高等教育的发展历程 …… 90
二、港澳地区应用型高等教育的发展历程 …… 95

第二节 粤港澳大湾区应用型高等教育的发展概况 …… 98
一、粤港澳大湾区应用型高等教育的发展现状 …… 99
二、粤港澳大湾区应用型高等教育合作发展的机遇与挑战 …… 104

第三节 粤港澳大湾区应用型高等教育发展的评析 …… 109
一、粤港澳大湾区应用型高等教育的相互交流与优势互补 …… 110
二、粤港澳大湾区应用型高等教育的发展瓶颈与办学策略 …… 116

第四章 粤港澳大湾区地方本科院校的转型 …… 122

第一节 粤港澳大湾区地方性本科院校转型的动力因素 …… 124

一、粤港澳大湾区地方性本科院校转型的外在动力 …… 124

二、粤港澳大湾区地方性本科院校转型的内在动力 …… 129

第二节 粤港澳大湾区地方性本科院校转型的现实困境 …… 132

一、学校层面的困境 …… 132

二、政府层面的困境 …… 136

三、社会层面的困境 …… 142

第三节 粤港澳大湾区地方性本科院校转型的行为方略 …… 145

一、学校层面的转变与优化 …… 145

二、政府层面的投入与引导 …… 151

三、社会层面的合作与构建 …… 158

第五章 粤港澳大湾区应用型高校发展的体制机制保障 …… 164

第一节 政府在粤港澳大湾区应用型高等教育发展中的引导作用 …… 164

一、高校分类评价与应用型高校转型 …… 164

二、粤港澳大湾区应用型高校战略联盟发展的政策
　　　　作用 …………………………………………… 175
第二节　行业产业支持与粤港澳大湾区应用型人才培养
　　　　 …………………………………………………… 179
　　一、参与和融入 ………………………………………… 179
　　二、创新方式和灵活规划 ……………………………… 185
第三节　高校明确定位，建立多元化的保障机制 ……… 188
　　一、明确定位与优化资源配置 ………………………… 188
　　二、教师能力提升与发展机制 ………………………… 193

第六章　服务粤港澳大湾区发展的应用型高校人才培养模式 …………………………………………… 202

第一节　应用型高等院校人才培养的目标 ………… 202
　　一、人才培养模式与人才培养目标 ………………… 202
　　二、粤港澳大湾区应用型高等院校的人才培养目标
　　　　 …………………………………………………… 209
第二节　应用型高等院校的学科与专业发展 ……… 214
　　一、学科、专业与职业的内涵 ……………………… 214
　　二、粤港澳大湾区应用型高等院校学科与专业发展
　　　　 …………………………………………………… 219
第三节　应用型高等院校的课程模式 ……………… 226
　　一、两种课程观和课程模式 ………………………… 226

二、粤港澳大湾区应用型高等院校的课程模式建构 ………………………………………………… 237

第四节　基于产业需求的典型人才培养模式 …………… 241
一、嵌入式培养模式 ………………………………… 241
二、订单式培养模式 ………………………………… 243
三、产学研培养模式 ………………………………… 244
四、"三位一体"培养模式 ………………………… 246

第七章　港澳地区的高等院校应用型人才培养 ……… 248
第一节　香港科技大学办学经验和特色特长 …………… 249
一、香港科技大学简介 ……………………………… 249
二、办学特色 ………………………………………… 250
第二节　香港教育大学办学经验和特色特长 …………… 254
一、香港教育大学简介 ……………………………… 254
二、从香港教育学院到香港教育大学 ……………… 255
三、国际性师范教育模式带来的思考 ……………… 260
四、紧密联系社区，形成优良反馈机制 …………… 267
第三节　澳门科技大学办学经验和特色特长 …………… 271
一、澳门科技大学简介 ……………………………… 271
二、定位与发展 ……………………………………… 272

第四节 粤港澳大湾区发展规划下粤港澳地区高等院校的机遇 …… 276
  一、各家之言 …… 276
  二、器物、制度、理念：粤港澳大湾区高等教育集群的三大瓶颈 …… 280
  三、共赢、共识、共创：粤港澳大湾区高等教育集群的三大突破 …… 283

参考文献 …… 287
后　　记 …… 303

第一章　应时而生的粤港澳大湾区

第一节　新时代中国的历史发展成就与区域发展战略

中国共产党十九大报告总结了十八大乃至改革开放 41 年以来中国发展所取得的成就。在此基础上，以习近平同志为领导核心的党中央，提出了"新时代中国特色社会主义"。党的十九大报告中指出，"实施区域协同发展战略"，"建立更加有效的区域协调发展新机制"，这是对我国区域发展的新部署、新要求。党的十八大以来，以习近平同志为核心的党中央统筹内外、放眼全局，提出建设"一带一路"倡议和京津冀协同发展、长江经济带发展战略。2019 年 2 月 18 日，中共中央、国务院印发了《粤港澳大湾区发展规划纲要》，作为新时代中国建设世界级城市群的主要规划，粤港澳大湾区的建设是区域协同发展理念的具体实践，这一战略将为区域内的城市提供前所未有的协作与发展的机遇，也将成为中国打造创新发展的"桥头堡"。

一、新时代中国发展的历史性成就与历史性变革

习近平总书记在十九大报告中指出："中国特色社会主义进入新时代，在中华人民共和国发展史上、中华民族发展史上具有重大意义，在世界社会主义发展史上、人类社会发展史上也具有重大意义。"这是从我国历史发展乃至从世界历史高度深入地对

中国特色社会主义道路进程的判断,是以习近平同志为核心的党中央面对新形势、新时代下形成的高度理论认识。这一判断,既从历史方位明确了我国发展新定位,为党的历史使命、理论遵循、目标任务重新赋予了时代内涵,又为我们深刻把握当代中国发展变革提供了理论依据。

(一) 中国特色社会主义进入新时代

新中国走过了 70 年的发展历程,中国特色社会主义进入了新时代。在新的形势下,我国的主要矛盾也发生了深刻变化,由人民日益增长的物质文化需要同落后的社会生产力之间的矛盾,已经转化为人民日益增长的美好生活需要和不平衡不充分的发展之间的矛盾。有见及此,党的十九大报告中提出,从现在起到 2020 年,是全面建成小康社会的决胜期,要为实现社会主义现代化打下坚实的基础。要想达成全面建成小康社会的目标,首先要把握好我们现阶段的主要矛盾,"不平衡不充分"是新时代发展过程中主要矛盾的关键词,这一关键词说明了制约我国现代化建设的症结所在,是我们实现小康社会目标的重要考虑因素。

党的十九大对我国社会主义现代化建设作出了新的战略部署,并明确以"五位一体"的总体布局推进中国特色社会主义事业,从经济、政治、文化、社会、生态文明五个方面,制定了新时代统筹的战略目标。以习近平同志为核心的党中央高度重视统筹推进"五位一体"的总体布局,并把它与协调推进"四个全面"战略布局相互促进、统筹联动,强调要用新发展理念来引领五大建设,不断开创我国经济建设、政治建设、文化建设、社会建设、生态文明建设和党的建设新局面。[①] 总体布局的安排,

---

[①] 唐洲雁. 统筹推进"五位一体"总体布局的由来和发展 [J]. 学术界,2016 (11): 5-15.

为我国建设中国特色社会主义提供了规划蓝图，提供了总体的实现目标和任务。因此，新时代下的应用型高等教育也必须根据新的形势设置目标和任务，从而制定发展战略。

"四个全面"战略布局是党的十八以来，以习近平同志为核心的党中央在坚持和发展中国特色社会主义事业的实践过程中不断总结出来的战略理论，反映了习近平新时代中国特色社会主义思想的发展脉络和主要内容。"四个全面"战略布局涵盖了我国新时代社会主义建设的四个重要方面，言简意赅，高屋建瓴，具有统揽全局的战略意义，而且互相之间密切联系，是具有内在联系的有机整体。"四个全面"中的每一个全面都具有丰富内涵。[1]其中，"全面建成小康社会"，根据"十三五"规划（2016—2020年）描述的目标要求和建设路径，指出要使"国民素质和社会文明程度显著提高"，这背后涉及探索高等教育体制新的发展方向，紧扣社会主要矛盾变化，实现科教兴国战略。"全面深化改革"则是针对破除不合时宜的体制弊端，突破藩篱，不断吸收人类文明新成果，实现体制更新，探寻科学的发展路径。而完善和提升体制所依赖的社会环境，需要严明的法制和坚持党的领导，这正需要"全面推进依法治国""全面从严治党"两个方面的战略部署给予配合。因此，我们在探讨新时代应用型高等教育的发展模式时，不能脱离党和国家的整体战略布局凭空议论，而是要时刻用全局意识、全局关怀来研究和解决应用型高等教育的问题。

我们要在新时代实现民族复兴伟大梦想，各领域的创新发展是达成目标的关键因素。本书所讨论的粤港澳大湾区与新时代应用型高等教育，正是实现民族复兴伟大梦想中的其中一块阶石，

---

[1] 江苏省中国特色社会主义理论体系研究中心. "四个全面"战略布局是新时代治国理政总方略［N］. 经济日报，2017－12－11.

应用型高等教育如何应对新时代和契合新区域整合形势下的发展要求,思维创新和制度创新便是最重要的议题之一。

(二) 新时代中国发展的历史性成就

党的十八大以来,国家发展取得了巨大成就,人民生活也经历了种种快速变革,无论是量上的增长还是质上的飞跃,都远远超于往时的成就。党的十九大指出,经过长期努力,中国特色社会主义进入新时代,面临新形势和新任务,党和国家为了应对新的发展变化,提出了一系列新的战略思路,出台了一系列重大的方针政策,如上述"五位一体"总体布局,以及推进"四个全面"的战略布局。这使得我们在思考应用型高等教育的发展时也要依据这两个大方面来进行思考。一是上述论及十八大以来党和国家方针政策的新调整,对我们思考高校改革发展工作具有指导意义。二是要考虑、考量党和国家方针政策调整背后的社会背景和现实依据。

近五年来,我国的发展取得了许多历史性的成就,党的十九大报告中已进行了深刻的总结,总的来说有以下十个方面。①

1. 经济建设发展取得重大成就

五年来,中国经济保持持续增长,国内生产总值从 54 万亿元增长到 80 万亿元,稳居世界第二。2013 年至 2016 年,我国国内生产总值年均增长 7.2%,由高速增长转为中高速增长,明显快于同期世界经济 2.6% 的增长水平。

2. 全面深化改革取得重大突破

五年来,中央全面深化改革领导小组已审议通过一大批重大

---

① 李俭. 历史性成就与历史性变革:学习领会党的十九大精神[EB/OL]. (2017-10-26)[2018-09-30]. www.71cn/2017/1026/970874.shtml.

改革文件，中央和国家机关有关部门共出台1 500多项改革举措，改革涉及范围之广、出台方案之多、触及利益之深、推进力度之大前所未有。

3. 民主法治建设迈出重大步伐

党的十九大报告指出，民主法治建设迈出重大步伐。积极发展社会主义民主政治，推进全面依法治国，党的领导、人民当家做主、依法治国有机统一的制度建设全面加强，党的领导体制机制不断完善，社会主义民主不断发展，党内民主更加广泛，社会主义协商民主全面展开，爱国统一战线巩固发展，民族宗教工作创新推进。中国特色社会主义法治体系日益完善，全社会法治观念明显增强。国家监察体制改革试点取得实效。

4. 思想文化建设取得重大进展

党的十九大报告在总结这一方面成就时指出，加强党对意识形态工作的领导，党的理论创新全面推进，马克思主义在意识形态领域的指导地位更加鲜明，中国特色社会主义和中国梦深入人心，社会主义核心价值观和中华优秀传统文化得到广泛弘扬，群众性精神文明创建活动得到扎实开展。

5. 人民生活质量不断得到改善

五年来，我国居民生活水平不断提高。2016年，全国居民人均可支配收入比2012年年均实际增长7.4%，达到23 821元。2017年上半年，居民人均可支配收入同比实际增长7.3%，超过国内生产总值增速0.4%，超过人均国内生产总值增速0.9%。消费升级步伐加快。2016年，全国居民恩格尔系数为30.1%，比2012年下降2.9%，接近联合国划分的20%至30%的富足标准。交通通信、教育文化娱乐、医疗保健支出占居民消费支出的比重分别比2012年提高2.0%、0.7%和1.3%。①

6. 生态文明建设取得显著成效

五年来,以习近平同志为核心的党中央牢固树立保护生态环境就是保护生产力、改善生态环境就是发展生产力的理念,从山水林田湖草的"命运共同体"初具规模,到绿色发展理念融入生产生活,再到经济发展与生态改善实现良性互动,以习近平同志为核心的党中央将生态文明建设推向新高度。

7. 强军兴军开创历史性新局面

五年来,以习近平同志为核心的党中央审时度势,总结我们党建军治军的成功经验,考量国际战略形势和国家安全环境发展变化,着眼于解决军队建设面临的突出矛盾和问题,提出了党在新形势下的强军目标——建设一支听党指挥、能打胜仗、作风优良的人民军队。

8. 港澳台工作取得全新的进展

以习近平同志为核心的党中央站在战略和全局的高度,坚持全面准确地贯彻执行"一国两制"方针,稳妥地应对和处理港澳台工作遇到的新情况、新问题、新挑战,坚定地维护国家主权、安全和发展利益,保持港澳繁荣稳定,引领"一国两制"实践取得新成功。

9. 全方位外交布局深入展开

五年来,我国全面推进中国特色大国外交,形成全方位、多层次、立体化的外交布局,为我国发展营造了良好的外部条件。以习近平同志为核心的党中央提出构建人类命运共同体的宏伟蓝

---

① 新闻办就党的十八大以来经济领域进展成就举行发布会[EB/OL]. (2017 – 10 – 10)[2018 – 09 – 30]. http://www.gov.cn/xinwen/2017 – 10/10/contest_5230724.htm#1.

图,深化以发展全球伙伴关系为目标的全方位外交布局,确立以"一带一路"倡议为统领的对外开放新格局,为世界和平与发展做出新的重大贡献。

10. 全面从严治党成效突出显著

全面加强党的领导和党的建设,坚决改变管党治党宽松软状况。推动全党尊崇党章,增强政治意识、大局意识、核心意识、看齐意识,坚决维护党中央权威和集中统一领导,严明党的政治纪律和政治规矩,层层落实管党治党政治责任。党的建设制度改革深入推进,党内法规制度体系不断完善。把纪律挺在前面,着力解决人民群众反映最强烈、对党的执政基础威胁最大的突出问题。

(三) 新时代中国发展的历史性变革

五年来,中国发展的变革是整体性的转型升级,是政治、经济、社会领域的全面改变。根据马克思主义理论,即变化是从生产力到生产关系、从经济基础到上层建筑全方位展开的。生产力和经济基础的变化体现在我国经济发展出现转型的态势,由高速增长转为高质量发展,带动生产关系、上层建筑发生深刻转变,这种变革是一种历史性的变革。

我国主要矛盾变化和以人民为中心的变革,实际上反映了更深层次的生产关系变革。随着近五年中国社会的转型、主要矛盾的变化,追求社会公义、追求共同富裕成为十八大以来习近平同志不断强调坚持的道路,并且在实践中采取"精准扶贫"等具体措施,使全体人民共享发展成果,这实际上也是一场生产关系的变革。

"两个一百年"与"中国梦"发展目标的提出,进一步明确了我国在新时代的发展战略目标,继承了过去"三步走"的战略思想基础,也为未来的奋斗目标丰富了内容,是一种为应对新时代新形势而提出的新目标新要求，意味着带领中国迈进的中国共产党再度开启了新的历史航程，这样的发展目标变化，实质是一种观念上的巨大变革。

曾经引领我们经济高速增长的制造业随着国际形势变化和国内经济发展，现面临着转型和升级的压力，未来指引我国经济发展的动力将会以创新型产业作为驱动，促进生产力的发展。习近平同志明确提出了"经济发展新常态""供给侧结构性改革""动力转换"等具体思路和对策，实质是针对生产力转化动能而提出的新要求。

经济发展从追求数量到追求质量，从先富带动后富到最终实现共同富裕，反映了一种全面协调发展的新理念。这种新理念体现在区域规划、精神文明与物质文明的关系，政府、工会和企业的关系，国与国的关系等广泛的领域，是在新时代要求下我国社会主义实践的新要求、新方向。

二、新时代中国特色社会主义发展总体战略

（一）以习近平新时代中国特色社会主义思想为战略指导

根据世情、国情、党情形势变化和发展条件制定方针、描绘蓝图、引领事业发展，是我们党执政兴国的重要经验。习近平总书记指出，经过长期努力，中国特色社会主义进入了新时代，这是我国发展的新历史方位。这个新时代是承前启后、继往开来、在新的历史条件下继续夺取中国特色社会主义伟大胜利的时代；是决胜全面建成小康社会，进而全面建设社会主义现代化强国的时代；是全国各族人民团结奋斗、不断创造美好生活、逐步实现全体人民共同富裕的时代；是全体中华儿女勤力同心、奋力实现中华民族伟大复兴中国梦的时代；是我国日益走近世界舞台中

央、不断为人类做出更大贡献的时代。在中国特色社会主义新时代，我国社会的主要矛盾已经转化为人民日益增长的美好生活需要和不平衡不充分的发展之间的矛盾。这是关系全局的历史性变化，对党和国家工作提出了许多新要求。立足新时代和社会主要矛盾的历史性变化，对党和国家事业发展蓝图进行顶层设计和战略谋划，这是新时代中国特色社会主义发展新战略的基点和依据。

党的十八大以来，以习近平同志为核心的党中央紧密结合新的时代条件和实践要求，以全新的视野深化对共产党执政规律、社会主义建设规律、人类社会发展规律的认识，进行艰辛的理论探索，取得重大理论创新成果，形成了习近平新时代中国特色社会主义思想。习近平新时代中国特色社会主义思想，从理论和实践结合上系统阐述了新时代坚持和发展中国特色社会主义的总目标、总任务、总体布局、战略布局和发展方向、发展方式、发展动力、战略步骤、外部条件、政治保证等基本问题，深刻回答了坚持和发展什么样的中国特色社会主义、怎样坚持和发展中国特色社会主义这一重大时代课题。这是马克思主义中国化的又一次历史性飞跃，是马克思主义中国化的最新成果，开辟了马克思主义中国化的新境界，为马克思主义注入了新的强大真理力量。这是中国共产党人新时代的思想灯塔、精神支柱和力量源泉，是我们党必须长期坚持的指导思想，是实现中华民族伟大复兴的理论指导和行动指南。

（二）以实现中华民族伟大复兴为战略使命

习近平总书记深刻指出：实现中华民族伟大复兴是近代以来中华民族最伟大的梦想。中国共产党人的初心和使命，就是为中国人民谋幸福，为中华民族谋复兴。正是在对这一伟大历史使命的不懈追求中，我们党团结带领人民进行了艰苦卓绝的斗争，谱写了气吞山河的壮丽史诗。今天，中国作为一个有着5 000多年文明历史、14亿多人口的国家，比历史上任何时期都更接近、更有信心和能力实现中华民族伟大复兴的目标。实现中华民族伟大复兴的梦想，意味着中国共产党能够成为世界上最强大的政党，始终走在时代前列，保持先进性和纯洁性，始终成为人民衷心拥护的、全国人民的主心骨，始终成为总揽全局、协调各方的坚强领导核心；意味着实现祖国完全统一，国家主权、安全、发展利益能够得到切实有效维护，国家、民族和人民的利益到哪里，国家的安全保障就到哪里；意味着中国人民日益增长的美好生活需要得到更好的满足，人的全面发展、全体人民共同富裕的愿景得到更好的实现；意味着中华民族将以更加昂扬的姿态屹立于世界民族之林，不断为世界提供中国智慧、中国方案、中国精神、中国价值、中国力量，不断为人类做出新的更大贡献，中国在推动构建人类命运共同体方面将迈出更大步伐，将始终成为世界和平的建设者、全球发展的贡献者、国际秩序的维护者。

从全面建成小康社会到基本实现现代化，再到全面建成社会主义现代化强国。改革开放之后，我们党对我国社会主义现代化建设做出战略安排，曾先后提出"三步走"战略目标和"两个一百年"奋斗目标，到21世纪中叶实现第二个百年奋斗目标，即基本实现现代化。

（三）以坚持党的领导与以人民为中心为战略力量

坚持党的领导、坚持以人民为中心。要想实现中华民族伟大复兴的梦想，必须进行具有许多新的历史特点的伟大斗争，有效应对重大挑战、抵御重大风险、克服重大阻力、解决重大矛盾；必须不断推进中国特色社会主义伟大事业，更加自觉地增强道路自信、理论自信、制度自信、文化自信；必须深入推进党的建设新的伟大工程，不断增强党的政治领导力、思想引领力、群众组织力和社会号召力,确保我们党永葆旺盛生命力和强大战斗力。伟大斗争、伟大工程、伟大事业、伟大梦想,紧密联系、相互贯通、相互作用,其中起决定性作用的是党的建设这一新的伟大工程。在新时代中国特色社会主义的伟大征程中,必须毫不动摇坚持和完善党的领导,必须毫不动摇把党建设得更加坚强有力,必须坚持党对一切工作的领导,必须坚持党要管党、全面从严治党,让我们党始终成为时代先锋、民族脊梁、民族复兴的主心骨。人民是历史的创造者,是决定党和国家前途命运的根本力量。中国特色社会主义是亿万人民自己的事业。肩负崇高使命的中国共产党来自人民,除了工人阶级和最广大人民群众的利益,没有自己特殊的利益,必须坚持以人民为中心,坚持人民的主体地位,坚持立党为公、执政为民,践行全心全意为人民服务的根本宗旨,把党的群众路线贯彻到治国理政全部活动之中,永远与人民同呼吸、共命运、心连心,永远把人民对美好生活的向往作为奋斗目标,永远依靠人民创造历史伟业、实现中华民族伟大复兴的宏伟目标。

(四) 以坚持全面深化改革与全面依法治国为战略保障

全面建成社会主义现代化强国,必须解决好制度模式的选择问题,这是关系到党和国家长治久安的根本性、全局性、战略性问题。中国特色社会主义是改革开放以来,党和人民历尽千辛万苦、付出巨大代价取得的根本成就。坚持和完善中国特色社会主义制度,不断推进国家治理体系和治理能力现代化,是全面深化改革的总目标。必须坚决破除一切不合时宜的思想观念和体制机制弊端,突破利益固化的藩篱,吸收人类文明有益成果,构建系统完备、科学规范、运行有效的制度体系,充分发挥我国社会主义制度优越性,为人类文明进步做出充满中国智慧的贡献。全面建成社会主义现代化强国，需要全面依法治国的坚实保障。依法治国是党领导人民、治理国家的基本方式。坚持全面依法治国，是中国特色社会主义的本质要求和重要保障。全面依法治国是国家治理的一场深刻革命，必须坚持党的领导、人民当家做主、依法治国有机统一。要把党的领导贯彻落实到依法治国的全过程和各方面，坚定不移走中国特色社会主义法治道路，建设中国特色社会主义法治体系，建设社会主义法治国家。

（五）以"两步走"与"两个十五年"为战略谋划

顺应党和国家事业发生历史性变革的新形势新要求，党的十九大报告对全面建成社会主义现代化强国做出了"两步走""两个十五年"的新的战略谋划。第一步，从2017年到2020年，是全面建成小康社会决胜期，要全面建成得到人民认可、经得起历史检验的小康社会，实现第一个百年奋斗目标。第二步，从2020年到21世纪中叶，分两个阶段来安排。第一个阶段，从2020年到2035年，在全面建成小康社会的基础上，再奋斗15年，基本实现社会主义现代化。第二个阶段，从2035年到21世纪中叶，在基本实现现代化的基础上，再奋斗15年，把我国建成富强、民主、文明、和谐的社会主义现代化强国，实现国家治理体系和治理能力现代化，成为综合国力和国际影响力领先的国家。两步走战略谋划，既是与"三步走"战略目标一脉相承又与时俱进的深化和推进，也是"三步走"战略目标的升级版，将我们党过去提出的第二个百年奋斗目标、到21世纪中叶要达到的发展水平，提前到2035年来实现。这凸显了以习近平同志为核心的党中央进行战略谋划的远见卓识和高超智慧，展现出党和国家事业蓬勃发展的光明前景。

(六) 以协调发展作为"十三五"时期的制胜要诀

协调发展是"十三五"时期的制胜要诀。协调发展是马克思主义辩证法讲求的原则,要把握事物的主要矛盾和次要矛盾,处理好全局与局部、当下与长远、重点和一般的关系,从中趋利避害,做出最有利、最周全的抉择。

正确处理全局与局部的关系,是坚持协调发展的必然要求。习近平同志强调:"我们实现第一个百年奋斗目标、全面建成小康社会,没有老区的全面小康,特别是没有老区贫困人口脱贫致富,那是不完整的。"这些论述指导我们要在大局意识下进行思考和行动。谋划和推动协调发展,就要立足于"五位一体"总体布局、"四个全面"战略布局,自觉从宏观上、整体上确定发展战略、编制发展规划、推动发展进程,在把握大局的基础上服从大局、服务大局。

在党的十九大报告中,习近平总书记多处以"协调"作为我们处理主要矛盾转变的方法和思路——构建区域协调发展的新格局,实现城乡协调发展新突破,开创物质文明和精神文明协调发展新局面,开辟军民融合发展新境界。可见,协调发展是我们处理新时代新形势下中国政治、经济、社会、文化各种问题的关键词。本书探讨的新时代下粤港澳大湾区高等教育问题,正是沿着"协调发展"的思路,帮助我们突破珠三角地区高等教育发展瓶颈现状,实践供给侧结构性改革,将高等教育拉进粤港澳大湾区经济时代的重要改革指导思想理念。

三、新时代中国区域发展的新增长极:雄安新区与粤港澳大湾区

(一) 我国区域发展战略的变迁

区域发展不平衡、城乡发展不协调的问题,已逐渐成为制约

我国经济社会发展的最大障碍，而区域经济发展问题也是世界上任何一个国家在经济发展过程中必须面对的重大议题。尤其是对于中国这样一个幅员辽阔，各区域发展受历史、地理等因素影响下长期处于参差不齐状态的国家而言，对区域发展进行科学规划、增强区域发展能力、加快区域发展速度、缩小区域发展差距，对实现共同富裕等目标具有重要意义。

回顾中华人民共和国成立以来国家的区域发展战略，根据战略目的和规划内容的不同，大致可以分为3个阶段。

第一阶段是1953—1978年。这个时期适值中华人民共和国成立初期，国内外局势复杂，国际社会笼罩在冷战的阴霾之下，沿海地区时刻受到战争威胁，内陆则受到内战和割据的影响，整体产业布局极为不平衡。于是，自中华人民共和国成立初期始，以毛泽东为核心的第一代党中央领导集体从国家安全角度出发，制定了以国家安全为目标的"区域均衡发展战略"。毛泽东指出："好好地利用和发展沿海工业和老底子，可以使我们更有力量来发展和支持内地工业，如果采取消极的态度，就会妨碍内地工业的迅速发展。"在这种思路的指引下，从1953年的"一五"规划开始，中国政府便坚持以均衡布局为中心，着手对沿海和内陆两大区域的产业布局进行调整。如苏雪莲等学者指出："我国从'一五'开始，便以均衡布局为中心，采取措施着手调整工业布局，将国家经济建设的重点放在中西部地区，国家的政策和投资同时向内地倾斜。"

第二个阶段是1978—1997年。这一时期我国采取的区域发展战略是区域非均衡发展战略。1978年之前，长期的国防备战以及阶级斗争导致我国经济发展水平极为落后，部分经济指标甚至低于1957年的水平。在这种背景下，邓小平等一批党和国家领导人认为应该将党和国家的工作重心从阶级斗争转移到经济建设上来，而进行经济建设的主要思路就是实施改革开放战略。在这种思路的指导下，地理位置更为优越的沿海地区理所应当地成为了优先发展的重点地区。改革开放之初，邓小平同志就高瞻远瞩地提出了"两个大局"的区域发展战略：第一个大局是先集中发展沿海，内地支持沿海地区的发展，第二个大局是沿海发展起来之后，沿海地区再支援内地发展。① 自1981年开始实施"六五"规划以来，沿海地区优先发展战略得到党和国家的大力支持，不断获得政策扶持，如财政、税收、信贷以及投资方面都向沿海地区倾斜，在资源提供，如人力资源、物力资源方面都获得了国家的大力支持。②

在当年改革开放的背景下，东部地区紧紧抓住改革开放带来的发展机遇，利用全球产业向东亚—太平洋地区进行大规模集中转移的趋势，充分发挥劳动力成本优势，顺应向沿海倾斜的区域发展战略，推动了经济的迅速发展，并在沿海地区形成了我国的制造业基地，进而形成了京津冀、长三角和珠三角三大都市圈。同时，中西部地区由于区位上的劣势，远离海洋的不利条件，加上对外开放程度较低，经济发展滞后，逐步拉大了与东部地区的经济发展水平差距。在改革开放初期沿海与内地发展水平大体均衡的基础上，到1995年，东部地区与西部地区的人均GDP之比扩大至2.3∶1。③

这段时期，区域发展的不平衡带来了许多社会问题。中部和西部的人口不断流向东部，使中部和西部的农村出现空心化现象，劳动力缺乏，造成严重贫穷问题，为社会稳定带来威胁。而东部经济的高速发展也带来人口膨胀、环境污染、资源消耗等社

---

① 邓小平. 邓小平文选：第二卷［M］. 北京：人民出版社，1994：152.
② 蔡之兵，张可云. 中国区域发展战略的60年历程回顾（1953—2013）［J］. 甘肃社会科学，2015（2）：153-157.
③ 孙久文. 论新时代区域协调发展战略的发展与创新［J］. 国家行政学院学报，2018（4）：109-115.

会问题。在这种形势下，我国的区域发展战略也逐渐就区域发展的不平衡进行调整。

第三个阶段是 1999—2012 年。自"九五"计划起，中央就提出要缓解区域发展差距的扩大，主要途径是区域协调发展。从 1995 年到 2000 年，是区域协调发展的提出阶段。五年中，学术界对于区域协调发展的内涵、主要内容等进行了探讨，尤其是对中国区域发展的差距进行了研究，重点分析区域差距产生的原因，探索解决的方案。[①] 1996 年 3 月，第八届全国人大四次会议和《国民经济和社会发展"九五"计划和 2010 年远景目标纲要》，首次将地区间协调发展作为国民经济和社会发展的指导方针之一。随后，在 2000 年、2003 年、2006 年，党和政府分别开始实施西部大开发、振兴东北老工业基地、中部崛起等战略，旨在加快落后地区发展、缩小区域间差距的战略。

总体而言，这一时期国家区域发展战略的调整为区域发展的不平衡带来了一定的缓解。这一时期最显著的特征，是基础设施建设取得突破性进展：青藏铁路、西气东输、西电东送、国道主干线西部路段和大型水利枢纽等一批重点工程相继建成，完成了送电到乡、油路到县等建设任务。尤其是大规模的交通基础设施建设，改变了西部闭塞的状况，使物流更为通畅，人员出行更为便捷。2002 年，中央提出实施振兴东北等老工业基地，战略核心是对东北等老工业基地进行技术改造，提升其发展能力。以国有企业的改组改制的体制机制创新也取得了很大的进展。2004 年，中央开始实施中部崛起战略，中部地区以承接产业转移为核心，发展现代制造业。因此，国家在安徽皖江城市带、重庆沿江、湖南湘南、湖北荆州等地建设国家级承接产业转移示范区取

---

① 孙久文，李恒森. 我国区域经济演进轨迹及其总体趋势 [J]. 改革，2017 (7)：18 – 29.

得了明显的成效。然而，这个时期我们的区域发展虽然做出了一定的调整，但有学者认为，这段时间内的区域发展战略缺乏全局性、系统性和整体性，而政策在落实当中也并不能让落后地区获得益处，反而出现"落后地区开发、发达地区受益"的发展模式。①

（二）习近平的区域协调发展战略

自党的十八大以后，我们的区域发展战略进入了新时代。习近平总书记多次强调要继续实施区域发展总体战略，促进区域协调发展是今后相当长一段时间内区域发展的基本战略思想。同时，以习近平总书记为核心的党中央与时俱进、科学决策，在区域协调发展方面做出了一系列重要论述，采取了一系列重大创新性举措，我国区域发展呈现由不平衡向趋于平衡、由不协调向日益协调转变的良好态势。

习近平总书记在十九大报告中提出"实施区域协调发展战略"的新思维。他指出："加大力度支持革命老区、民族地区、边疆地区、贫困地区加快发展，强化举措推进西部大开发形成新格局，深化改革加快东北等老工业基地振兴，发挥优势推动中部地区崛起，创新引领率先实现东部地区优化发展，建立更加有效的区域协调发展新机制。以城市群为主体构建大中小城市和小城镇协调发展的城镇格局，加快农业转移人口市民化。以疏解北京非首都功能为'牛鼻子'推动京津冀协同发展，高起点规划、高标准建设雄安新区。以共抓大保护、不搞大开发为导向推动长江经济带发展。支持资源型地区经济转型发展。加快边疆发展，确保边疆巩固、边境安全。坚持陆海统筹，加快建设海洋强国。"

---

① 蔡之兵，张可云. 中国区域发展战略的60年历程回顾（1953—2013）[J]. 甘肃社会科学，2015（2）：153–157.

回顾党的十八大以来，以习近平总书记为核心的党中央在治国理政中的一个重大建树就是提出了创新、协调、绿色、开放、共享的发展理念，审时度势、内外统筹，先后提出了推进"一带一路"建设、京津冀协同发展和长江经济带发展三大战略，着眼于实现一体联动和重点突破相统一，促进区域协调发展。经过几年的努力，三大战略取得了显著进展。第一，在三大战略的引领下，以沿海沿江沿线经济带为主的纵向横向经济轴带正在全面形成。在着力实施"三大战略"的同时，以习近平总书记为核心的党中央深入实施西部开发、东北振兴、中部崛起、东部率先的区域发展总体战略，创新区域发展政策，完善区域发展机制，进一步促进区域协调、协同、共同发展。第二，党中央把坚决打赢脱贫攻坚战提升到事关全面建成小康社会奋斗目标的新高度，出台了一系列重大政策措施，举全党全国之力实施脱贫攻坚战略，推动扶贫开发，取得了显著成就。第三，党中央遵循客观规律，顺势而为，大力推进新型城镇化建设，确立了以人的城镇化为核心、以城市群为主体形态、以城市综合承载能力为支撑、以体制机制创新为保障的建设思路。新型城镇化快速发展，不仅有力支撑着现代化建设，成为培育发展新动能和推进供给侧结构性改革的重要抓手，而且有效发挥着对区域和农村的辐射带动作用，为缩小城乡发展差距、推进城乡发展一体化做出了重要贡献。第四，党中央进一步加大政策支持力度，推动特殊类型困难地区跨越发展、转型提升，着力补齐区域发展短板。[①]

党的十九大报告首先将区域协调发展战略提升到区域发展战略，其所阐述的内容正是为了解决报告提出的新时代我国社会主要矛盾"已经转化为人民日益增长的美好生活需要和不平衡不充

---

① 范恒山. 十八大以来我国区域战略的创新发展 [J]. 中国经贸导刊（理论版），2017（20）：2-3.

分的发展之间的矛盾"中的"不平衡不充分"的发展问题,这是我国新时代建设社会主义现代化经济体系的组成部分。

有学者指出,区域协调发展战略是在马克思主义经济学和习近平新时代中国特色社会主义经济思想指导下的区域经济研究的最新发展,有着坚实的理论基础和明确的理论标准。"协调"的含义是"配合适当、步调一致"。所谓协调发展,就是促进有关发展各系统的均衡、协调,充分发挥各要素的优势和潜力,使每个发展要素均满足其他发展要素的要求,发挥整体功能,实现经济社会持续、均衡、健康发展。协调发展作为区域经济的一种形态,在区域经济学上具有空间性、功能性、动态性和综合性等基本特征。而区域协调发展战略的核心内容,是要有效发挥区域优势,正确处理区域关系,形成要素有序自由流动、基本公共服务均等、资源环境可承载的区域发展新格局。①

构建完善的区域发展的体制机制,是新时代区域协调发展战略的重要任务之一。居于首位的是协同发展机制。正如党的十九大报告指出,协同发展的主要区域是京津冀地区。京津冀地区是国家首都所在的最重要的核心地区,然而长期以来,京津冀地区发展并没有实现一体化发展的规划。2014年2月26日,习近平总书记在北京主持召开座谈会,听取京津冀协同发展工作汇报,强调实现京津冀协同发展,是面向未来打造新的首都经济圈、推进区域发展体制机制创新的需要。这固然为京津冀协同发展和一体化发展带来了新的契机,但要推动区域协同发展,其关键在于首先要形成协同发展的机制,包括城市、交通、生态、产业等各个方面,都需要有区域协同的发展机制使之互相衔接。其次要形成区域经济一体化机制。当前区域经济一体化发展最成熟的区域

---

① 孙久文. 论新时代区域协调发展战略的发展与创新 [J]. 国家行政学院学报,2018(4):109 – 115.

是粤港澳大湾区。区域经济的一体化是包括商品贸易、基础设施、要素流动和政策设计等多个方面的一体化，要有统一的领导，编制一体化的发展规划，制定相关发展政策，以推动资本、技术、产权、人才、劳动力等生产要素的自由流动和优化配置。再次是要完善区域合作机制。长三角地区的区域合作是全国的典范。在建立地区党政主要领导定期会晤机制的基础上，进一步探索建立有组织、可操作的专项议事制度，积极推动各类经贸活动的开展，加强政策的统一性和协调性，消除市场壁垒，规范市场秩序，形成良好的政策环境和发展条件。

（三）雄安新区——以行政为导向的区域发展之路

在习近平总书记多次强调要继续实施区域发展总体战略，促进区域协调发展的新时代新形势下，党中央做出了设立河北雄安新区的重大历史性战略选择。这是继北京城市副中心规划建设之后又一个实施京津冀协同发展战略的新举措，被称为千年大计、国家大事。2018年2月22日，习近平总书记主持召开中央政治局常委会会议，听取雄安新区规划编制情况的汇报并发表重要讲话。李克强总理主持召开国务院常务会议，审议雄安新区规划并提出明确要求。京津冀协同发展领导小组直接领导推动新区规划编制工作。按照党中央要求，中共河北省委、河北省人民政府进一步修改完善形成了《河北雄安新区规划纲要》（以下简称《纲要》）。

《纲要》就雄安新区的设置背景，指出："中国特色社会主义进入新时代，我国经济由高速增长阶段转向高质量发展阶段，一个阶段要有一个阶段的标志，雄安新区要在推动高质量发展方面成为全国的一个样板。雄安新区作为北京非首都功能疏解集中承载地，与北京城市副中心形成北京发展新的两翼，共同承担起解决北京'大城市病'的历史重任，有利于探索人口经济密集地区优化开发新模式；培育建设现代化经济体系的新引擎，与以2022年北京冬奥会和冬残奥会为契机推进张北地区建设形成河北两翼，补齐区域发展短板，提升区域经济社会发展质量和水平，有利于形成新的区域增长极；建设高水平社会主义现代化城市，有利于调整优化京津冀城市布局和空间结构，加快构建京津冀世界级城市群；创造'雄安质量'，有利于推动雄安新区实现更高水平、更有效率、更加公平、更可持续发展，打造贯彻落实新发展理念的创新发展示范区，成为新时代高质量发展的全国样板。"

雄安新区地处北京、天津、保定腹地，距北京、天津均为105千米，距石家庄155千米，距保定30千米，距北京新机场55千米，区位优势明显，交通便捷通畅，地质条件稳定，生态环境优良，资源环境承载能力较强，现有开发程度较低，发展空间充裕，具备高起点、高标准开发建设的基本条件。其规划范围涉及河北省雄县、容城、安新三县及周边部分区域，起步区面积约100平方千米，中期发展区与远期控制区面积分别可达到约200平方千米和2 000平方千米。

雄安新区的设置是作为北京非首都功能疏解集中承载地，由于该地开发程度较低，有充裕的发展空间，能避免许多开发程度较高区域的发展掣肘，从无到有，以行政力量为主导，实现北京非首都功能的向外转移。北京长期作为我国的政治、经济、社会中心，随着近40年来城市建设的不断扩张，已发展成为一个现代化大都会。过于庞大的城市系统和高密度集中的人口，为城市发展带来各方面的压力，无论是交通还是环境都约束了北京本身的发展，昂贵的地价和租金则限制了高新创新产业的发展。在此背景之下，亟须另觅一片新的空间以实现北京承载的各种非首都功能。如上所述，北京的"非首都功能"并不是指一些低端产业，而是要承担北京作为政治、经济中心以外更多城市发展的可能性。雄安新区将以京津冀传统区域作为稳固靠山,以行政力量为主导,通过完善基础建设和城市建设,凸显本身地理上的优势,将以建设绿色生态宜居新城区、创新驱动发展引领区、协调发展示范区、开放发展先行区为目标,期望未来能够建成高端高新产业集群地、创新要素资源集聚地、扩大开放新高地和对外合作新平台,培育京津冀创新驱动发展的新引擎和中国经济发展的新增长极。这种发展目标的定位不仅是为了承载北京的非首都功能,也为河北自身的经济发展做了新的定位和指导方向。

雄安新区的区域规划设置新举措,正好体现了党的十九大报告提出的协调发展的总体战略思路,也凸显了新战略形势下区域发展中以行政为主导力量的积极因素。党中央高屋建瓴的全局规划,能更好地解决地方发展壁垒,集中各方面资源。但这正如《纲要》中所指出的,雄安的实际情况和优势在于"资源环境承载能力较强,现有开发程度较低,发展空间充裕",因此,这种区域发展模式比较适合后开发和未发开地区,开发程度较高以及产业配套业已完善的区域并不适合类似的规划模式。

(四) 粤港澳大湾区——以经济为导向的区域发展之路

在进行雄安新区规划的同时,另一项具有国家重要战略意义的区域规划是粤港澳大湾区规划。与雄安新区规划不同,粤港澳大湾区处于南中国经济最发达的区域,城市密布,人口集中,交通、基建、各种产业配套完整,中国第三大城市广州位处其中,两大金融中心深圳、香港亦是近邻。2017年,粤港澳大湾区人口达6956.93万,GDP生产总值突破10万亿元,约占全国经济总量的12.17%,GDP总量规模在世界国家排行中名列第11位,与韩国持平,是全国经济最活跃的地区。

正如《粤港澳大湾区发展规划纲要》中所指出的,粤港澳大湾区是我国开放程度最高、经济活力最强的区域之一,在国家发展大局中具有重要战略地位。建设粤港澳大湾区，既是新时代推动形成全面开放新格局的新尝试，也是推动"一国两制"落实的新实践。因此，粤港澳大湾区与雄安新区的发展规划是完全不同的模式，雄安新区的规划是要从无到有，是重要的行政主导，而粤港澳大湾区主要是发展城市间的经济合作。

粤港澳大湾区所在的珠三角地区，作为中国改革开放的先行区，很早就开始了区域合作一体化的进程，小至广州佛山同城，取消区号，地铁直通，到泛珠三角区域合作计划的提出，都是以区域、城市间的合作互融作为区域发展的方向。早在2009年完成的《大珠三角城镇群协调发展规划研究》，就首度将"湾区发展计划"列为空间总体布局协调计划的一环，该研究提出了四项跟进工作，包括"跨界交通合作""跨界地区合作""生态环境保护合作""协调机制建设"，可见当时提出湾区发展计划的目的也是促进跨区域的合作共融。2010年，粤港澳三地政府联合制定《环珠江口宜居湾区建设重点行动计划》，以落实上述跨界地区合作。可见粤港澳大湾区的计划最初也是应地方发展需要而提出的区域协调整合方案。

近年来，随着珠三角地区产业转型，传统的制造业进入发展瓶颈，而深圳作为中国金融中心和创新产业的龙头城市，香港作为人民币离岸市场中心地位的确立，以及面对国际经济发展出现的种种变化，珠三角地区作为传统的经济发达地区面临着新的挑战，也处于国家从制造业向自主创新多元产业经济转型的前沿地带。尤其是2013年以来党中央和国务院提出面向全球的"一带一路"区域经济合作，珠三角地区城市间的协调整合更是刻不容缓，设立粤港澳大湾区的规划逐渐成为举国讨论的议题，并上升至国家区域战略规划的重要地位。

根据粤港澳三地的框架协议，可见其目标在于建立互利共赢的合作关系，三地的城市发挥各自的传统和区域优势，实现互利互补、共同促进。首先，广东作为全国改革开放先行区，是中国经济最发达的地区之一。其中，作为有两千多年发展历史的广东省省会——广州，素来是中国海外贸易的重要港口，如今也是广东政治、经济以及科教文卫的中心；深圳作为改革开放之后发展起来的特区，金融业和高新科技、电子商务、创新产业尤为发达，是中国未来产业发展方向的风向标；珠三角腹地更是有着悠久的传统制造业和完善的产业链条。其次，香港作为世界级的金融中心和国家航运口岸，同时也是全球离岸人民币业务枢纽，并且在服务业、金融、法律、会计、建筑等领域都具有领先优势；澳门则以博彩业、旅游业最为发达，也具有与葡语国家商贸合作的传统优势。这些互相临近的城市所具有的优势，往往由于过去行政区划级别的互不统属，或是彼此涉及不同的经济、法律制度等原因，未能集合优势，互补所长，甚至长期以来珠三角入海口东岸通往西岸的道路仍以海上运输为主，2018年10月港珠澳大桥通车，旋即增加了香港和澳门、珠海以及粤西城市的互动。由一条跨海大桥实现的效果立竿见影，粤港澳大湾区的区域战略规划将带动更多区域间的合作，最终将实现一体化经济圈，使粤港澳大湾区成为国际一流的世界级城市群。

第二节 粤港澳大湾区的机遇与挑战

一、粤港澳大湾区建设的发展缘起与历史机遇

（一）粤港澳大湾区的概念缘起

粤港澳大湾区包括香港特别行政区、澳门特别行政区和广东省广州市、深圳市、珠海市、佛山市、惠州市、东莞市、中山

市、江门市、肇庆市,其设置有着深刻的历史背景和现实依据,并不是凭空而来的空洞概念。

粤港澳大湾区的设想建基于改革开放以来珠三角地区的区域合作发展轨迹,也呼应了珠三角地区在新时代新形势下发展的需要。追溯历史,20世纪90年代,香港、澳门相继回归祖国,两地与内地的交流合作发展日益频繁。为了使内地经济建设能更多地借鉴香港、澳门的经验,也让香港、澳门共享改革开放的成果,早在2003年,中央政府就与香港特别行政区及澳门特别行政区签署了CEPA协议,即内地与香港、澳门《关于建立更紧密经贸关系的安排》,目的是在遵循"一国两制"和世界贸易组织的规则下逐步减少或取消双方之间实际上所有货物贸易的关税和非关税壁垒,逐步实现服务贸易的自由化,减少或取消双方之间实质上的所有歧视性措施,促进贸易投资更便利化。CEPA协议的签订是"一国两制"基本国策的成功实践,开辟了内地与港澳合作的新途径、新思路。粤港合作联席会议第六次会议上,双方确立了粤港合作的基调,在当时的语境下提出了要将大珠三角地区建设成为世界上最繁荣、最具活力的经济中心之一。在2004年第七次联席会议上,双方一致认为必须加强城市与区域之间规划合作的协调,并成立了"粤港城市规划及发展专责小组",同意开展"大珠江三角洲城镇群协调发展规划研究"。虽然当时并没有提出"大湾区"的概念,但粤港澳作为一体的规划概念已经成为共识,"大珠江三角洲城镇群协调发展"的概念也为日后粤港澳大湾区的设置奠定了研究基础。

自2004年起,广东省住房和城乡建设厅、香港特别行政区政府、澳门特别行政区政府运输工务司共同开展了该项研究,并于2009年公布了研究成果,题名为《大珠江三角洲城镇群协调发展规划研究》。该研究在"一国两制"的框架中思考和分析大珠三角的发展方向,制定城市与区域的发展策略,主张通过协调资源开发利用、环境保护与城镇及交通的发展，促进区域环境改善，提高人居环境质量，确保大珠三角的可持续发展；更有效利用三地资源，促进生产要素顺畅流动和三地分工协作、功能互补，通过拓展大珠三角的发展腹地，提高大珠三角整体的国际竞争力，建设充满生机、活力的世界级城镇群。该研究分为四个专题进行，即现状、趋势分析和总体发展战略研究，跨界协调发展研究，战略性环境影响评估及资源保护利用研究，协调发展的机制与近期重点协调工作建议。其中，该研究在第四章"空间总体布局协调计划"提出要打造全球城市功能的"湾区发展计划"，内容包括构建先行先试创新湾、高端产业合作湾、内外通达枢纽湾、碧水蓝天生态湾、疏密有度景观湾、时代前沿活力湾。可见其主要针对的内容是粤港澳三地创新性高端产业、居住环境和交通建设方面的合作。

此外，湾区的区域概念初步形成，主要包括了"一湾三区"，具体是指珠江口湾区，广佛、港深、澳珠三大都市区，并指出"一湾三区以大珠三角城镇群标志的角色形成类似于纽约、伦敦、东京等全球城市功能的核心空间；对内，以大珠三角城镇群中枢的角色带动大珠三角城镇群、环珠三角地区的整体发展，进而发挥全国经济中心的作用"。[①] 可见该项研究不仅借鉴了国际上其他国家的湾区经验，提出的湾区概念也提到了湾区内城市间合作带动附近区域及全国经济发展的作用。但此时的湾区概念只是一种建议，具备了一定的内容和框架，还没有上升到国家战略的层级。

---

① 李澜. 中国城市经济研究概观 [M]. 北京：中央民族大学出版社，2011：14.

(二) 粤港澳大湾区的发展轨迹

粤港澳大湾区的发展是一个渐进的过程，随着粤港澳合作的不断深化，区域经济社会迅速发展，粤港澳大湾区具备了建成国际一流湾区和世界级城市群的基础条件。

几乎在《大珠江三角洲城镇群协调发展规划研究》公布的同一时间，2008年12月，中华人民共和国国家发展和改革委员会公布的《珠江三角洲地区改革发展规划纲要（2008—2020年)》也提到了"湾区"概念，其中第七项"促进区域协调发展"中便专门有一节提到要"推进珠江三角洲区域经济一体化"；第十一项"构建开放合作新格局"的第二节"推进与港澳更紧密合作"，明确提到"支持共同规划实施环珠江口地区的'湾区'重点行动计划"。该文件虽然没有就"湾区"概念叙述更多内容，但可以明确的是，早在2008、2009年前后，粤港澳三地建设"湾区"的规划概念不仅在地方酝酿，而且引起了中央政府的重视和支持，而珠三角地区的发展现已被提升至国家发展战略层面，粤港澳合作已经被明确列为国家政策。

2010年4月，广东省和香港特别行政区签署了《粤港合作框架协议》，其中第九章区域合作规划的第三条明确指出了"环珠江口宜居湾区建设重点行动计划"，提出"打造区域产业核心、生态核心、交通枢纽和多元文化融合区，通过明确的行动计划，在功能布局、海域开发、土地利用等各方面进行引导和协调，建设宜居湾区"①。此时大湾区的概念仍没有更多的细节，但总体而言，大湾区规划已是粤港澳合作的重要内容之一，而且《粤港合作框架协议》本身也是促成大湾区规划的前期实践。该

---

① 《粤港合作框架协议》全文［EB/OL］.（2010-04-07）［2018-09-30］. http://news.southcn.com/g/2010-04/07/content_10828241.htm.

"协议"回应了国务院《珠江三角洲地区改革发展规划纲要（2008—2020 年）》，在中央层面、区域层面和本地层面三个角度落实列出了不同的纲领政策，包括总则、跨界基础设施、现代服务业、制造业及科技创新、营商环境、优质生活圈、教育与人才、重点合作区、区域合作规划以及机制安排等方面的内容。

在珠三角地区的发展已被提升至国家发展战略层面、粤港合作已经被明确列为国家政策、各项政策工作正在不断具体落实的大背景下，"粤港澳大湾区"的概念不断在社会上被热烈讨论，更是引起了新闻媒体、学界以及中央政府的高度重视。

2015 年，中华人民共和国国家发展和改革委员会发布《关于在部分区域系统推进全面创新改革试验的总体方案》，全文围绕"创新改革"的主调，提到要进行创建"跨省区城市群"的改革试验。其中，"广东依托珠江三角洲地区"有序推进区域发展改革试验，安排包括广东在内的城市"制定改革试验方案，协调落实有关改革举措，明确阶段任务和目标，条件成熟后逐项报国务院批准实施。"[①] 2017 年 3 月，李克强总理在中华人民共和国第十二届全国人民代表大会第五次会议上作的政府工作报告中，明确提到"要推动内地与港澳深化合作，研究制定粤港澳大湾区城市群发展规划，发挥港澳独特优势，提升在国家经济发展和对外开放中的地位与功能"。2017 年 7 月 1 日，《深化粤港澳合作　推进大湾区建设框架协议》在香港签署，国家主席习近平出席签署仪式。在习近平主席的见证下，香港特别行政区行政长官林郑月娥、澳门特别行政区行政长官崔世安、国家发展和改革委员会主任何立峰、广东省省长马兴瑞共同签署了《深化粤港澳

---

① 中共中央办公厅、国务院办公厅印发《关于在部分区域系统推进全面创新改革试验的总体方案》[EB/OL]．(2015 - 09 - 07)[2018 - 09 - 30]．http://www.gov.cn/zhengce/2015 - 09/07/content_2926502.htm.

合作 推进大湾区建设框架协议》。合作的重点领域包括：推进基础设施互联互通；进一步提升市场一体化水平；打造国际科技创新中心；构建协同发展现代产业体系；共建宜居宜业宜游的优质生活圈；培育国际合作新优势；支持重大合作平台建设等七大领域。2017年10月，习近平总书记在十九大报告中也提到"香港、澳门发展同内地发展紧密相连，要支持香港、澳门融入国家发展大局，以粤港澳大湾区建设、粤港澳合作、泛珠三角区域合作等为重点，全面推进内地同香港、澳门互利合作，制定完善便利香港、澳门居民在内地发展的政策措施"。至此，粤港澳大湾区已上升至国家战略层面。

2019年2月18日，万众期待的《粤港澳大湾区发展规划纲要》正式发布，提出打造粤港澳大湾区，建设世界级城市群，有利于丰富"一国两制"实践内涵，进一步密切内地与港澳的交流合作，为港澳经济社会发展以及港澳同胞到内地发展提供更多机会，保持港澳地区长期繁荣稳定；有利于贯彻落实新发展理念，深入推进供给侧结构性改革，加快培育发展新动能，实现创新驱动发展，为不断增强我国经济创新力和竞争力提供支撑；有利于进一步深化改革、扩大开放，建立与国际接轨的开放型经济新体制，建设高水平参与国际经济合作新平台；有利于推进"一带一路"建设，通过区域双向开放，构筑丝绸之路经济带和21世纪海上丝绸之路对接融汇的重要支撑区。这一宏伟的规划，也将成为未来珠三角地区经济发展重要的蓝图。

（三）粤港澳大湾区的发展基础

依据《粤港澳大湾区发展规划纲要》，粤港澳大湾区主要具有以下发展基础。

一是具有明显的区位优势。珠三角地区历来是对外开放的前沿地区，有着极为便利的交通条件，不仅拥有香港国际航运中心和吞吐量位居世界前列的广州、深圳等重要港口，而且拥有香港、广州、深圳等具有国际影响力的航空枢纽，便捷高效的水陆空交通网络沟通了沿海与内陆城市，连接了重要的泛珠三角区域发展腹地，必然将在"一带一路"建设中发挥重要作用。

二是具有雄厚的经济实力。粤港澳大湾区各大城市的产业体系完善，其中珠三角九市已初步形成以战略性新兴产业为先导、先进制造业和现代服务业为主体的产业结构，香港有着发达的金融业，澳门有着优良的服务业，经济集群优势和互补优势相对较好，至2017年末，粤港澳大湾区的经济总量达到了10万亿元。

三是具有丰富的创新要素。创新驱动发展战略深入实施，广东全面创新改革试验稳步推进，国家自主创新示范区加快建设。粤港澳三地科技研发、转化能力突出，拥有一批在全国乃至全球具有重要影响力的高校、科研院所、高新技术企业和国家大科学工程，创新要素吸引力强，具备建设国际科技创新中心的良好基础。

四是具有领先的国际化水平。香港作为国际金融、航运、贸易中心和国际航空枢纽，拥有高度国际化、法治化的营商环境，以及遍布全球的商业网络，是全球最自由经济体之一。澳门作为世界旅游休闲中心，和中国与葡语国家商贸合作服务平台的作用不断强化，多元文化交流的功能日益彰显。珠三角九市是内地外向度最高的经济区域和对外开放的重要窗口，在全国加快构建开放型经济新体制的进程中具有重要地位和作用。

五是具有良好的合作基础。香港、澳门两个特别行政区与珠三角九市文化同源、人缘相亲、民俗相近、优势互补。近年来，粤港澳合作不断深化，基础设施、投资贸易、金融服务、科技教育、休闲旅游、生态环保、社会服务等领域合作成效显著，已经形成了多层次、全方位的合作格局。

(四) 粤港澳大湾区的现状评析

改革开放以来,珠三角地区作为我国改革开放的前沿地带,并邻近香港这个已近有百年历史的国际金融都会、转口贸易中心和商贸中心,适逢香港本身产业形式转型,制造业纷纷北迁内地,使珠三角地区能在改革开放初期迅速参与到全国生产分工的产业环境之中,在短短数十年里成长为在国际上有影响力的制造业基地。珠三角城市群在近几十年以制造业为领衔的工业化浪潮下,无论是空间规模还是生产总量都实现了突飞猛进的增长,但产业布局和城乡面貌至今仍属于粗放发展,依靠传统的城乡格局发展产业,引发了许多社会问题。随着产业网络的逐渐成型,专业化的产业集群出现,城市群在无序中逐渐向有序的态势推进。

在改革开放后的工业化时期,适逢全球科技革命浪潮的到来,通信技术更新频繁,互联网技术发展迅猛,信息的爆炸和传输的便利使全球经济发生了深刻变革,而全球以跨国公司作为资本扩张手段不断改变着全球的产业格局,产业分工逐渐实现全球化的态势。在这样的大背景下,香港在20世纪七八十年代经济腾飞后便实现了产业转移,适逢内地改革开放,承接了香港制造业转移带来的各种机遇,制造业资本和人才的集中改变了珠三角地区的城乡面貌,城镇不断扩张整合,形成了新的产业布局和城市空间。据统计,2012年,珠三角全域的建设用地总规模约为9 227.83平方千米,其中城乡居民点建设用地规模约为7 408.79平方千米(包括城市建设用地2 326.63平方千米、镇建设用地1 971.34平方千米、村建设用地3 110.82平方千米),占建设用地总量的80.29%,各市边界、城乡边界逐渐趋于模糊,形成了广佛同城化、三大都市区一体化发展的城镇群格局。世界银行报告认为,珠三角城市连绵区已是东亚最大的城市化区域。①

珠三角产业发展和城市空间变化得益于20世纪最后几十年的国家产业转移，并借此成为世界工厂，也限定了该地本身的发展具有高度外向的特质，乡镇几乎都不再见到农地，大量的外来人口涌入，乡镇遍布仓库和厂房。佛山、顺德、中山、东莞等地的不少经济强镇都拥有各自的品牌和产业强项，经济实力堪比内地一般的县市，但也导致了地方上乡镇发展各自为政、互不统属，一直缺乏全局规划的全面战略布局。因此，在应对国际产业形势向好的时候很容易尝到好处，在国际形势发生新变化时则会因缺乏远见和总体规划而不堪一击。珠三角地区的广州、深圳等大城市不断起到整合产业链的作用。细看珠三角产业网络中的门类细分和演进历程，可以发现珠三角产业集群的极化程度其实在不断提高，不同行业在不同地区间的分化不断加深。以广州整车为中心的环珠三角汽车产业链，以广州、中山、珠海、江门为中心的珠江口船舶产业基地，以惠州为中心的石油炼化产业基地都已初具规模。珠三角地区9个国家级高新区已形成了电子信息、生物制药、新材料等战略性新兴主导产业突出的集聚发展新局面。此外，还形成了顺德家电、中山灯饰、佛山陶瓷、东莞电子信息和纺织服装等享誉国际的专业镇产业集群。②

另一国际城市是香港。与广州、深圳不同，香港发展更国际化，拥有悠久且无中断的发展历史，服务业高度发达，金融资本集中，且与国际上许多世界级都会有着密切的联系，这是广州、深圳暂时无法比拟的，也是香港最具竞争力的方面。珠三角地区近数十年的城镇化发展，与香港的作用密切相关。20世纪末，

---

① 马向明，陈洋. 粤港澳大湾区：新阶段与新挑战［J］. 热带地理，2017（6）：10-22.

② 李立勋. 珠江三角洲乡镇企业发展的地域特征［J］. 热带地理，1997，17（1）：47-52.

港澳地区的产业转移为珠三角地区制造业的崛起带来了契机,不少港商纷纷携资北上设厂,香港的华侨也多数来自珠三角,他们非常重视回馈乡里,支持家乡的经济建设、基础设施建设以及兴教设学。珠三角周遭的城市素来有向港澳借鉴学习的传统,港澳文化直接辐射到珠三角地区。

  但是进入21世纪以来,随着国际形势发生新的变化,香港产业转型后的后遗症逐渐显露。20世纪90年代,随着香港国际金融中心地位的确立以及大部分产业的转移,使该地更容易受到国际金融气候变化的影响,如1997年香港回归后不久遭遇的亚洲金融危机,便对香港经济造成很大的影响。但事后香港的产业转型一直未完成,并没有向高新科技领域迈进,过度依赖服务业和金融业,一定程度上掣肘了香港的前进步伐。[①] 此外,香港和珠三角城市之间的分工协作关系也出现恶化迹象。根据相关研究,2000—2014年,港澳与广东省城市间的地缘经济关系从过去的互补性转变为竞争性,粤港澳地区整体的竞争出现同质化倾向,严重阻碍了粤港澳台地区的深度合作和区域经济一体化发展,港澳资也逐渐失去海外接单、内地生产的搭配优势。在珠三角的经济依然保持强劲增长的时期,香港的人均GDP却于2003年被新加坡超过;2010年,新加坡经济总量也首次超过香港。2016年,新加坡在GaWC[②]全球城市的排名中超越香港成为全球第三。实际上,内地与港澳之间依然存在很强的相互需求和互补性,也有很大的合作空间。港澳拥有链接全球的高水平现代化管理和服务资源优势,但由于自身土地、劳动力等资源不足,科研创新成果缺乏与之配套的产业转化平台,迫切需要拓展经济发展

[①] 宋丁. 粤港澳大湾区战略推进的背景分析 [J]. 特区经济, 2017 (7): 11-13.

[②] GaWC (Globalization and World Cities) 的世界级城市名册是全球关于世界第一、二、三、四线城市权威排名。

的新空间。破解障碍,建立三地新的分工关系,是摆在粤港澳面前的挑战。①

此外,香港在实践"一国两制"的进程中,政治气候也发生了新变化。1997年香港回归以来成功实践"一国两制"令世人瞩目。"一国两制"不仅成功使香港回归祖国,也在回归之后造就了香港经济持续繁荣的局面。但由于香港延续港英政府的高地价政策以及产业转型的未完成,十几年来积累了许多社会矛盾,甚至出现了一些社会问题。"一国两制"的框架也在一定程度上阻碍了香港人与内地的联系,户籍和工作问题一直阻碍着香港人在内地的发展。这个问题也是习近平总书记在十九大报告中提到"制定完善便利香港、澳门居民在内地发展的政策措施"的意义所在。

由此可见,如今在新时代新形势下,推进新的区域协调发展战略无论对于制造业转型中的珠三角地区还是作为国际金融中心的香港都势在必行。这是解决双方发展瓶颈,消除合作消极因素的最佳途径。

(五) 粤港澳大湾区的历史机遇

粤港澳大湾区的规划,对于广东省、香港和澳门特区,乃至在全国意义上都是新时代发展的重大机遇。

首先,珠三角地区的自然地理形态本身蕴含了阻碍城市发展的因素。珠三角地区的城市乡镇发展并不是一蹴而就的,而是随着数千年人类繁衍生息的历史逐步发展,由传统农业社会发展而成的城乡网络大多依赖水路航运作为联系纽带。近代以来,铁路运输和公路运输网络在许多领域已经完全替代了传统的航运网

---

① 马向明,陈洋. 粤港澳大湾区:新阶段与新挑战 [J]. 热带地理,2017 (6):10-22.

络，使各地居民更便利地往来交流，但也因改变了传统交通模式而造成了新的不便利。此非传统水路航运和现代交通运输的过错，而是因为由政策、条约、海运而兴起的城市，交通运输本身随着发展而存在着许多待改善的地方。广州正是有数千年发展历史，以水路交通四通八达而形成的岭外第一大都会，香港正是因近代条约而形成的殖民地，深圳则是因改革开放政策而兴起的现代城市。近代以来，在水路交通向陆路转型的趋势下，广州联系附近城市的公路网络已极为发达，像广州联系东莞、深圳、香港的铁路早在晚清就已搭建完成，并于20世纪末几乎完全取代水路客运。然而广州直接联系香港的传统路径，即从广九铁路到广深高速、广深和谐号发展至今都已日趋饱和，但运行的时间也不能满足渐行渐速的两地交流步伐。而珠江出海口形成的港湾，素来隔断了珠三角东岸与西岸的联系，这在传统水运时代并没有为隔岸的交流带来不便。把握潮汐和洋流从香港到珠三角西岸并非难事，但自从公路运输逐渐代替了水路，无法实现东岸和西岸更方便的陆路运输便成为发展的掣肘。粤港澳合作互动以来，在大湾区规划思路的引导下，广深港高铁和港珠澳大桥的顺利开通，将把珠三角城际之间的交流带进全新的时代，广州和深圳、香港的交通运输已可缩短至一小时之内。东莞、深圳、香港前往澳门、珠海及粤西地区除了传统的轮船和虎门大桥之外，又多了港珠澳大桥作为选择，特别是在港澳渡轮日益饱和的形势下，港珠澳大桥极大地舒缓了香港和澳门的交通压力。这些大型基建设施的建设都已预先为粤港澳大湾区铺好一条坚实的道路，未来将把珠三角地区的发展带入新的层面。

其次，粤港澳大湾区将形成全新的开放格局，为促进新的产业发展模式奠定了基础。近年来，全球市场发生了新的变化。2008年金融危机后，发达国家市场需求减弱，贸易保护主义抬头，与此同时，国内劳动力等生产成本不断攀升，跨国公司原本在珠三角地区开设的制造业工厂纷纷转移到劳动力成本更低的新兴市场,种种因素使我们过去制造业的优势不再。而长期以外向型制造业为导向的珠三角地区更是首当其冲,地方发展面临严峻的转型形势。这种发展形势,促成了我国开放政策出现转变。2013年,我国提出了"一带一路"倡议,从国家层面大力推动我国和沿线国家商贸合作和文化交流,给中国发展带来了新的发展格局。迎接新时代新形势的来临,在"一带一路"倡议下,要使中国企业走出去,需要强大的配套服务给予支持,珠三角城市群拥有处理这些问题的地缘优势和在漫长的对外交往历史中逐渐积累形成的社会基础网络。但要彻底科学地整合这些传统优势和功能则需要新的战略规划,粤港澳大湾区恰好迎合了新形势下发展的需要。

再次,粤港澳大湾区能实现珠三角地区内优势资源互补和再配置的要求。大湾区的建设能进一步推进粤港澳城市群合作的工作落实,突破珠三角地区不同行政层级城市的限制,在资源的调配和制度安排等方面统筹管理,简化程序手续,消弭城市间的等级差异,也避免了各地的资源重复浪费,减省地区间不必要的行政支出。这些做法,能释放出珠三角城市群间各自的优势,促进城市群之间形成新的城镇人口流动态势,以求区域间的人才交流,使更多人才和资金流入珠三角腹地,带动珠三角及其辐射区域的经济新发展,也能使各地优势资源被广泛地运用,有效实现资源的互补整合,吸引投资和全球人才及企业的进入,从而形成各地产业升级新格局。

二、粤港澳大湾区发展的优势与挑战

粤港澳大湾区的改革创新规划借鉴了西方湾区建设的成功案例经验。当今世界上著名的湾区,如纽约湾区、旧金山湾区、东京湾区,都是国际上经济规模极为发达的经济体。当中国规划自己的湾区时，该地区是否具备上述发达国家的湾区经济、社会、文化等方面的条件成为关键。因此，有必要了解清楚粤港澳大湾区目前到底有多少现实基础。在此不妨引用两则材料予以说明。

一是粤港澳大湾区的经济总体实力。艾媒咨询《2017—2018中国粤港澳大湾区专题研究报告》所做的数据分析指出："数据显示，粤港澳大湾区人口数量、土地面积和港口集装箱吞吐量均居四大湾区首位，GDP总量达到1.38万亿美元，超越旧金山湾区且仅次于纽约湾区。粤港澳大湾区第三产业占比仍处于较低水平，仅占62%，纽约湾区占比高达89.5%。同时，粤港澳大湾区地均GDP相对处于劣势，与其他湾区仍有一段距离。"但由于中国经济发展迅速，报告对于未来的预估是乐观的，"2016年，粤港澳大湾区的经济总量已达到9.35万亿元，较2015年增长7.9%。预测未来6年经济总量仍保持稳定增长，2022年粤港澳经济总量达到14.76万亿元……粤港澳大湾区的经济总量已紧近纽约湾区，以目前快速的增长速度，有望在5年内超越东京湾区，成为世界经济总量第一的湾区。"

二是有学者从湾区的城市、航空、航海、金融、高新产业等各个方面的规模总结了粤港澳大湾区的现有优势和发展潜力。例如，李胜兰指出：第一，粤港澳大湾区是世界最大的城市群，其之所以"亮眼"，是因为这里集中了中国三大"一线城市"，是市场经济体制最完善的区域，也是当今经济最具活力的区域。三大一线城市汇聚于珠江口100多千米的范围内，这不仅是中国的城市奇观，在世界上也非常罕见。第二，粤港澳大湾区是世界最大的海港群。2016年粤港澳大湾区港口吞吐量为6 232万标箱，居世界第一。世界第三的深圳港、世界第五的香港港和世界第七的广州港的港口吞吐量总和，也超过了杭州湾的世界第一的上海港和世界第四的宁波舟山港的5 870万标箱。第三，粤港澳大湾区是世界最大的空港群。据国际机场协会（ACI）公布的"2015

年全球最繁忙机场排名",2015 年,在全球 1 144 个机场中,粤港澳大湾区以香港国际机场(全球第八)、广州白云国际机场(全球第十八,全国第三)、深圳宝安国际机场(全国第五)等 3 个机场的旅客吞吐量 1.68 亿人次,位居世界第一。第四,粤港澳大湾区是世界级的金融中心。据英国智库机构 Z/Yen 公布的"2016 全球金融中心排行榜",香港名列第四,深圳位居第十九(第一伦敦,第二纽约,第三新加坡,第四中国香港,第五东京,第十六上海,第十九深圳,第二十三北京)。深港两地的金融市场如果加在一起参与全球金融中心排名,将稳居世界第三。粤港澳大湾区有香港港交所和深圳深交所两大证券交易所,2015 年深港的资金总量 3.46 万亿美元(23.8 万亿人民币)和 GDP 密度,均达到世界一流水平,在国内稳居第一。① 该论述较为全面地总结了粤港澳大湾区的整体优势。不过,李胜兰也指出,粤港澳不同的制度体系、严格的边境管理和政治因素的隔阂将是大湾区发展必须面对的挑战。

第三节 以高等教育为视角的国际湾区经验启示

一、粤港澳大湾区与世界三大湾区的比较

(一)湾区经济的主要理论

"湾区"用于描述围绕一个沿海口岸或者海湾、港湾分布的众多岛屿、海港和城镇所构成的港口群和城镇群,是滨海城市特

---

① 李胜兰. 粤港澳大湾区的意义、优势、挑战与制度创新[J]. 探求,2018(2):14-16.

有的城市空间，也是海岸城市带的组成部分，既包括了生态和环境资源，也涵盖了独特的地理人文等要素。而在国际上，"湾区"一词多用于描述该区域中的城市群衍生的经济效应，被称为"湾区经济"。刘艳霞认为，湾区经济具有开放的经济结构、高效的资源配置能力、强大的集聚外溢功能和发达的国际交往网络，是世界一流城市的显著特征，并根据湾区所包围海面的大小，将湾区空间划分为四种尺度。① 张锐则指出，作为湾区空间的重要组成部分，港口与城市发挥着纽带与辐射作用，因此，湾区经济可以说是滨海经济、港口经济、都市经济与网络经济高度融合而成的一种独特经济形态，是海岸贸易、都市商圈与湾区地理形态聚合而成的一种特有的经济格局。②

"湾区经济"在当今世界上有三大成功案例，分别是纽约湾区、旧金山湾区和东京湾区。此外，伦敦湾区也是较为成功的例子。如今学者普遍以前三者作为案例，与中国的粤港澳大湾区进行对比研究。有将二者进行整体性比较研究的，如田栋、王福强③和林贡钦、徐广林④。此外，有杨永聪、申浩明从对外开放水平的测度对两者进行比较研究。⑤ 张昱、陈俊坤亦从开放度的角度分析比较四大湾区的区别。⑥ 谢许潭则从城市治理的角度介

---

① 刘艳霞. 国内外湾区经济发展研究与启示 [J]. 城市观察，2014（3）：155 - 163.

② 张锐. 世界湾经济的建设经验与启示 [J]. 中国国情国力，2017（5）：31 - 34.

③ 田栋，王福强. 国际湾区发展比较分析与经验借鉴 [J]. 全球化，2017（11）：100 - 113.

④ 林贡钦，徐广林. 国外著名湾区发展经验及对我国的启示 [J]. 深圳大学学报，2017（5）：25 - 31.

⑤ 杨永聪，申明浩. 粤港澳大湾区对外开放水平的测度与比较 [J]. 城市观察，2017（6）：14 - 24.

⑥ 张昱，陈俊坤. 粤港澳大湾区经济开放度研究：基于四大湾区比较分析 [J]. 城市观察，2017（6）：7 - 13.

绍世界三大湾区的经验。① 刘瞳则运用了主成分分析法对粤港澳大湾区、世界主要湾区、国内主要城市群三大方面进行了深入的比对研究。② 上述只是近年兴起的湾区经济研究的部分代表,皆就"湾区经济"进行了丰富的理论探讨。

(二) 世界三大湾区的基本概况

1. 纽约湾区

陆地面积2.15万平方千米,由31个县组成,人口达6 500万,占美国总人口的20%。湾区的重要城市包括纽约市、纽瓦克市和新泽西市。其中,纽约市是纽约湾区的中心和美国第一大都市,也是世界上就业密度最高和公交系统最繁忙的城市,平均每年的旅客流量近3 000万人次。另外,纽约港是美国第一大商港,由此铸就了纽约湾区作为国际航运中心的地位。与此同时,纽约湾区设有58所大学,其中纽约大学与哥伦比亚大学为世界著名大学。作为国际湾区之首,纽约湾区不仅贡献了美国3%的GDP,而且是世界金融的核心枢纽与商业中心。除全球500强企业有40%在此落地外,纽约市的曼哈顿中城是世界上最大的CBD及摩天大楼集中地。不仅蜚声全球的华尔街横卧于此,还有100多家国际著名的银行与保险公司的总部聚集于此。因此,纽约湾区的第三产业占比超过了90%。

2. 旧金山湾区

陆地面积1.8万平方千米,由9个县覆盖而成,总人口超700万。在由101个大小城市组成的美国第五大城市群落中,湾

---

① 谢许潭. 借鉴与合作:粤港澳大湾区与世界知名湾区的互动新态势分析 [J]. 城市观察, 2018 (1): 36-48.

② 刘瞳. 粤港澳大湾区与世界主要湾区和国内主要城市群的比较研究:基于主成分分析法的测度 [J]. 港澳研究, 2017 (4): 61-75.

区最著名的城市包括旧金山市、奥克兰市和圣何塞市,其中旧金山是中心城市。众所熟知的硅谷位于圣何塞,尽管该地区的人口不到全国的1%,却创造了美国5%的GDP。受到硅谷这一闪耀亮点的支撑,旧金山湾区不仅驻扎着30多家私人创业基金机构,而且全美国超过40%的风险资本皆集中于此,撬动着技术与产业的扩张,最终孕育出了谷歌、苹果、脸书与英特尔等全球知名企业。除了资本巨大的催生功能外,科技创新也是旧金山湾区经济增长的强大引擎。目前,旧金山湾区拥有斯坦福、加州大学伯克利分校等20多所著名大学,还分布着航天、能源研究中心等高端技术研发机构,引领全球20多种产业发展潮流。旧金山湾区虽然已经成为美国高科技产业集中地区,但其依然保留着多丘陵的海岸线、海湾森林山脉和广袤原野,这种优美的自然生态与极具包容的创新文化互相映照,构成了吸引和留住全球顶级人才的关键。

3. 东京湾区

陆地面积1.3万平方千米,由"一都三县"即东京都、神奈川县、千叶县和琦玉县组成,人口达3 500万,占日本总人口的26.3%。以东京为中心,东京湾区环绕着横滨、川崎、船桥、千叶四座大城市。同时,东京湾沿岸形成了由横滨港、东京港、千叶港、川崎港、木更津港、横须贺港六个港口首尾相连的马蹄形港口群,年吞吐量超过5亿吨。庞大的港口群带动了东京湾区产业集聚和人口集中,也锻造出日本最大的工业城市群和最大的国际金融中心、交通中心、商贸中心和消费中心。作为日本工业产业最为发达的地带,东京湾集中了钢铁、有色冶金、炼油、石化、机械、电子、汽车和造船等主要工业部门,并形成了以京滨、京叶工业区为核心的两大工业地带,工业产值占全国的40%,GDP占全国的26%。尤其是在京滨工业带上,不仅集聚了NEC(日本电气股份有限公司)、佳能、三菱、丰田、索尼、东芝和富士通等世界著名的大企业,而且驻扎着武藏工业大学、横滨国立大学等著名高等学府。东京湾区不仅是全世界 GDP 最高与人口密度最高的湾区,更是世界 500 强企业集聚程度最高的地区。

(三) 粤港澳大湾区与世界三大湾区的对比

与国际上的三个著名湾区相比,粤港澳大湾区在 GDP 增速、人口数量、占地面积、港口集装箱吞吐量、进出口贸易总额等指标上都有较大幅度的领先优势。这反映出粤港澳大湾区的国际贸易高度活跃,并且在持续成长,具有较大的贸易规模和贸易潜力。究其原因,一方面得益于中国内地尤其是包括香港、澳门特别行政区在内的珠三角地区经济的持续高速增长,另一方面得益于香港、澳门两个小型开放经济体较高的对外贸易依存度。

在对粤港澳大湾区与世界三大湾区的比较研究中,林贡钦、徐广林认为前者所处的地理位置、经济发展水平、政策法规以及科技创新等领域都与后者有许多相似之处,但差距与不足还是非常明显。一是城市发展程度不够,各城市之间没有明确的分工。二是城市融合程度差距较大,尤其面临着港澳实施"一国两制"的局面。[1]

城市间缺乏分工和体制的差异确实阻碍着粤港澳三地的发展。例如,粤港澳大湾区拥有较多国际性港口和空港,对外贸易量和港口集装箱吞吐量都遥遥领先于其他几大湾区。但是与东京湾区相比,后者云集了东京港、千叶港、川崎港等世界级大型港口,能够充分利用共享湾区资源的优势,港口群内部成功地进行了港口等级和功能划分,并成为一个有机的整体。相比之下,粤

---

[1] 林贡钦,徐广林. 国外著名湾区发展经验及对我国的启示 [J]. 深圳大学学报,2017 (5):25-31.

港澳大湾区内的多个港口大都以集装箱货运为主，港口功能重叠，形成了同质化发展的态势。同时，几大港口都以广东省作为经济腹地，相互之间也没有明确的分工和职能定位，恶性竞争激烈，重复投资严重。因此，粤港澳大湾区的港口布局应该借鉴东京湾区的成功经验，促进形成错位发展和良性竞争的格局。

此外，粤港澳大湾区内的 11 座城市之间仍然存在着经济发展程度不均衡的问题，加上两种经济制度、三套法律体系以及香港、澳门作为两个单独关税区的现实，导致制度上存在着阻碍该区域内生产要素自由流动的因素，使得这一庞大的经济体尚未形成严格意义上的共同市场，无法发挥出湾区经济的集聚效应和规模红利。① 这是其他三个湾区没有的情况，因此，打破粤港澳大湾区阻碍区域内生产要素自由流动的因素，消弭经济制度、关税区、行政层级、货币等差异是追赶世界级湾区的当务之急。

二、经验与启示：呼唤应用型高等教育大发展

（一）世界三大湾区高等教育的发展经验

1. 纽约湾区的高等教育发展状况

良好的规划促进了经济和教育发展。纽约湾区是美国东部的教育重镇，湾区内仅常春藤联盟高校便有位于康涅狄格州的耶鲁大学、位于纽约州的哥伦比亚大学，位于新泽西州的普林斯顿大学三所。除此之外，还聚集了康奈尔大学、纽约大学等共计 58 所著名学府，纽约湾区整体的教育水平极高，人才优势可谓得天独厚。较高的教育水平，为湾区发展提供了良好的人才资源及储备。

---

① 刘瞳. 粤港澳大湾区与世界主要湾区和国内主要城市群的比较研究：基于主成分分析法的测度 [J]. 港澳研究，2017（4）：61–75.

发达的联通基建、富裕的城市、众多的工作机会,为留住这些高校培育出的人才提供了良好的工作、生活与发展环境。与此同时,发达的校友网络更进一步加强了湾区内企业和高校的联系,形成人才储备上的良性循环。

2. 旧金山湾区的高等教育发展状况

旧金山湾区人口受教育程度接近美国国家总体的最高水平,汇聚了众多世界著名的高等学府,如公立的加州大学伯克利分校、私立的斯坦福大学、世界顶级医学中心加州大学旧金山分校和全美最大的艺术设计院校——旧金山艺术大学。湾区有美国28所耶稣会大学中的两所:圣塔克拉拉大学(成立于1851年)和旧金山大学(成立于1855年),它们同时也在加州最古老的三所大学中占据两席。圣何塞州立大学是加利福尼亚州立大学(CSU)系统的创始学校,是美国西海岸最古老的公立高等教育机构。加利福尼亚圣玛丽学院成立于1863年,由旧金山的罗马天主教大主教管区组建。

参照泰晤士高等教育网站公布的2016年世界百强大学排名中,斯坦福大学位列第三名,加州大学伯克利分校位列第十三名。学术方面,斯坦福大学与旧金山北湾的加州大学伯克利分校共同构成了美国西部的学术中心。截至2017年,共有64位斯坦福校友、教授或研究人员获得诺贝尔奖,位列世界第八名;20位获得图灵奖(计算机界最高奖),位列世界第三名;7位斯坦福教授获得菲尔兹奖(数学界最高奖),位列世界第九名。斯坦福大学为硅谷的形成和崛起奠定了坚实的基础,也培育了众多高科技公司的领导者,这其中包括惠普、谷歌、雅虎、罗技、特斯拉汽车、Firefox、NVIDIA、思科及eBay等世界知名公司的创始人。此外,斯坦福大学的校友涵盖30名富豪企业家及17名太空员,亦是培养最多美国国会成员的院校之一。美国《福布斯》杂志2010年盘点的亿万富翁最多的大学数据显示,斯坦福大学名列第二,亿万富翁数量达28位,仅次于哈佛大学。①

3. 东京湾区的高等教育发展状况

整个东京湾区(首都圈)拥有263所大学和高等教育机构(2013年统计),注册大学生人数超过127万。其中,京滨工业地区拥有了包含庆应大学、武藏工业大学、横滨国立大学在内的知名研究型高校。这些机构不仅在人才输出上为产业服务,在研究合作上,部分大学和研究所作为独立法人机构还拥有更大的行政权力来分配研究资源。

(二) 对粤港澳大湾区发展高等教育的启示

1. 合作发展是大湾区高等教育的发展之路

世界三大湾区合作发展高等教育的经验,对于粤港澳大湾区发展高等教育具有一定的启发作用。正如《粤港澳大湾区发展规划纲要》所强调的,要推动教育的合作发展,并具体提出了支持粤港澳高校合作办学,鼓励联合共建优势学科、实验室和研究中心等内容。要充分发挥粤港澳高校联盟的作用,鼓励三地高校探索开展相互承认的特定课程学分、实施更加灵活的交换生安排、科研成果分享转化等方面的合作交流。要支持大湾区建设国际教育示范区,引进世界知名大学和特色学院,推进世界一流大学和一流学科建设。

2. 人才供给是大湾区高等教育的服务目标

新时代下,粤港澳大湾区高等教育和人才供给面临着新的挑战。甚至有学者认为,如今区内的高等教育供给滞后于经济社会

---

① 杨长青,殷姿. 环杭州湾大湾区系列专题报告(二):旧金山湾区经济案例分析[EB/OL]. (2017-08-18)[2018-09-30]. 南华基金网站. http://www.nanhua-funds.com/contents/2017/11/13-f47cba655834eca9d b017b644671.html.

发展战略需求，且地区分布不均衡。总体而言，粤港澳大湾区内的高等院校虽然具有过往数十年，甚至上百年积累的传统优势，但与新时代的发展需求不适应。这并非由于区内高等教育水平落后，而是需要强调统筹布局，加强合作交流，优势互补，共同促进；研究探索解决问题的新思路，让占优势的高等院校带动水平较落后的院校发展；引进港澳优秀的教育人才和办学模式……这些新的尝试，不少已在实践当中。只要将粤港澳大湾区内教育资源更好地进行统筹重置，便能提高人才配给的效率，也能与大湾区人才供给的需要互相适应，甚至相得益彰。

广东省处于改革开放的先行区域，有深厚的经济发展基础，更有着临近香港澳门的得天独厚的地理优势。为发挥集群优势，中共十九大再次提到要把粤港澳大湾区提升为国家发展战略，粤港澳地区的发展进入新时代。

粤港澳迎来大湾区的发展时代，当务之急是配合国家战略目标和地方实情，制定未来发展战略布局，开展适应大湾区发展需求的高等教育发展战略研究。粤港澳大湾区深度融合的概念早在《广东省国民经济和社会发展第十三个五年规划纲要》中已被明确提出，但具体融合发展的方案仍在谈论和探索当中。如今无论是广东省的高等教育发展，还是香港、澳门地区的高等教育发展，都遭遇瓶颈，需要面对新的问题，尤其要适应大湾区设置后经济发展的需要。因此，在国家层面的大湾区建设机遇下，粤港澳地区将迎来大刀阔斧的教育改革，如今是大湾区新时代高等教育新出路和人才供给侧改革方案探索的最佳时机。

3. 找准定位是大湾区高等教育的发展基础

广东省早在《广东省教育发展"十三五"规划（2016—2020年）》便已主张提升粤港澳合作办学水平，加强紧密教育合作。当时虽然没有大湾区的战略思维，但从地方发展趋势中已意识到区域内高等教育资源整合的重要性，由此也给出了指导方向。杨玉浩从地缘关系讨论粤港澳大湾区高等教育的现状时，认为广东省高等教育发展的整体水平相对较弱，且区域分布差异较大。广东省共有151所高校，其中本科院校64所，大湾区所在的9个城市共有高校126所。其中，广州市有高校83所，本科院校36所，并且国家"双一流"建设高校、广东省建设高水平大学基本都在广州市。[①] 另外，放眼全国，从2017年国家公布的"双一流"大学建设名单来看，广东省有5所高校的18个学科进入一流学科建设名单，入选高校数排在全国第8位，落后于北京市、上海市、天津市、四川省、陕西省、湖北省和江苏省，教育发展与经济发展相当不匹配。

总体看来，广东省高等教育发展水平相对较弱，且存在结构性失调问题。因此，粤港澳大湾区内的高校发展需要结合区域经济发展特点，找准定位，积极谋划高等教育发展战略。

4. 加强研究是大湾区高等教育的发展抓手

供给侧结构性改革旨在调整经济结构，使要素实现最优配置，提升经济增长的数量和质量。习近平总书记多次在讲话中提到供给侧改革的重要性，这同时对于新时代下大湾区人才供给的问题提出了新的思路和要求。我国高等教育转型发展与经济转型具有潜在的一致性，而高等教育发展规模面临增速明显放缓的问题。当新的改革取向由过去简单追求规模的旧方式转变为追求质量转型的新途径时，也要思考从需求驱动转向供给驱动的问题。

因此，我国积极推进经济供给侧结构性改革方式，对高等教育转型发展具有"他山之石，可以攻玉"之用。对于大湾区内的高校，尤其是应用型高校而言，应当从高等教育供给侧结构性

---

① 杨玉浩. 基于地缘关系的粤港澳大湾区高等教育现状及发展战略研究［J］. 教育导刊, 2018（8）：79-83.

改革出发，积极探寻粤港澳大湾区高等教育的供给侧改革路径，强化理论研究与实践，为促进大湾区高校转型发展提供实际参考。

第二章 粤港澳大湾区人才需求环境分析

第一节 粤港澳大湾区的产业特点与人才需求[①]

一、粤港澳大湾区的城市结构与产业特征

(一) 问题提出与城市群理论

2017年全国两会期间,李克强总理在政府报告中提出"研究制定粤港澳大湾区城市群发展规划",粤港澳大湾区城市群发展规划正式被写入政府工作报告,上升为国家战略。

"城市群"这一概念,源于法国学者戈特曼所提出的"Megalopolis",国内学者多将其翻译为"都市带"或"城市群"。1957年,戈特曼在考察和研究了美国东北岸的经济之后,发表了著名的《大都市带:东北海岸的城市化》。"Megalopolis"被看作全新的城市群体概念,不是单一的城市,而是一个面积广大、由几个大都市相连接的城市化区域[②]。

从国外城市群发展的历程来看,由单一的城市发展为城市

[①] 本节内容主要依据深圳市发展和改革委员会研究报告(AK25500012)"大珠三角经济区建设研究"。

[②] 林先扬,陈忠暖,蔡国田. 国内外城市群研究的回顾与展望 [J]. 热带地理,2003 (3):45-50.

群，大致会经历四个扩展过程，即："大城市—都市区—都市圈—城市群—大都市带"。西方发达国家中心城区与郊区的一体化，进一步催生了"都市区"的出现，随着交通网路的扩展和基础设施建设的完善，地域相邻或相连的都市区打破界限，连片发展成为"都市圈"。再进一步的大都市区的大型化，便形成了20世纪五六十年代美国等发达国家所涌现出来的"Megalopolis"。1967年，戈特曼提出世界存在着六大都市圈，即纽约都市圈（占美国GDP的30%）、环五大湖都市圈（占美国GDP的20%）、巴黎都市圈（占欧洲GDP的30%）、伦敦都市圈（占英国GDP的50%）、东京都市圈（占日本GDP的60%）和长江三角洲都市圈（占中国GDP的20%）。[1] 作为区域发展的基础理论之一的大都市圈理论形成，被世界公认为"城市群理论"，它是衡量一个国家或地区经济与社会发展水平的重要标志。

"城市群理论"通常是指在一定地理或行政区域内，由一两个大城市或特大城市为核心，辐射并带动周边一定范围内的一批中小城市，使其成为在世界范围内有一定影响力和竞争力的区域城市群或城市带。这种"城市群"或"城市带"具有集聚效应的制造业产业链和集约化的永久性城市社区居民群体。[2]

从我国城镇化发展的历史进程来看，我国城市群的诞生与市场经济紧密相连，有着不同于西方国家的物质条件和社会经济背景。改革开放初期，我国通过探索经济联合区域合作的方式，打造城市间的经济协作网络是主要内容。为了发挥城市带动区域发展的作用，确立了"市管县"的行政体制，直接催生出我国较有影响力的城市经济圈。20世纪80年代后期到21世纪之前，开

---

[1] 大都市圈理论·山东半岛城市群发展［N］. 烟台大学报，2010-05-01（3）.

[2] 大都市圈理论［EB/OL］.［2012-08-08］. https://baike.baidu.com/item/大都市圈理论/3280250?fr=aladdin.

发区、乡镇企业园区、产业集群兴起，城镇与城市并行发展。进入 21 世纪后，城镇化战略、区域协调发展战略、统筹城乡发展战略被高度重视，城市群快速扩展，一体化进程也进一步加深。① 城市之间的资源配置与整合不仅限于行政界限的管辖，单一城市的发展空间往往通过发达的交通网络与周边的城市地区互联互通。在经济全球化、利益诉求多元化的发展背景之下，城市呈现发展方向的漂移，依托城市群来发展城市，自然也成为全球顶尖城市的首要选择。②

如第一章所述，粤港澳大湾区地处南中国经济最发达的区域，城市密布、人口集中，交通、基建、各种产业配套完整，中国第三大城市广州位处其中，两大金融中心深圳、香港亦在近邻。可以预见，粤港澳大湾区既是中国城镇化进程中珠三角诸多城市的战略依托，也将成为中国城市群发展的代表，乃至世界级大湾区城市群发展的典范。

(二) 五大都市圈组成"核—轴—带"城市群结构③

粤港澳大湾区拥有得天独厚的区位优势，与南海依湾相连，与东南亚隔海相望，是世界贸易的主要海运通道，亚欧经济贸易衔接的核心点，居于国际金融和贸易的核心地位，也是海上丝绸之路的必经之路、"一带一路"倡议的咽喉重地，东联"海西经济区"，西携"广西—东盟合作区"，是最具发展空间和增长潜力的世界级经济区域。

粤港澳大湾区的空间范围覆盖：位于珠江口河海相间中心位

---

① 王娟. 中国城市群演进研究 [D]. 成都：西南财经大学，2012.
② 综合开发研究院（中国·深圳）课题组. 以"双转型"引领粤港澳大湾区发展 [J]. 开放日报，2017（4）：7 – 12.
③ 哈尔滨工业大学（深圳）经济管理学院课题组. 粤港澳大湾区发展规划研究 [J]. 开放导报，2017（4）：13 – 19.

置的香港特别行政区、澳门特别行政区、深圳、珠海；东起潮汕的汕头、揭阳、汕尾、潮州；西至粤西的湛江、茂名、阳江的沿海地带。珠三角包括广州、中山、江门、东莞、惠州、佛山以及位于湾区经济腹地和生态保护区的清远、韶关、河源、梅州、肇庆、云浮等23座城市。初步形成了以香港—深圳（港深）为核心，珠江三角洲2区9市为主体的"9+2"城市群。占地面积共18.08万平方千米。关于如何依托"两区辐射、九城联动"，发挥11个城市与地区的最大经济效益，需要合理规划布局"都市圈"。

  通过粤港澳大湾区内城市间的紧密布局合作，可形成以港深为"核心"，以沿海为"带"，以珠江为"轴"的T型城市群空间结构，建设相互协调、共同发展的五大都市圈。其中，核心都市圈为"澳珠中江都市圈"和"港深莞惠都市圈"，在交通上依托新开通的港珠澳大桥进行连接。向北以广州为中心布局"广佛肇都市圈"，东部沿海布局"潮汕揭阳都市圈"，西部沿海布局"湛茂阳都市圈"，从而形成特色鲜明、具有强大张力的"核—轴—带"大湾区城市群空间。

1. 港深莞惠都市圈

  包括香港、深圳、东莞、惠州四个主要城市。香港特别行政区与深圳市都是中国科技、金融发展的领头羊，在科技创新领域拥有重要的战略地位。东莞作为全球的制造中心，利用地理优势，大力推进产业升级，通过技术创新和环境创新，充分发挥港深的创新作用。"港深莞惠都市圈"重点发展金融、外贸、会展等高端服务业，发展为城市群中最具核心发展力的外向型国际化都市圈。

2. 澳珠中江都市圈

  包括澳门特别行政区、珠海、中山、江门四个城市。珠海与澳门比邻，可通过强化与澳门旅游产业及基础设施的对接，发展为生态文明新特区，抓住港珠澳大桥联通的新契机，发挥资源与环境优势，依托港口物流与运输业，稳步推进旅游产业与物流运输业发展，提高城镇产业的集聚和扩散功能。其将成为城市群中最具发展潜力、加速发展的重点城市地区。

3. 广佛肇都市圈

包括广州、佛山、肇庆三个城市。提升广州作为全国一线城市、省会城市的区域交通枢纽地位，强化其政治、经济、文化、教育的中心作用，带动周边地区发展。提升佛山的综合服务功能，承接传递区域辐射带动作用，加快重型装备制造、高新技术产业和物流产业的发展。

4. 潮汕揭阳都市圈

建设汕头成为创新型经济特区，发挥区域交通优势，建成东南沿海现代化港口城市和商贸物流中心，建设揭阳成为广东重要石化能源基地。强化"潮汕揭阳都市圈"与珠江口岸东岸各地区的经济合作，打造临港工业基地和"世界潮人之都"。

5. 湛茂阳都市圈

以汕头和茂名为中心城市，推动湛江的生态海湾型城市建设。提高茂名的交通枢纽功能，强化"湛茂阳都市圈"与珠江口岸西岸各地区的经济合作。扩展西南腹地功能，打造国家级重化工业基地，争取成为全省海洋经济发展的重要增长极。

同时，粤港澳大湾区五大都市圈应明确各自的功能定位。充分利用好沿海重要港口城市的交通优势，以港深核心城市功能为起点，在"珠三角"基础轴线上做好转型发展，形成拥有外向型强大张力的沿海城市带。明确城市功能定位，形成优势互补，才能在各自特色之上形成协同发展的大湾区格局。

（三）粤港澳大湾区的城市分工与"产业创新带"建设

无论制造业、服务业、金融业，抑或高新技术产业，生产的规模经济和交易的比较优势都会直接作用于生产要素的集聚，都易形成规模效应和产业集聚效应。产业集聚效应往往在无形中"引导"人口自然地向经济发达、收入水平高、就业机会多的地区流动，向"城市群"集聚。① 产业方向决定人口流动方向，近一个世纪以来，世界人口流动的基本趋势也是朝向城市群化的发展。纵观全球，60%的经济总量集中在入海口地区，75%的大城市、70%的工业资本和人口集中在距离海岸100公里的海岸带地区。全球最发达的城市大多位于湾区中，全球排名前50名的特大城市中，港口城市占90%以上。从地理与经济的角度看，世界级湾区最终会成为全球的贸易中枢与经济引擎。②

粤港澳大湾区具有强大的禀赋优势，主导产业为科技创新、金融服务与制造业。"9+2"城市群经济总量已占全国经济总量的13%。③ 800多公里的海岸线，分布诸多优良港口，对比世界三大湾区，粤港澳大湾区港口的吞吐量已位居世界第一，拥有全球第三大吞吐量的深圳港、全球第五大吞吐量的香港港，以及世界第七大吞吐量的广州港。除海港外，航空港的市场规模也领先全球。据统计，2016年粤港澳大湾区机场旅客吞吐量已达1.85亿人。国际一流湾区的基建条件已经形成。

---

① 周伟林，严翼．城市经济学［M］．上海：复旦大学出版社，2004．

② 对标世界三大湾区，粤港澳大湾区如何超越［N］．南方日报，2017-12-29（AT07）．

③ 德勤．从"世界工厂"到"世界级湾区"：粤港澳大湾区发展建议［EB/OL］．(2018-02-26)[2018-09-30]．https://www2.deloitte.com/content/dam/Deloitte/cn/Documents/about-deloitte/deloitte-cn-cxo-greater-bay-area-whitepaper-zh-18026.pdf.

对比其他三大湾区的产业发展,纽约湾区被誉为"金融湾区",华尔街拥有纽约证券交易所和纳斯达克证券交易所。美国7家大银行中的6家,2 900多家世界金融、证券、期货及保险和外贸机构均设于此,金融保险产业占GDP的比重达16%,在四大湾区中稳居第一。东京湾区被称为"产业湾区",形成了京滨、京叶两大工业地带,钢铁、石油化工、现代物流、装备制造和高新技术等产业十分发达,制造业和建筑业等第二产业占GDP的比重达16%,特点鲜明。旧金山湾区被称为"科技湾区",拥有举世闻名的硅谷、斯坦福大学、加州大学伯克利分校等20多所著名大学,谷歌、苹果、Facebook等互联网巨头和特斯拉等企业全球总部亦聚集在此。①

从产业结构、金融和企业竞争力上来看,粤港澳大湾区仍不及其他三大湾区,但其具备强有力的后发优势与发展潜能。粤港澳大湾区仍处于发展初期,产业结构分布较为均衡,有亚洲著名的金融心脏"香港"在脉动,也有国内金融中心深圳特区。据英国智库集团Z/yen的最新全球金融中心指数显示:香港金融业竞争力位列第4,深圳排在第22位。与世界三大湾区相比,粤港澳大湾区与众不同之处在于湾区内的"一国两制"制度安排,巧妙叠加两种制度的优势,可以使发展要素在大湾区三个独立关税区下完成低成本跨境流动。② 产业方面,珠江东岸的电子信息产业发达,拥有华为、腾讯等世界著名IT公司,珠江西岸的装备制造业也蓬勃兴起。对比第三产业占比(见表2-1),"粤港澳大湾区"仍有较强的发展空间和提升潜力。如何推动湾区内产业区域分工协作,强化产业优势,形成产业链延长和产业互补、

---

① 朱岩. 粤港澳大湾区与三大湾区的比较和赶超策略[M]. 香港:香港城市大学出版社,2018.
② 对标世界三大湾区,粤港澳大湾区如何超越[N]. 南方日报,2017-12-29(AT07).

融合的发展格局,是湾区建成全球领先科技创新中心的关键。

表 2-1 粤港澳大湾区与世界三大湾区的比较

项 目	旧金山湾区	纽约湾区	东京湾区	粤港澳大湾区
面积/平方千米	1.8万	2.15万	3.68万	5.65万
人口/人	760万	2 340万	4 383万	6 765万
GDP/美元	0.82万亿	1.66万	1.82万	1.37万
人均GDP/美元	10.5万	7.09万	4.15万	2.02万
港口集装箱吞吐量/(标箱·年$^{-1}$)	227万	465万	766万	6 247万
机场吞吐量/(亿人·年$^{-1}$)	0.71	1.30	1.12	1.85
海外游客数/万人次	1 651	5 200	556	169
第三产业占比/%	82.76	89.35	82.27	55.60
世界500强企业数/个	36	46	60	16

数据来源:世界银行、中国统计年鉴、《财富》杂志等。

1. 建设信息技术与金融科技创新产业带

充分利用广州、珠海、佛山、惠州、东莞、中山、江门、肇庆、澳门九市的比较优势,组合建设不同层次、不同领域的科技创新中心:支援广州建成国家级创新中心城市;支援珠海建成国际化创新城市;支援佛山建成创新驱动发展先锋城市;支援惠州建成战略性新兴产业基地;支援东莞建成创业创新基地;支援中山建设区域科技研发创新中心；支援江门建成全国小微企业创业创新示范市；支援肇庆建成湾区与大西南科技产业的衔接中心。

充分发挥香港世界金融中心的特殊优势，加快港深科技金融服务体系建设，加速产业链和资本链的有效合作。深入推进粤港澳大湾区科技创新走廊、深港创新圈建设，制订粤港澳科技合作发展计划。让香港在国际化的税制、法制以及知识产权保护等方面的独特优势，与湾区内产业配套完善的优势充分对接，汇聚世界级创新人才和创新资源，形成全球高端科技汇集地和全球产业革命重要策源地。[①]

在珠江东岸打造一批具有全球领先水平的电子信息产业集群。以"潮汕都市圈"为依托，打造汕头区域交通枢纽、科技中心和商贸物流中心；打造潮州重要临港产业基地、特色经济示范区；打造揭阳区域航空物流基地、重要石化能源基地；打造汕尾滨海旅游集聚地、省级电子信息产业基地。以"湛茂阳都市圈"为依托，建设湛江全国海洋经济示范市和重化产业基地；建设茂名区域重要交通枢纽、世界级石化产业基地和重要能源物流基地。

同时，通过推动战略性新兴产业空间集聚，推动信息技术的基础创新，建设石墨烯、碳纳米管等前沿技术创新载体，推动软件定义网络（SDN）、网络功能虚拟化（NFV）等未来网络技术试验验证和应用示范。

2. 打造先进装备与高端制造创新产业带

建设特色科研创新中心的同时，优化制造业布局。以广深为核心，以东莞、惠州、肇庆为支撑，围绕电子信息技术、生物技术等拓展镜片设计、装备、模组制造、终端应用与开发，形成产

---

① 哈尔滨工业大学（深圳）经济管理学院课题组. 粤港澳大湾区发展规划研究［J］. 开放导报，2017（4）：13－19.

业链。在珠江西岸建设世界级先进装备制造产业带：涵盖智能制造、新能源汽车、高性能船舶与海洋工程装备、轨道交通、航空设备等高端制造业。建设以核电与天然气为主体的清洁能源基地，提升以进口原油为支撑的精细化工产业集群，建设惠州、茂名、揭阳、湛江四大石化基地和产能过千万吨级的钢铁基地，打造以进口铁矿石为基础的精品钢材产业园区，形成独具特色、竞争力强的大规模临港经济带和现代化物资集散中心。①

3. 构建大湾区沿海海洋经济产业创新带②

优化海洋开发空间布局。积极构建粤港澳、粤闽、粤桂三大海洋经济合作圈，建设一批集中集约用海区、海洋产业集聚区和滨海经济新区。推动海陆空间统筹利用试点，构建海洋经济新格局。

构建现代海洋产业体系。提升和改善传统优良海洋产业，培育壮大海洋新兴产业和高端临海产业，加速发展海洋服务业。加快湛江、茂名、汕尾等现代海洋产业聚集区建设，加强海洋科技创新平台的建设，创新海洋资源开发管理方式，深入推进科技兴海。

在合理开发海洋空间和构建海洋产业体系的同时，进一步强化海洋环境保护工程，制定相关法律法规。在大湾区划定海洋生态红线、近海岸禁填区和限填区，严格控制开发程度。注重海洋污染防治和海洋生态管控，建立蓝色生态屏障，积极维护国家的海洋权益。

---

① 哈尔滨工业大学（深圳）经济管理学院课题组. 粤港澳大湾区城市群空间及产业结构［M］//方舟. 粤港澳大湾区：合作策略与香港未来. 香港：香港城市大学出版社，2018.

② 本节主要依据：哈尔滨工业大学（深圳）经济管理学院课题组. 粤港澳大湾区城市群空间及产业结构［M］. 香港：香港城市大学出版社，2018.

二、粤港澳大湾区的人才需求

(一) 大湾区人才结构性供给不足

人才是科技第一生产力和创新的第一动力。对人才的需求是基于国家未来经济发展与社会发展对劳动力和专门人才的要求而产生的支付需要。人才需求是社会经济发展的必然要求,是社会需求的一种表现。同时,人才需求也是社会需求的重要体现,是指社会对各类专门人才和受过一定教育的劳动者的数量、质量、结构的需求。① 因此,人才需求目前已经成为粤港澳大湾区内各城市(地区)发展最迫切的"社会需求"。习近平总书记在广东代表团参加审议政府工作报告时曾指出,"发展是第一要务,人才是第一资源,创新是第一动力"。

人力资源是指具有智力和体力的劳动能力的人口总和,是能够推动整个社会经济发展、支撑社会经济增长的重要动力。粤港澳大湾区是国家部署建设的区域发展新引擎,其战略目标是:打造国际科技创新中心、国际一流湾区和世界级城市群。要想实现这一目标,必须依托高质量的人力资源。② 目前粤港澳大湾区已聚集较多人力资源,2018 年《粤港澳大湾区建设报告》中的相关数据显示:仅 2016 年,粤港澳大湾区人口全国占比 4.92%,湾区 GDP 全国占比 12.38%。从人口的经济效应来看,人口规模居首,人口集聚效应显著。人力资源丰富,人口年龄结构较为年

---

① 陈宏军,江若尘. 对高等教育社会需求的系统分析 [J]. 教育发展研究,2005 (10):97 – 102.
② 游霭琼,周仲高. 集聚人力资源建设粤港澳大湾区人才高地 [M] // 广东省社会科学院. 粤港澳大湾区建设报告:2018. 北京:社会科学文献出版社,2018:187.

轻,劳动力人口比重高,可持续发展的人口动力强劲。①

粤港澳大湾区以智能制造为主攻方向,无论是打造新一代信息技术,还是建设拥有高端装备的世界级先进产业集群,大湾区的创新引领与发展都需要更多科技人才做支撑。《中国制造2025》标志着全面实施和推进制造强国战略,以人工智能、工业4.0为代表的新一轮技术革命已风起云涌。纵观发达国家,技术、人才、科研基础设施建设已相对丰富和完善,粤港澳大湾区要想在全球湾区发展中取得比较优势,必须以创新为动力,集聚优质人才资源。但目前与世界三大湾区的比较显示,粤港澳大湾区人才比重偏低。② 以高等教育人口比重为例,当前美国和日本高等教育人口比重均超过40%,而粤港澳大湾区的高等教育人口比重仅为17.47%。人才的数量与质量均取决于高等教育的质量及政府人才培育规划与机制,这可能会成为粤港澳大湾区未来高质量发展的最大束缚。③

一个城市的发展环境、产业结构、发展理念等都会成为影响人才集聚的重要因素,粤港澳大湾区的人才供给结构是否符合产业升级结构?湾区内各高校如何提高人才供给的数量和质量,如何优化湾区内、城市间的人才结构?这些都是目前湾区各城市面临的人才难题。是否可以通过对比湾区内"9+2"个城市的产业定位、人才发展定位和现有的人才资源相关数据,管窥湾区内各主要城市目前的人才资源结构和今后应该调整的方向?(见表2-2)。④

---

① 广东省社会科学院. 粤港澳大湾区建设报告:2018 [M]. 北京:社会科学文献出版社,2018:187.

② 广东省社会科学院. 粤港澳大湾区建设报告:2018 [M]. 北京:社会科学文献出版社,2018:188.

③ 刘胜. 粤港澳大湾区高校科技创新型人才培养的探析:基于国际科技创新中心建设 [J]. 广东经济,2018 (10):38-41.

④ 广东省社会科学院. 粤港澳大湾区建设报告:2018 [M]. 北京:社会科学文献出版社,2018:189-192.

表2-2 粤港澳大湾区"城市—产业—人才"发展定位与现有人才资源数据表

城市	城市定位	产业定位	人才定位	总人口/万人	人才/万人	工业企业研发人员数/人	人才占比/%
广州	成为枢纽型网络城市,强化国际航运、航空、科技创新三大战略枢纽	构建高端高质高新产业体系,建设全省乃至华南地区产业新高地	突出"高精尖缺"导向,强化产业领军人才发展,构筑高水平的人才聚集高地,形成具有国际竞争力的人才优势	1 404.35	288	80 509	20.51
深圳	成为国际领先的创新型城市、一流法治城市和全面深化改革先锋城市	提高现代产业体系核心竞争力,巩固高新技术、金融、物流、文化产业地位,突出战略性新兴产业、服务业高端化,建国际产业创新中心	实施人才立法,即《深圳经济特区人才工作条例》,不唯地域引进人才,不求所有开发人才,不拘一格用好人才,吸引高端创新人才向深圳汇集,构建引才留才"一站式生态圈"	1 190.84	300	202 684	25.19

续上表

城市	城市定位	产业定位	人才定位	总人口/万人	人才/万人	工业企业研发人员数/人	人才占比/%
珠海	珠江西岸核心城市,粤港澳大湾区创新高地,珠江西岸区域创新中心、粤港澳合作先行地、国际高端人才集聚区	构建高端现代产业体系,以重点产业和战略新兴产业为突破口,发展实体经济	率先实施人才立法,三次"升级"人才政策,为各类人才打造施展才华的广阔天地。集聚中高端人才,创新创业,建设粤港澳大湾区人才高地	167.53	42.25	74 427	24.62
佛山	成为中国制造业一线城市,创新驱动先锋城市。升级典范城市,产业金融中心城市,制造业服务化领头城市,成为生态环境修复示范城市,体制机制改革前沿城市	中国制造业一线城市,广东民营经济第一大市,珠西装备制造业龙头城市	把国内外一流人才,创新团队,先进技术引进佛山,全面提升人力资本素质,形成与产业优化升级相匹配的人才供给体系和更具竞争力、影响力的佛山人才品牌	746.27	138.2	16 737	18.52

续上表

城市	城市定位	产业定位	人才定位	总人口/万人	人才/万人	工业企业研发人员数/人	人才占比/%
惠州	以更好质量、更高水平进入珠三角第二梯队，建设"绿色化现代山水城市"	全力打造世界级的石油化工产业基地和国家级电子信息产业基地，战略新兴产业基地，珠三角向粤东及赣南、闽西地区辐射的物流中心	实施人才双十行动，每年投入10亿元用于人才引进，包括人才"十大工程"和"十大品牌"	477.50	98.3	12 100	20.59
东莞	国际制造名城、现代生态都市	"推动先进制造业和现代服务业'双轮驱动'，积极发展新技术、新产品、新业态、新模式为标志的'四新经济'，构建有全球竞争力的现代产业新体系"	实施人才东莞战略，构建人才型城市，充分发挥各类特色人才在"加快转型升级、建设幸福东莞，实现高水平崛起"中的引领和支撑作用，引进特定的人才群体，聚焦特色行业、产业和领域，实行特殊的政策措施，营造特优的人才环境	826.14	130	17 120	15.74

续上表

城市	城市定位	产业定位	人才定位	总人口/万人	人才/万人	工业企业研发人员数/人	人才占比/%
中山	国家创新型城市，建成"山水人文、现代精品、开放包容、和美善治"珠江口湾区理想城市	推动产业集聚化、链条化、高端化、绿色化发展，基本建立具有国际竞争力的现代产业新体系	推出人才"18条"，为人才提供住房、入户、创业场地、资金补贴、子女教育等一系列贴身服务，实施"中山英才计划"和"中山优才工程"	323.00	55	64 963	17.03
江门	粤港澳大湾区西翼枢纽门户、珠西綜美五邑天地、文明岭南侨城、世遗中国侨都	珠三角西翼与粤西地区联系的交通门户（珠江西岸综合交通枢纽）、世界级轨道交通产业基地、珠江西岸先进装备制造产业基地、全国小微企业创业创新示范市及中国国际旅游城市	出台人才强市"十四条"及十三项配套政策，印发《江门市"百名博（硕）士引育工程"实施方案》，广开党政人才引育渠道，强化市领导"一对一"联系服务高层次人才，打造"政策洼地"	454.40	93	38 970	20.47

64

续上表

城市	城市定位	产业定位	人才定位	总人口/万人	人才/万人	工业企业研发人员数/人	人才占比/%
肇庆	建设成为珠三角连接大西南枢纽门户城市	努力形成先进装备制造业、新材料、高端新型电子、生物医药以及节能环保等五大产业集群	出台"西江人才计划""1+10+N"系列政策,为人才提供全方位、立体式激励保障	408.46	82	34 929	20.08
澳门	世界旅游休闲中心、中国与葡语国家商贸合作服务平台	休闲旅游业,经济适度多元化发展	澳门特区政府提出"教育兴澳""人才建澳"的口号,就人才本地培养与海外人才回流制定了不少相关政策	65.30	13.34	—	20.43
香港	国际金融中心、国际贸易中心和国际航运中心	四大支柱产业,即金融服务、贸易及物流、旅游和工商资源、专业服务业	优化人才发展生态,完善创新创业服务体系,利用国际化的环境和优质的高等教育以壮大区内创新人才的基础,构建大中华地区重要的人才库,对不同类别的人才引进有详细的人才发展政策	733.70	192.07	28 000	26.18

第二章 粤港澳大湾区人才需求环境分析

如表2-2所示，通过汇总广东省社会科学院、香港明汇智库、香港紫荆杂志社、中国国家行政学院（香港）工商专业同学会、社会科学文献出版社共同发布的《粤港澳大湾区建设报告（2018）》中的相关数据，以粤港澳大湾区11个（"9+2"）城市和地区为例，对比各城市和地区的发展特色、产业定位、人才发展定位，以及目前人才资源的相关数据发现，粤港澳大湾区人才区域分布较不均衡。①

目前大湾区内企业研发人才主要集中在广州、深圳、珠海、中山，占企业研发人才总量的74.08%。其中，深圳占比最大，高达35.53%。从人才总量占常住人口的比例来看，香港最高，其次是深圳与珠海。② 香港地区人才占比最多，为26.18%，佛山最少，仅有18.52%。各个城市的人才占比数远远不足，现实差距仍然较大。粤港澳大湾区目前面临着人才供给不足、人才要素流动性不足的难题。从供给侧角度看，粤港澳大湾区在未来五到十年，都将面临人才供给侧改革的新使命。湾区目前不乏技术与资金的大力支持，而更缺乏高端人才作为发展支撑，高新科技创新产业发展的人才动力明显不足。粤港澳大湾区人才供给侧改革目前存在以下两个主要问题。

一是连接湾区各城市间人才流动的政策和机制不够灵活。二是高端人才跨城流动的便利程度尚有较大的改进空间，人才流动成本较高，人才流动要素受阻。解决问题的关键，一方面要加快人才供给侧改革，力求优化人才供给质量，满足产业结构升级和调整的刚性需求。另一方面要从政策入手，加快建设城际轨道交通，加速粤港澳大湾区区域内部各城市之间人才要素的灵活流

---

① 广东省社会科学院. 粤港澳大湾区建设报告：2018［M］. 北京：社会科学文献出版社，2018：189.

② 迟云平. 粤港澳大湾区产教融合与产学研一体［J］. 经贸实践，2018（8）：44-46.

动,加快人力资源高效有序的配置,加快完善粤港澳大湾区区域交通枢纽建设,使周边城市尽快融通广深港等特大城市的地铁线路,打造"三十分钟生活圈",推动生产要素在区域内有序、合理、高效流动。

总之,人才供给侧改革的目标在粤港澳大湾区框架内与优化生产要素流动的目标是一致的。只有加速提出和实施解决方案,创新高地才能快速崛起。

(二) 人才供给侧结构性改革的路径设计[①]

针对粤港澳大湾区人才供给存在的主要问题,粤港澳大湾区内各城市(地区)已经设计了政策路径,并予以积极实施,人才引进初效明显。尤其是广州、深圳、珠海、东莞等城市已经带头努力打造湾区人才的"强磁场"。

1. 市级政策推动,加快人才引进

以珠海为例,《珠海市深入推进创新驱动发展,打造粤港澳大湾区创新高地实施方案》(以下简称《方案》)提出,珠海要着力打造高端产业集聚高地、产业技术孵化高地、创新人才高地、创业投资高地、知识产权服务高地和质量标准高地。

2017年3月,珠海市发布了《珠海市引进人才核准办法》。新政不仅简化了人才引进的前置条件,放宽了人才引入条件,审核效率也得到了大大提升。"从提出申请到拿到入户核准证明,只用了不到1周的时间,太方便了!"即将落户珠海的西安科技大学应届生刘涵兴奋地说。近年来,珠海不断加大人才工作领域改革创新力度。截至2017年9月底,珠海市人社局已收到29 690余人的网上申请,共14 607名人才通过审核,同比增长超过

---

① 诺奖得主争夺战 珠三角如何打赢[N]. 南方日报,2017-12-29 (AT20).

50%，为近5年来人才引进增速最快的一年。这得益于高效的人才引进政策和政府服务效率。

在高层次人才方面，珠海近两年来累计引进享受国务院政府特殊津贴专家人数59人，引进诺贝尔奖得主2人、发达国家院士5人；累计招收培养博士后研究人员82人，建设博士后工作站（点）52家；接收留学回国人员累计近7 000人；选拔珠海市高层次人才416人、珠海市青年优秀人才1 044人；入选"珠江人才计划"、省特支计划共5人，获得首届"南粤突出贡献奖"1人。按照《方案》，未来珠海市还将实施更加开放的创新人才引进政策，争取5年内引进培养600名左右掌握核心技术、创新创业能力强的高层次人才。同时，加强海外高端创新人才的引进，预计到2021年，全市创新创业的留学人员将达9 000人。

目前，珠海已形成了"海陆空＋智能制造"齐头并进的产业格局，人才、资金等各类要素更多地向实业聚集，创新型企业培育、创新平台建设、创新人才引进等方面均取得了一定成效。①

2. 减税、落户机制，配套住房保障②

作为科技创新的第一资源和提升城市竞争力的核心要素，人才成为城市发展的战略支撑。放眼珠三角，佛山、惠州、东莞、中山等地都吹响了"人才争夺战"的号角，全球高端人才的脚步也逐渐从纽约、旧金山、东京湾区开始走向粤港澳大湾区。

以广州为例，截至2018年8月，广州发放了2 776张"人才绿卡"，外籍高端人才可以享受广州市民待遇，目前已经有6名诺贝尔奖获得者在广州工作。除高端人才，粤港澳大湾区已成为

---

① 2017年度珠三角竞争力报告［N］.南方日报，2017－12－29（AT01）.
② 诺奖得主争夺战　珠三角如何打赢［N］.南方日报，2017－12－29（AT20）.

越来越多海归人才归国之首选。

同时，为支持粤港澳大湾区建设，吸引境外（含港澳台）高端人才和紧缺人才来大湾区工作，按照党中央、国务院的统一部署，2019年3月14日，财政部、税务总局联合印发《财政部 税务总局关于粤港澳大湾区个人所得税优惠政策的通知》（财税〔2019〕31号）。财政部、税务总局制定出台了粤港澳大湾区个人所得税优惠政策，对在大湾区工作的境外（含港澳台）高端人才和紧缺人才，按内地与香港个人所得税税负差额给予补贴，并对补贴免征个人所得税。这一政策的出台，使得在大湾区工作的境外人才的实际税负水平明显降低，对于大湾区广聚英才起到积极的引导和推动作用。

配套住房保障方面，湾区内如东莞松山湖已建成投入使用公租房3 849套，正在建设公租房约8 000套，并且率先开展人才公寓建设探索，降低了人才的住房成本。为广招天下英才，留住人才，政府纷纷向全球高端人才抛出绣球，条件丰厚诱人。机制日益完善的粤港澳大湾区，正在成为继旧金山、波士顿、东京湾后的全球人才聚焦、扎根发展的新热土。

3. 加速人才流动，实现交通便利化

便利的交通是人才流动的基础。在交通设施建设方面，以港珠澳大桥、深中通道和广深港高铁为标志，粤港澳地区正努力修建推动人才、资源流动的硬件交通设施。同时，借助CEPA、广东自贸试验区的制度创新，粤港澳三地正在探索建设人才流动的"软环境"。

粤港澳大湾区当下的交通处于发展建设时期，集中表现在跨海交通群、高铁群、空港群等方面，未来畅通能力空前发达。目前湾区境内已形成以广州和深圳为中心，连同全国的高速铁路网络，正在逐步形成珠三角与东南亚的陆路交通网络。轨道交通方面，广深港高铁已全线通车（香港段全长26千米），港粤居民通过高铁实现过境连接。2018年10月23日港珠澳大桥开通仪式在广东珠海举行。一桥连三地，天堑变通途。从香港到珠海、澳门以前要3个多小时的车程，如今只用30分钟，"大湾区1小时生活圈"正逐渐形成。粤港澳大桥的完成也将珠江东岸赴港的5个口岸形成联动，成为珠江西岸对接香港的陆路口岸，将推动珠江西岸城市圈融入粤港澳大湾区。

公路连接方面，以江门市为交通枢纽，搭建黄金"三通道"，北连广佛、中接深中、南接港澳，使粤港澳大湾区交通更加便利快捷。北通道新添一条直通广佛轨道线路，作为江门连通广佛都市圈的"北通道"，该工程也是该市全方位融入粤港澳大湾区核心区的快捷通道，建成后将与江肇高速、江中高速及广中江一期成环，形成围绕江门主城区的环城高速。其中，沙富互通将江门大道与广中江高速连接起来，令城区居民能够更快捷地驶入高速公路，直达广州、佛山、肇庆等地。随着交通条件的改善，江门与广州、佛山的经济联系也明显增强。中通道上的中开高速开通，将打造"深圳—江门1小时生活圈"。中开高速新会段长约40千米，共设大鳌、九子沙、三江、双水、天亭、罗坑6处互通立交口，采用双向6车道技术标准，设计时速为120千米。目前，中开高速新会段已基本完成4 600亩的征地和交地工作，计划于2020年建成通车。届时，深圳企业往返"深圳—江门产业园"将更加方便快捷。深茂铁路将成为江门加速融入粤港澳大湾区的主要轨道通道之一。深茂铁路江门至茂名段钢轨铺设已实现全线贯通，并于2018年6月通车。深茂铁路江门至深圳段则正在规划中，起于深圳枢纽西丽站，止于江门站，全线设6个停靠站，计划2023年中期建成通车。随着深中通道、深茂铁路深圳至江门段等重要交通项目提上日程，未来两地有望实现"一小时生活圈"。为此，立足于珠西物流中心，江门希望打造粤港澳大湾区西岸的"超级链接器"，吸引更多的产业资源，为"工业立市"提供项目支撑。

(三) 人才高地建设的对策与建议

全球化态势正在加速人才国际化流动，各国都在积极利用国内与国外两种资源，优化人才资源配置。人才尤其是高端人才的短缺，已经成为一种全球的常态化和长期化现象。各国一方面通过人才培养的方式扩充国内人才队伍，另一方面通过人才的引进与聚集等外生方式来补充国内高端人才的不足。在要素流动日益全球化，交通、信息、出入关等阻碍瓶颈逐渐突破的今天，人才有了更多的自主选择权，为此，各国普遍采用更开放的人才政策，以促进高层次人才的流入与聚集。

1. 实行便利开放的出入境政策，实现人才良好流动[1]

除了吸引人才，如何让智力资源更好地流动起来？中国（海南）改革发展研究院院长迟福林认为，首先应实行更加便利开放的出入境政策，进一步便利通关。在公安部、广东省支持下给予港澳牌照车辆便利进出珠三角政策；和ECFA[2]项下的货车通关便利政策；广东自贸试验区内地人才赴港澳实行"一签多行"。建立"一检通"信息化通关平台，自贸试验区对广东居民往来澳门、澳门居民往来内地推行"一地两检、合作查验、一次放行"等查验方式，逐步扩大适用范围；有效加速粤港澳人才要素流动的便捷性。[3]

---

[1] 诺奖得主争夺战　珠三角如何打赢 [N]. 南方日报, 2017 – 12 – 29 (AT20).

[2] 海峡两岸经济合作框架协议，英文为 Economic Cooperation Framework Agreement, 简称 ECFA。

[3] 游霭琼，周仲高. 集聚人才资源建设粤港澳大湾区人才高地 [M] //广东省社会科学院. 粤港澳大湾区建设报告：2018. 北京：社会科学文献出版社，2018：20.

2. 加快粤港澳职业资格互认试点，尽快推进职业资格一体化

要实现智力资源良好流动，应加快粤港澳职业资格互认试点，尽快推进职业资格一体化。尽快落实和完善专业资格互认，逐步取消对港澳专业人员的各种限制，允许港澳地区取得专业资格的人员到广东提供专业服务。以医疗领域为例，目前持香港大学和香港中文大学的医学专业本科以上学历的永久性居民，在香港完成了一年的实习期并取得香港合法行医资格后，仍需参加内地医师资格考试才能在内地开展医疗服务。这方面广东可以探索率先放开举措，借鉴福建平潭的做法，对港澳台规划、工程咨询、设计、测量、医疗、律师（除庭审外）、建筑师等现代服务业和社会公共服务领域的人才试行单方认可，先行探索对价格鉴定师、执业药师、社会工作者职业资格的互认，探索灵活多样的合伙制，突破资格互认给港澳人才来粤执业的政策障碍。① 利用行业协会与行业会员的联系，通过粤港澳行业协会的合作与交流，组织推动职业资格互认，推动职业资格考试科目豁免、合理设置考试场地来化解就业市场竞争阻碍，扩大"一试三证"范围，达成有助于资格互认的协议，共同推动职业资格互认的进程。

3. 实行人才自由落户政策，简化创新创业审批手续

广东应率先对港澳居民全面实行居住证制度，保证港澳人才在广东获得市民待遇的同时，能享受当地的教育、医疗等公共服务。在创新创业人才户籍、居住证积分制度中引进市场评价标准，对满足一定创业条件的投资人才，市场薪酬达到一定标准的企业人才直接申请户籍引进，缩短居住证转办常住户口的年限；

---

① 游霭琼，周仲高. 集聚人才资源建设粤港澳大湾区人才高地［M］//广东省社会科学院. 粤港澳大湾区建设报告：2018. 北京：社会科学文献出版社，2018：200.

鼓励港澳人才到广东自贸试验区就业创业。设立港澳青年创业园，为港澳青年的创业项目提供孵化器等方面的支持。探索在广东自贸试验区工作、居住的港澳人士的社会保障与港澳有效衔接；专门制定港澳人才认定办法，给予项目申报、创新创业、评价激励、服务保障等方面的政策支持，让港澳人才能够更便利地到自贸试验区就业创业。创新人才流动便利化机制，把全球人才聚拢起来。

"十几年前，在香港科技大学获得硕士学位的汪滔来到深圳，创办了深圳市大疆创新科技有限公司。目前，全球消费级无人机市场，大疆的产品占据了七成，中国人在全世界制造出新的消费潮流。由大疆创新发起承办的 Robot Master 机甲大师赛等平台，也正致力于培育新一代复合型科研人才及下一代青年工程师。"① 只有为人才的生活保障与流动提供更多便利，才能吸引更多人才流入湾区。与港澳共筑优质企业，深入区域创新腹地，从而吸引更多人才、技术等优质创新资源发展，推动形成良性的循环。相信在不断的开放和努力中，粤港澳大湾区将成为世界创新技术人才的孵化基地。

第二节　应用型高等教育对粤港澳大湾区产业的支撑

一、对应用型高等教育发展的总体需求

（一）湾区发展与高等教育发展

高等教育为地区的经济发展提供智力支撑与人才保障。世界

---

① 珠江口如何崛起"中国斯坦福"［N］. 南方日报，2017-12-29（AT16）.

一流湾区的发展经验表明，湾区高水平大学为湾区提供大量科技人才，高水平大学创新人才培养为粤港澳大湾区高端产业的发展提供创新动力。而大湾区产业的进一步发展则需要大量的应用型人才，一线技能型人才培养是打造国际一流湾区的重要基石。

产业发展需要不同层次的人才，湾区经济发展对湾区高等教育的人才培养目标提出了不一样的要求。一方面，湾区高水平大学要寻求与世界一流大学的合作，精炼研究型人才培养。另一方面，湾区应用型大学也需要结合产业发展需求，加强应用型、技能型人才培养。高校分类发展是湾区经济发展的必然要求。

（二）地方本科院校"转型发展"的政策要求

地方本科院校是指隶属于各省、自治区、直辖市，以地方财政供养为主，承担着为地方（行业）培养人才、提供服务的普通本科高校。2017年7月1日，《深化粤港澳合作　推进大湾区建设框架协议》在香港签署，按照协议，粤港澳三地将在中央有关部门的支持下，协同打造国际一流湾区和世界级城市群。粤港澳大湾区的建设，将通过产业的整合与升级，实现产业协调发展与错位发展，这就对高等教育人才培养规模与质量提出了新的要求。应用型人才将成为推动大湾区技术进步、产业升级的关键因素，而地方本科院校向应用型本科院校转型、承担应用型人才的培养重任成为大势所趋。

《广东省教育发展"十三五"规划（2016—2020年)》中提到，要提升粤港澳合作办学水平，加强紧密教育合作。随着大湾区的产业升级与经济增速发展，政府已经意识到大湾区教育发展的重要性，并提出阶段性、方向性的发展目标。根据大湾区战略发展目标，高等教育在相应学科发展规划布局、人才培养目标等方面需要进一步转型和深化发展。

一方面，国家政策和政府要求地方本科院校"转型发展"。

另一方面，区域产业升级也迫使地方本科院校承担为大湾区输出创新型人才、完成产业升级与科研创新的重要使命。如何创建国际一流的区域创新体系、推进产学研协同创新，从而实现高等教育内涵式发展，成为地方本科院校"转型发展"的重点课题。大湾区加速转型发展的内涵不仅包括大湾区城市群的经济转型发展，还需以高校转型发展作为人才支撑力，转型发展将势必成为加速粤港澳大湾区发展为世界级第一湾区的根本动力。

（三）湾区发展需要从"质"到"量"的人才支撑

教育部高等教育司司长吴岩曾说："粤港澳大湾区要想成为国际一流的湾区和世界级的城市群，需要有三个力：经济的硬实力、文化的软实力和影响的巧实力。而高等教育正是大湾区经济硬实力、文化软实力、影响巧实力的关键推动力、主要贡献者和重要策源地。"[①] 高等教育的主体——高校，尤其是湾区内的应用型大学和理工科大学，必须紧密对接湾区制造业的发展需求，以培养高素质工程科技人才为核心使命，服务、支撑区域产业，尤其是制造业转型升级，全面推进区域经济高质量发展。[②]

综观全球，每个世界级大湾区的崛起都离不开"最强大脑"——高校群。美国旧金山湾区崛起的本质是斯坦福大学和加州大学伯克利分校等顶尖高校进行的人才供给。硅谷实现了人才、技术、资本与创新四大要素的强力集聚，高水平大学集群所具有的智力资源在该区域的密集投放且真正融入产业界是其可持续发展的有力保障和重要支撑。东京湾区也不例外，由东京大学、早稻田大学、武藏工业大学、横滨国立大学、庆应义塾大学

---

① 吴岩. 大学之大与湾区之大 [N]. 光明日报，2018-08-07 (13).
② 黄彬. 面向粤港澳大湾区制造业需求培养高素质工程科技人才 [M]. //方舟. 粤港澳大湾区：合作策略与香港未来. 香港：香港城市大学出版社，2018.

等著名大学形成的高水平大学集群效应造就了日本最大的工业城市群、最大国际金融中心与交通中心和商贸中心。国际一流湾区内的高水平大学以知识和创新为联结的集群发展,是20世纪以来世界高等教育发展的重要趋势。粤港澳大湾区向世界一流大湾区迈进,无疑需要一批高水平"大学集群"来提供持续、高效、优质的动力支撑。

人才支撑需要量的叠加,需要质的飞跃。从高校人才的量来看,对比世界三大湾区,粤港澳大湾区拥有的世界百强大学的学生人数位居第一(如表2-3)。

表2-3 与世界三大湾区拥有大学数的比较

湾 区	纽约湾区	旧金山湾区	东京湾区	粤港澳大湾区
高校总数/所	95	80	100	160
100强大学数/所	3	9	2	5
50强大学数/所	3	4	1	4

来自QS世界大学排名[①]2018年学排行榜的数据显示(见表2-3),粤港澳大湾区拥有160所高等院校,在四大湾区中排名第一。纽约湾区、旧金山湾区、东京湾区、粤港澳大湾区的高校总数分别为95所、80所、100所、160所,其中排名全球100强的高校分别有3所、9所、2所、5所,排名全球50强的高校分别有3所、4所、1所、4所。其中,粤港澳大湾区内,世界前50名的大学有香港大学、香港科技大学、香港中文大学和香港城市大学,均来自香港。"粤港澳高校群"应该怎样协同发展,

---

① QS世界大学排名是由英国一家国际教育市场咨询公司Quacquarelli Symonds(简称QS)所发表的年度世界大学排名。

尤其是如何用好香港名校资源？香港科技大学创校校长吴家玮认为："中山大学、华南理工大学、深圳大学等学校虽然没有进入前100，但是它们都办得非常好。广东省至少应该有15所世界一流大学，才能与经济更好地配合。"①

同时，粤港澳大湾区高校也为大湾区产业发展输出了大量的科技成果。仅2016年，华南理工大学、广东工业大学、南方科技大学、佛山科学技术学院、东莞理工学院这5所高水平理工大学申请专利数就高达4 747项。其中，南方科技大学占比28.9%左右，南方科技大学学生还获得了美国大学物理竞赛金奖、国际基因工程机器大赛金奖、美国大学生数学建模金奖等多个国际学科竞赛大奖。2017届毕业生中，超过50%赴国内外知名高校深造，90%在深圳及广东其他地区工作，超过40%被华为、腾讯等企业录用。澳门科技大学的梁勇教授说："一个高水平'高校群'正在广东逐渐成形，加上香港、澳门的高校，巨大的高校群未来可能产生'化学效应'，甚至成为粤港澳大湾区发展的'内核'。"粤港澳大湾区高校的前沿成果，也在不断地走出大学校门，进入产业一线，成为湾区创新发展的强有力支撑。

（四）产学研一体化发展的继续探索

广东省人民政府关于印发《广东省国民经济和社会发展第十三个五年规划纲要》中明确提出粤港澳大湾区深度融合发展，但高等教育和科研机构具体融合发展方案仍待探索。

1. "产学融合"的内涵实质②

"产学融合"这一概念的理论基础主要源于西方创新理论。

---

① 珠江口如何崛起"中国斯坦福"[N]. 南方日报, 2017-12-29 (AT16).
② 成洪波. 粤港澳大湾区"产学融创"内涵实质、需求背景与路径探索[J]. 中国高教研究, 2018, 302 (10)：40-45.

尤其是埃茨科威兹（Etzkowitz）于1997年提出的"三螺旋理论"，主要用于解释知识经济时代大学、产业和政府三者之间的关系。与传统的线性创新模式认为企业是创新的单一主体相比，三螺旋理论认为大学、政府和产业均是创新的重要主体，三者除了承担各自的功能外，还相互衍生和发展出一些其他功能。作为一种新的创新模式，三螺旋理论认为，在新的科技和产业范式下，要推动知识生产、传播和应用，须促进三者的多重互动。将焦点放在大学、产业和政府三者的交互点，三者的"重叠区"才是创新的核心单元。三重螺旋在创新中都有自己的核心功能，如大学贡献最前沿的知识，政府提供最有效的政策和高效的管理，产业则生产出最前沿的技术和产品。通过各主体的相互作用，不断推动创新螺旋式上升。"产学融创"致力于实现教育链、人才链和产业链、创新链融合，形成价值整合、功能互补和创新要素资源共享的开放式创新生态系统。[①] 该理论对加强湾区高校与产业的融合创新，从而提升科技创新能力和产业竞争力提出迫切需求。

通过"产""学"多元需求的互动，不断"融合"和"创新"，形成一种产学合作的新模式——"产学融创"。"产"指产业、生产、产品等，"学"则指大学和大学内部的教学、科研、学科等。与产学融创相类似的概念有产学研协同创新、产教融合、产学融合等，三者有较大的关联性，同时也有一定的差异性。总的来说，产学融创对产学研协同创新和产教融合等概念既有一定的继承性，同时也有一些创新性。与产学研协同创新相比，产学融创突出大学和产业在创新中的重要作用，同时更为重视二者的融合，是一种更高层次、更聚焦产业关键问题或共性技

---

① 杜勇宏. 基于三螺旋理论的创新生态系统［J］. 中国流通经济，2015（1）：91-97.

术的合作模式。与产学合作、产教融合相比，产学融创在一般意义上的融合之外，更为重视和突出创新的核心作用，是产教融合的升级版。在产教融合的系统中，研究院、高校、企业、政府等主体在互动过程中，均拥有自身独特的功能。高校处于科技第一生产力、人才第一资源、创新第一动力的结合点，是"教"的学术基础；企业是社会经济发展的细胞和技术创新应用的基地，是"产"的关键；科研院所是知识生产与技术创新及成果转化的重要组成部分，发挥了技术革新的作用；政府拥有宏观调控能力，是技术创新的制度与环境的供给者和维护者，是"产学融合"的主要参与者与服务者。①

2. 粤港澳大湾区对"产学研一体化"的发展要求②

要实现大湾区深度融合发展的目标及发展定位，具体要以在粤港澳大湾区中的省实验室、国家重点实验室为主体，联合香港、澳门的高水平大学和研究平台，支持广东建设综合性国家科学中心，瞄准国际科技前沿和颠覆性技术，开展重大科技专项研究，全面提升基础研究和应用基础研究能力，并使科研转化为生产力。通过构建产教融合和"产学研一体化"模型，实现科技创新的上、中、下游的对接与融合。组成高校、研究院与企业间的多维度分工合理、运行顺畅的一体化体系。

首先，高校、研究所为企业提供不一样的、企业原本不太可能获得的视角与信息，有助于帮助企业解决难题，促进不同群体间的信息流动。其次，高校有充沛的人力资源，可以采用定制手段为企业培养区域发展急需人才，一般可以在 3~6 个月完成基

---

① 陈小虎. 多元化多样式产学融合的理论探究与实践探索 [J]. 常州工学院学报：社会科学版，2008（1）：127-130.

② 迟云平. 粤港澳大湾区产教融合与产学研一体化 [J]. 经贸实践，2018（15）：44-46.

本能力训练并到位。再者，高校与研究所的研究成果转化落地到企业，也可让提前定制培养的专业人才一同与项目落地并入职企业，解决企业人才荒（见图2-2）。

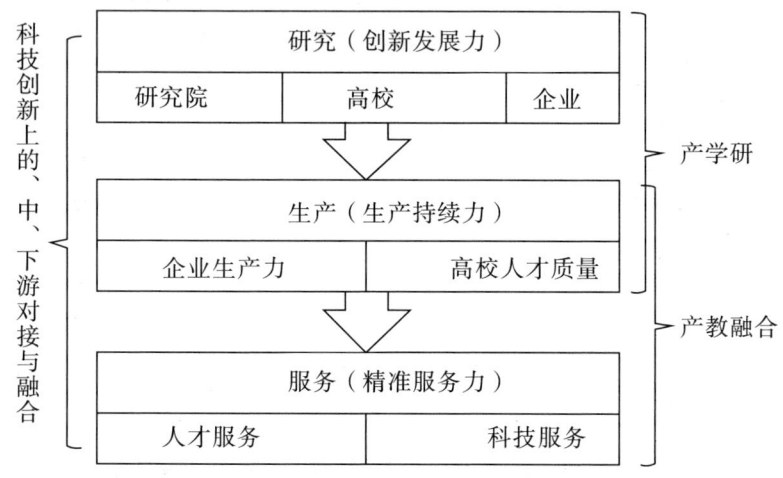

图2-2 "产教融合与产学研一体化"模型

粤港澳大湾区内的应用型高校一方面应注重配合湾区创建世界科技创新中心和世界一流区域创新体系等战略目标要求，聚焦地方产业转型和企业技术升级，全面融入区域创新生态系统，大力推进"产学融创"。对接区域产业集群，打造创新型产学集群，推进特色产业学院的组织创新，构建"产学融创"人才培养的新载体。另一方面，也要注重整合多方优质创新资源，建立一批"产学融创"平台，更好地助力粤港澳大湾区内产学研一体化的加速发展。旧金山湾区内硅谷"产学研"的协同合作就是最典型的合作范例，湾区以不到全国1%的人口创造了占美国GDP的5%的财富，充分发挥了科技创新的引领作用。湾区教育内部合作则表现为各级各类教育机构之间的伙伴协作。①

只有粤港澳大湾区高水平大学与产业一线进一步对接、融合，才能真正打造出一个世界级的科技创新集群基地。② 截至2016年年底，6所在深圳设立产学研基地的香港院校累计在深联合培养各类人才9 211名，在深设立科研机构72家，承担国家、省部级及市级科技项目1 128个，获得专利110余项，转化成果及技术服务269项；注册企业79家，注册资金约2.9亿港元，成为深港科技联合创新的聚集地。华南理工大学瞿金平院士团队改造升级高分子材料制品生产企业传统设备，打破了我国塑料装备长期依赖进口、跟踪仿制的局面；深圳大学刘剑洪教授团队世界独创的制备高质量单层石墨烯技术，帮助企业取得了全球石墨烯行业的领先地位；广东工业大学博士后秦磊创办机器人公司，三年时间销售超亿元，成为国内卫浴行业打磨机器人的翘楚……高校正在逐渐成为粤港澳大湾区产业创新的强劲"引擎"。

二、粤港澳大湾区内应用型高等教育的发展格局③

2015年，教育部、国家发展改革委、财政部三部委联合发布《教育部　国家发展改革委　财政部关于引导部分地方普通本科高校向应用型转变的指导意见》④。2016年，广东省遴选出14

---

① 李臣之，谢爱磊，范冬清，等. 粤港澳大湾区高等教育建设笔谈［J］. 现代教育论丛，2019（1）：2-5.
② 珠江口如何崛起"中国斯坦福"［N］. 南方日报，2017-12-29（AT16）.
③ 杨玉浩. 基于地缘关系的粤港澳大湾区高等教育现状及发展战略研究［J］. 教育导刊，2018（8）：77-81.
④ 教育部，国家发展改革委，财政部，教育部　国家发展改革委　财政部关于引导部分地方普通本科高校向应用型转变的指导意见［EB/OL］.（2015-10-23）［2018-09-30］. http://www.moe.gov.cn/srcsite/A03/moe_1892/moe_630/201511/t20151113_218942.html.

所本科院校，转为应用型高校，培养应用型人才，以解决生产生活实际问题为导向，培养学生以应用为驱动的创新能力。应用型高校的重要任务，是加快融入区域经济社会发展，集中力量办好地方急需、优势突出、特色鲜明的专业，建立产教融合、协同育人的人才培养模式。2017年，全国教育工作会议指出，坚持以服务经济社会发展需求为根本导向，加快优化教育结构。推动转型发展出经验、见实效，培养大批应用型人才。研究的主要方向并非世界科学发展前沿内容，而是围绕区域需要，应用先进科学，解决地区问题，推广先进技术，促进本地发展。为此，一方面要切实引导这14所本科院校按目标向应用型高校方向发展。另一方面要总结现有建设经验，指导一批民办高校或者更多的地方普通本科院校转向应用型高校，增强应用型人才培养。

　　从大湾区内高等教育的未来发展规划来看，深圳、广州、东莞、佛山、中山都将有本土新大学问世。据不完全统计，随着粤港澳大湾区发展规划纲要出台，珠三角将新增香港科技大学（南沙校区）、广州交通大学、香山大学、中山科技大学、佛山理工大学、香港城市大学（惠州校区）等超过10所高校（见表2-4），其学生人数相当于再建一座"广州大学城"。澳门大学与珠海横琴新区联手共建产学研示范基地，横琴新区将为澳门大学免租提供10 000平方米载体和1亿元重大研发机构扶持资金及天使投资基金，这是粤港澳大湾区加快建设、加速科创要素流动的一个缩影。

表2-4　湾区内规划在建大学及所在城市

在建大学	所处城市
广州交通大学	广州
佛山理工大学	佛山

续上表

在建大学	所处城市
中山科技大学	中山
香山大学	中山
香港科技大学（南沙校区）	广州
香港城市大学（惠州校区）	惠州
中国科学院深圳理工大学	深圳
中国科学院广州学院	广州
东莞"理工类"大学（筹建）	东莞
澳门科技大学（中山校区）	中山
深圳创新创意设计学院	深圳
深圳师范大学	深圳
深圳音乐学院	深圳
东北大学佛山研究生院	佛山
北京外国语大学佛山研究生院	佛山

深圳市委、市政府 2016 年 10 月印发的《关于加快高等教育发展的若干意见》中提出，争取到 2025 年，深圳的高校达到 20 所左右。深圳市教育局透露，今年将加快筹建包括中国科学院深圳理工大学、深圳创新创意设计学院、深圳师范大学、深圳音乐学院等高等院校。2019 年 1 月，广州市政府正式批复广州交通大学选址在广州黄埔区。此外，黄埔区还将加快中国科学院大学

广州学院建设，引进南洋理工合作办学。中山市政府工作报告提出，要加强与境内外知名高校合作，争取启动与澳门科技大学合作的香山大学建设，积极筹备中山科技大学。2019年2月，现任佛山市市长朱伟公开表示，佛山将高起点地建设佛山理工大学，选址佛山新城。澳门科技大学也在中山板芙镇购买了1 800多亩土地及建筑物，拟以研究生教育起步，条件成熟后再办本科教育。香港城市大学计划在惠州的潼湖生态智慧区建设惠州校园项目，并拟于2021年开始招生。佛山则引进北京外国语大学、东北大学等学校到佛山来办研究生院。①

从大湾区内各地高等教育发展模式来看，广州和深圳是两个高等教育发展模式的代表城市，且各具特色。广州模式主要是在高校的周边地市开展二级学院的办学模式，即分校区办学。而深圳模式，可以看作是高等教育引入模式，通过引入国内一流大学合作，包括香港中文大学在内的一流学校，在深圳建立分校区，此外还有高等教育办学体制新模式探索的南方科技大学。除独立法人高校之外，各地还有一些大学校区，如北京大学、清华大学、中山大学等高校在深圳都有校区。近期，深圳继续向国外大学寻求合作办学机会，扩大合作办学规模。深圳的高等教育在寻求高水平的目标下，国际化程度正在不断加强，对湾区内各地市的高等教育做出了示范作用。

其他地市高等教育发展如何规划？深圳模式有可取之处，但要尽量避免一些同质化重复性建设，如高职院校升级本科、学院升格成大学等，减少改革规划的盲目性，合理确定高校的发展目标。

---

① 相当于再建一座"广州大学城"：珠三角将新增超过10所高校！[EB/OL].(2019-03-24)[2019-05-30].http://www.sohu.com/a/303509848_100138206.

(一) 以合作办学模式培养应用型人才

粤港澳合作办学模式的提出和应用可以追溯到香港高校来粤合作办学。自2003年内地与香港签订CEPA，即《内地与香港关于建立更紧密经贸关系的安排》以来，香港在广东合作办学进入新的发展阶段。2004年7月1日，教育部部长周济和香港特区教育统筹局局长李国章在北京签署《内地与香港关于相互承认高等教育学位证书的备忘录》，双方就相互承认高等教育学位证书达成共识。香港与内地学历互认备忘录的签署，为两地高等教育制度化合作打开了新的篇章。2005年11月18日，由内地与香港两地高校合办的首家法人资格高等教育机构"北京师范大学—香港浸会大学联合国际学院（UIC）"在珠海成立，标志着内地与香港的高等教育合作进入实质发展的新阶段。2012年，广东省又设立了国内第二家内地与港澳台地区合作办学机构——香港中文大学（深圳）。截至2017年，香港中文大学（深圳）已招收了全球2 000多名优秀本科生和研究生，学校长远办学规模为国内外学生11 000人，其中本科生7 500人，硕士及博士研究生3 500人。

在近十几年来合作办学模式的探索中，我们一直积极寻求与世界一流大学合作培养研究型人才，办学层次逐渐加深，以研究生教育为起点，突出学科的前沿性，注重培养科研高端人才。

未来，大湾区内的内地高校还应该进一步利用地缘优势，重点开发大湾区现有优势资源，加强与香港大学、香港中文大学、香港科技大学，澳门大学等知名高校的合作。除了采用政府与学校合作的方式，还可以采用政府和学校知名研究机构、实验室合作的形式，开展合作研究，以共同培养高端人才为目标。一方面，粤港澳大湾区高校要充分利用地域相近的交通便利优势，在大湾区范围内灵活合作，增强合作效用。另一方面，可充分发掘与现有内地高校合作的潜力,如与清华大学深圳研究生院、北京大学研究生院等继续深化合作,发挥双方科学研究和产业发展的优势。瞄准大湾区发展战略,合作范围着重瞄准优势学科或重点实验室层面。

(二) 以分校区模式依托地方高校发展

2000年哈尔滨工业大学在深圳建立研究生院;2001年4月经教育部批准,北京大学与深圳市政府合作创办的、以全日制研究生教育为主的高等教育机构"北京大学深圳研究生院"也正式成立,同期还有清华大学在深建立研究生院;2014年9月,清华大学与加州大学伯克利分校、深圳市政府签署合作备忘录,依托清华大学研究生院共同创建清华—伯克利深圳学院;2016年11月,深圳市政府与清华大学签署协议,在清华大学深圳研究生院、清华—伯克利深圳学院的办学基础上,共建清华大学深圳国际研究生院;2006年,中山大学与深圳市共建事业单位"中山大学深圳研究院"。这些分校区的办学特点是依托国内一流高校、依托本校区,建设分校区,加强应用型人才培养。这是粤港澳大湾区立足深圳经济特区,利用深圳地处改革开放前沿、经济制度优越、社会改革领先等特点,进行高等教育改革的一种探索模式。

广东省内扩充办学资源的分校区模式。广州市高校较为集中,但因为是老城市,原来的大学发展地理空间受限,一批大学在大学城建立分校区,或者在省内异地建立分校区,如暨南大学珠海校区、华南师范大学南海校区、广东医学院湛江东莞两地校区、广东财经大学佛山校区等。这类高校的特点是为满足高等教育大众化需求,增加教育供给,扩充办学空间,是在省内就近建立分校区的成功案例。

（三）以技能型人才培养增强人才供给[①]

2017年国务院办公厅出台《关于深化产教融合的若干意见》，强调统筹职业教育与区域发展布局，按照国家区域发展总体战略和主体功能区规划，优化职业教育布局，加强经济带城市间的协同合作，引导各地结合区域功能、产业特点探索差别化职业教育发展路径。[②] 高职院校在培养技能型人才时，应注重内部治理体系改革，紧密融入区域经济社会发展，深化"引企入教"的改革，主动把企业需求融入人才培养的环节，积极引入企业，深度参与学校教育教学改革、专业规划、教材开发、教学设计、课程设置、实习实训。健全需求导向的人才培养结构调整机制，推进产教协同育人，在技术性、实践性较强的专业，全面推行现代学徒制和企业新型学徒制。

除高职院校外，本科高校也应思考：粤港澳大湾区目前和未来到底最需要哪些应用型本科人才？工科技能型人才双创型人才，企业管理、金融、教育、医疗卫生、旅游、文创、社会工作等横向领域发展人才……培养具有"工匠精神"的技能型人才不仅仅是高职院校的责任，也是本科院校转型发展的要求。广东省教育厅高等教育处处长郑文博士曾指出：粤港澳大湾区高等教育发展的目标之一即：服务发展。他指出，"粤港澳大湾区战略定位非常高，要建成世界一流湾区，需要经济的硬实力、文化的软实力、影响的巧实力。这三种力，都离不开高等教育。粤港澳大湾区高等教育不仅要适应，还要支撑、引领湾区发展，所以这种服务是全方位的、先导性的、高标准的。不仅要提升科技创新

[①] "应用型"办学更好服务经济社会 [N]. 南方日报，2017-12-29（AT45）.

[②] 潘懋元，许玫. 高等学校分类与定位问题 [J]. 复旦教育论坛，2003（3）：5-9.

能力,更要培养创新型、应用型和国际化高素质人才;不仅要着眼于当前大湾区的发展,更要前瞻性地布局高等教育学科专业;不仅要满足三地高等教育合作发展需求,更要有建成世界一流高等教育体系的目标"。①

高职院校应重视特色办学,加强实践教学与高技能工人的培养。地方本科院校向应用型转型的同时,也要主动布局新工科专业,积极对接大湾区的产业需求,推进区域产业升级发展。新工科、理工科院校应主动承担为大湾区发展输出技能型人才的历史新使命。

1. 多学科交叉融合,推动湾区内新工科建设

中山大学、华南理工大学等高校主动布局一批新工科专业,推进人工智能、物联网、大数据等新技术以及智能制造、生物医药、集成电路等新兴工科,支撑粤港澳大湾区战略性新兴产业发展所带来的对中高端科技创新人才的巨大需求。

暨南大学、广东外语外贸大学等高校注重配套深化创新型人才培养的课程建设、教学方法改革以及教学体系改革,培养具有扎实专业能力和人文素养的复合型科技创新人才,以满足相关产业向价值链高端发展对创新人才的多元化需求。

2. 高校与企业强强联手,共促湾区产业发展

香港科技大学先后孵化出了固高、大疆、李群自动化、逸动科技等多家在业界乃至全球有重要影响的高科技公司,是粤港澳大湾区高校中进行科技创新以及产学研结合尝试的佼佼者。目前,香港科技大学已与华为、滴滴、华大基因、大疆等众多一流企业建立联合实验室,并通过与腾讯、华为等科技企业共建实验

---

① 广东省教育厅高等教育处处长郑文:打造粤港澳大湾区世界一流高等教育[EB/OL].(2019-03-21)[2019-05-30]. http://dy.163.com/v2/article/detail/EAQFNG2U0516QHFP.html.

室或科技人才交流项目,共同促进高校人才培养和粤港澳大湾区高新科技产业的发展需求动态对接。[1]

3. 联合高职共同培养高技能人才

地方本科院校与高职院校联合培养高技能人才,也是地方本科院校向应用型转型发展和培养技能型人才的关键举措。湾区内许多高职院校与地方本科院校联合培养技能型人才的方式值得借鉴,如"3+2"分段培养模式、协同育人的应用型人才培养试点等。有了高职院校技能型人才培养的基础,地方本科院校才能进一步加强应用型高等教育,培养出满足社会需要的技能型人才。

---

[1] 刘胜. 粤港澳大湾区高校科技创新型人才培养的探析 [J]. 广东经济,2018(10):38-41.

第三章 粤港澳大湾区的应用型高等教育发展

第一节 粤港澳大湾区应用型高等教育的发展历程[①]

一、广东省应用型高等教育的发展历程

总结广东省在构建地方本科院校向应用型转型的发展路径，广东省地方本科院校转型发展基本经历了三个重要阶段：第一阶段（2011—2015年）为积极引领、寻求突破期；第二阶段（2015—2016年）为遴选试点、推动转型期；第三阶段（2016—2020年）为形成特点、连接发展期。

广东省应用型高等教育的特色发展，未来广东省地方本科院校转型的政策导向包括：分类指导、突出优势、差异发展，形成各创一流的全新发展格局；推进广东省域内高等教育均衡发展，实现高职、应用型本科与专业硕士一体化的人才培养；加强地方本科院校与国外院校深度合作，接轨粤港澳大湾区战略需要；政府规制"去标准化"放管结合，院校发展"自主化"创新强校；建立保障改革运行的预警机制，调控转型发展的风险，防范循环与钟摆现象。

---

① 曲中林，杨小秋. 广东省地方本科院校转型发展的政策研究［J］. 高教探索，2018（6）：83-87.

（一）积极引领、寻求突破期（2011—2015 年）

2011 年，广东省教育厅发布文件《关于全面推进广东省高校应用型本科人才培养模式改革的若干意见》（粤教高〔2012〕5 号），提出进一步明确全面推进应用型本科人才培养模式改革工作的重要性与紧迫性。文件认为，"办好让人民满意的高等教育"对"推动全省经济社会全面协调可持续发展有重要意义"。

2014 年 11 月，广东省召开"本科高校应用型人才培养专题研讨会"，来自德国、我国台湾、北京、上海等不同国家、地区的专家代表，以及广东省内的 50 所本科高校近 200 名代表参会。会议认为，广东省本科高校应用型人才培养的理念较为先进，模式比较成熟，体系日趋完备，机制逐步健全，初步形成了各具特色、协同共进的本科应用型人才培养格局，本科应用型人才培养质量不断提高。会议强调，广东省本科高校应用型人才培养应不断推向科学化、制度化、系统化新阶段。2015 年 5 月，"广东省普通本科应用型人才培养高校教务处长联盟会议暨创新创业教育与应用型人才培养研讨会"召开。会议认为，联盟自成立以来，紧紧围绕着广东省创新教育的综合改革和人才培养模式改革等中心进行工作，在推进广东省本科应用型人才培养模式改革，加强院校合作和协同育人等方面做了大量工作，并取得了显著成效。通过本次会议，利用联盟平台，加强各高校之间、高校和企业之间的交流与合作，积极探索创新创业教育与应用型人才培养的有效途径，共同推动和引领广东省高等学校创新创业教育工作。

（二）遴选试点、推动转型期（2015—2016 年）

2015 年 5 月，广东省教育厅下发了《关于 2015 年开展高职院校与本科高校协同育人试点工作的通知》（粤教高函〔2015〕84 号），同年 6 月，下发了《广东省教育厅关于进一步做好四年制应用型本科人才培养试点工作的通知》（粤教高函〔2015〕118号），提出高度重视试点工作，全面做好人才培养衔接工作，明确了应用型本科人才试点项目和工作要求，保障试点工作的稳定性和延续性。

2016年3月，教育部举办发布会，介绍广东省应用型高等教育服务地方经济社会有关情况，认为广东高校已经成为广东创新发展的重要推动力量。会议介绍，广东省众多高校与地方政府、地方行业企业共建的研究院、产品研发中心、新型研发机构、企业发展中心、产学研基地、技术转移机构、创新创业基地等各种类型平台近500个，通过技术改造、成果转化、合作研发等社会服务方式，为2 000多家行业企业提供科技服务，使地方高校通过集聚地方创新资源，推动自身向应用型高校转型。

2016年6月，印发《省教育厅　省发展改革委　省财政厅关于引导部分普通本科高校向应用型转变的实施意见》（粤教高〔2016〕5号），政府推动高校转型发展，明确广东省包括民办高校和独立学院在内的普通本科高校，原则上都应向应用型高校转变，其在转型过程中可选择学校整体转型、部分二级学院转型、部分学科专业转型等不同方式。2016年9月，广东省教育厅发布了普通本科转型试点高校遴选结果，确定了广东金融学院、广东石油化工学院、广东财经大学、惠州学院、岭南师范学院、广东技术师范学院、肇庆学院、五邑大学、吉林大学珠海学院、北京师范大学珠海分校、电子科技大学中山学院、北京理工大学珠海学院、中山大学南方学院、广东白云学院等14所高校为第一批转型试点高校，试点期为4年。与国内其他省份相比，从时间上看，广东省该项工作落后于全国大部分省份；从规模上看，规模适中。

（三）形成特点、连接发展期（2016—2020年）

《广东省教育发展"十三五"规划（2016—2020年）》明确指出："推进省市共建本科高校建设，提升本科高校发展水平，服务区域产业转型升级和经济社会发展。加快推动地方本科高校转型发展，引导一批本科高校向应用技术类型高校转型发展，鼓励独立学院转设为应用技术类型高校。"这为地方本科院校发展指明了方向。

2016年12月，在广东省委、省政府的推动下，广东省教育厅与9个地市及所在地的11所地方本科高校签署省市共建协议，明确并承诺"十三五"期间，广东省、9个地级市的两级政府投入近百亿元，以打破常规的做法，支持共建11所地方本科院校。其中，深圳市支持共建香港中文大学（深圳），中山市支持共建电子科技大学中山学院和广东药科大学中山校区，江门市支持共建五邑大学，惠州市支持共建惠州学院，肇庆市支持共建肇庆学院，湛江市支持共建广东医科大学和岭南师范学院，茂名市支持共建广东石油化工学院，韶关市支持共建韶关学院，梅州市支持共建嘉应学院，潮州市支持共建韩山师范学院。这一重大战略决策，彰显了广东省地方本科院校的转型发展。

同时，广东省院校还进一步加快联合培养的机制，实施组合化培养模式。例如，肇庆学院建立与普通高中教育、中高等职业教育的对接机制，安排较多招生指标招收部分中高职优秀学生直接进入应用型本科学习。该校在与广东工贸职业技术学院、广东女子职业技术学院、肇庆第一技师学院、广东科技职业技术学院等高职高专院校开展"3+2"合作模式的基础上，进一步探索和完善应用型地方高校与高职高专技能型人才的对接模式。

2017年7月，为推进肇庆学院转型发展示范校建设，建设高水平应用型大学，肇庆学院特别委托华南师范大学的李盛兵教授团队承担"高水平应用型本科高校建设的国家标准体系构建：以肇庆学院为例"课题研究任务。体现在行动落实上，肇庆学院引进了德国应用技术大学的办学理念，与德国富克旺根艺术大学合作，举办了中德设计学院，并于2017年9月首次招生35人。

2017年12月，岭南师范学院与中华全国工商业联合会水产业商会共建产学研合作，双方签订战略合作协议，揭牌成立"水产国际商务产学研合作基地"，推动水产国际商务学院的建设发展，进行水产国际商务本科人才的订单式培养，对水产管理人员进行项目式培养，使该学院向应用型高校转型上又迈出了坚实的一步。

2017年12月，广东石油化工学院与广东工业大学续签帮扶共建协议，实现优势互补、资源共享、合作共赢，两校牵手合作是贯彻落实省委、省政府建设高水平大学和高水平理工科大学决策部署的重大举措，共同推进高水平理工科大学建设步伐。

2018年1月，电子科技大学中山学院与地方企业签订"千万级"校企合作协议，通过大力整合学校优势资源，帮助地方产业解决发展难题，共同实现新发展，迈向新征程。韩山师范学院凸显"人文教育与应用教育并重，本土化与国际化兼顾"的办学特色，传承"勤教力学，为人师表"的校风。东莞理工学院各院系建立战略合作关系，与政府部门、镇街、企业、行业"挂钩"，合作双方共建平台、共享资源，提高人才培养的社会适用性，确立了建设高水平应用型大学、培养高素质应用型人才的学校发展方向。

可以说，广东省近些年通过对省域内高校的重新部署，既推动了不同类别高校的分层、分类发展，又实现了高等教育省域一盘棋统筹发展。其中，高水平大学、高水平理工科大学和省市共建3个建设项目，省市两级政府投入超过200亿元，加之重点建设了一批全国一流、具有世界影响力的高职院校，强有力支持着广东高校实现超常规发展。广东省很多地方本科院校早已推进"特色鲜明、优势突出、与区域经济社会发展良性互动的应用型本科院校"建设的步伐,广东省高校应用型人才培养已经走在全国的前列,并受到教育部的肯定。广东省政府应进一步为地方本科院校"松绑",将强化应用型高校建设作为广东省域高等教育发展的重点之一,完善地方本科院校转型发展的政策支持体系,不断深化高等教育改革,破除体制机制障碍,通过推动地方本科院校的转型发展,把广东省应用型高校办优、办强、办出特色。广东省地方本科院校回归应用型办学定位,在发展中转型,在转型中发展,支撑广东省创新驱动发展战略。

二、港澳地区应用型高等教育的发展历程

(一)沿袭英国、葡式教育制度

港澳地区的高等教育发展带有浓重的"殖民色彩",加之多元文化的长期融合,形成了极具特色的教育体系与教育制度。纵观两地高等教育发展史,香港的高等教育最初移植了英国的高等教育传统,实行"精英教育"。直至20世纪90年代以后,香港的高等教育才逐步从精英制进入大众化阶段。从基础教育到高等教育,其全英式的教育体系使香港高校很容易被纳入世界大学的排行榜单。香港的高等教育也常被称为世界的教育奇迹,其充分利用有限的土地和教育资源,在规模有限的高等教育系统下,以四两拨千斤之力孕育出数所各具特色的世界知名大学。

澳门的高等教育则承袭了欧洲中世纪教会办学的传统。其最早的大学雏形"圣保禄学院"是葡萄牙传教士以培养远东传教士为目的而建立起来的,其建制仿照葡萄牙的科英布拉大学。科英布拉大学建成于1290年,属于一所中世纪大学。因此,中世纪教会办学传统及中世纪的大学模式伴随着耶稣会教士"东渐"

而移植澳门。之后澳门并未建立过真正的高等教育学府，反而受香港教育人士的影响，创办了"私立东亚大学"，后被澳门基金会收购组成"澳门东亚大学"，1991年更名为"澳门大学"，为澳门培养了诸多公务员、教师、律师和中葡双语翻译人才。①

（二）引入先进职业技术教育理念

在工业化的发展进程中，香港或澳门地区的教育层次一般被分为两个阶段。初级阶段是为中学毕业生设立的职业院校，如香港教育学院，澳门中西创新学院等；高级阶段为高水平的大学教育、研究生教育等，尤其以职业发展为特色的应用型大学，引入需要承担培养技术工程、设计、应用科学、会计及纺织制衣等专业技术人才的职责，为传统的职业教育做了良好的补充。②

以旅游管理专业为例，众所周知，香港和澳门地区的旅游服务业较为发达，其旅游业的发达与旅游教育的发展有着密不可分的关系。

例如，澳门中西创新学院，针对澳门博彩业的从业人员大多是中学毕业生，其教育水平普遍不高的背景，澳门中西创新学院以招收旅游博彩业从业人员为主，大力发展成人教育，采用灵活的授课方式，获得了社会和行业的积极肯定。

又如香港理工大学开设有国际酒店管理、国际旅游及会展管理、国际葡萄酒管理、环球酒店业管理四个应用型旅游管理相关专业。其中，国际旅游及会展管理专业以专业独特的战略视角与行业实际情况相结合，注重各学科之间优势科目的结合，促使学生在实际应用中用系统、联系的观点看问题。除了其课程设置的

---

① 王银花. 澳门高等教育扩展的逻辑：基于高校与城市互动关系的视角 [D]. 上海：华东师范大学，2014.

② 欧阳莹，吴开军，张薇. 浅议香港旅游管理研究生教育及其对内地的启示 [J]. 湾区经济研究，2018（1）：18－20.

理论化与实务化，学院课程设置的另一大特色是与一流的三大酒店一起创办环球酒店业管理学的硕士课程，由香港理工大学酒店及旅游业管理学院、瑞士洛桑酒店管理学院以及美国休斯敦大学希尔顿酒店及餐饮管理学院互相合作。① 世界首创的课程项目表现出中西方文化的高度融合，真正做到了"立足本土，纵横世界"。

（三）形成地方办学特色

地方性是应用型本科院校最重要的特性，对"地方性"的理解，一是在于应用型本科院校在学科专业和课程设置上必须立足地区经济发展，服务于地方。应用型高校参与国际化重在向国际先进的教学理念和人才培养方式的学习、专业的认证或者国际的应用型科研合作等。二是地方高校必须形成地方办学特色，具有自己的办学特点，甚至成为代表地区发展的特色"名片"。

以香港八大院校为例，其地方办学特色很值得我们学习和借鉴。② 香港院校之所以各具办学特色，是因为政府注重区分各院校的角色。2004 年，香港大学教育资助委员会发布了题为《香港高等教育：共展成长，与时俱进》的报告书，指出"香港是一个很小的地方，高等教育工作绝不能重叠"，并提出每所大学都应该在各自的优势基础上确立自己独特的角色。为了确保各院校更合时宜地扮演各自的特定功能和角色，大学教育资助委员会还在 2005—2008 年的拨款年度推出新的拨款机制，即拨款与院校的表现和角色挂钩，未能履行其特定角色的大学将会被削减高

---

① 刘爱利，张一凡，姚长宏. 旅游管理相关专业课程体系优化设计的规律探讨：以美国康奈尔大学酒店管理专业为例 [J]. 首都师范大学学报（自然科学版），2012（04）：42-46.

② 刘仁义. 香港应用型大学的办学理念与应用型人才培养 [J]. 陇东学院学报，2008（6）：108-113.

达10%的经费。在这一机制的引导下，八所香港大学的角色与办学定位逐渐清晰。① 香港大学、香港中文大学定位为：旨在人文科学、自然科学及医学等领域内，提供更广泛的教研项目。香港科技大学定位为：在关注科学、技术、工程、商业等学科之研究发展之外，着重在人文学科方面为学生提供更广博的知识。香港理工大学、香港城市大学定位为：为本科生和部分副学位学生提供专业导向课程。香港浸会大学定位为：提供一定范围的本科生教育和研究院课程。岭南大学定位为：在人文学科课程方面寻求专业化。香港教育学院定位为：为职前及在职教师提供师资培训和发展的课程。除院校之间进行角色区分外，还要推动院校之间建立深入协作的关系，为确立联合大学的整合模式做准备，使每所大学都在各自的学科优势上发展特色，同时促使院校之间更深入的合作交流，形成优势互补。

第二节 粤港澳大湾区应用型高等教育的发展概况

区别于研究型高校和职业技能型院校，应用型高校要求与社会经济发展需求密切联系，其专业设置与地区经济结构和产业结构耦合度较高，培养的专门人才主要来自高校所在地区且主要就业于高校所在地区，知识溢出具有较高的行业、产业和地区贡献度。②

无论是香港、澳门还是广东省，应用型大学的办学理念和应用型人才的培养模式都极具地方特色。本节尝试对广东、香港和

---

① 岳经纶，李晓康. 延续与变迁：21世纪初的香港高等教育发展与改革［J］. 清华大学教育研究，2007（1）：8–16.

② 史秋衡，康敏. 精准寻位与创新推进：应用型高校的中坚之路［J］. 高等教育工程研究，2018（5）：96–101.

澳门地区的应用型高等教育发展现状和特色进行梳理和分析，进而分析粤港澳大湾区内应用型高等教育合作发展所面临的机遇、困境与挑战。

一、粤港澳大湾区应用型高等教育的发展现状

（一）广东省应用型高等教育的发展现状

通过上节对广东省应用型高等教育发展历程的整体回顾与梳理，广东省地方本科院校转型发展，是高校自身的生存发展需求，更是规避劣势、错位竞争、寻求突破性发展的需要。

现阶段，广东省地方本科院校走出同质化的发展，进一步明确办学定位，提高办学质量，实现特色应用型发展战略目标。加快构建高校分类化、差异化、特色化发展战略，加快"新工科"建设，推进省域内高校争创"一流应用型高校"发展的新格局。立足粤港澳大湾区产业创新格局，布局高校发展战略，进一步践行"应用型"办学更好的服务经济社会的教育使命。诸多应用型高校尝试联合办学，以"高规格""高起点"建设高水平理工科大学，在办学资金上进一步加大筹措力度，充分利用市场经济，提升高校格局，促进筹措资金的方式"多样化"，加大产教融合的力度，助力地方经济与高校"双赢"。

广东省部分应用型高校发展相关数据如下。①

2017 年，肇庆学院引进了德国应用技术大学办学理念，与德国富克旺根艺术大学合作，创办中德设计学院，2017 年 9 月首次招生 35 人。

2017 年 12 月，岭南师范学院与中华全国工商业联合会水产

---

① "应用型"办学更好服务经济社会 [N]. 南方日报，2017 - 12 - 29（AT45）.

业商会共建产学研合作，双方签订战略合作协议，揭牌成立"水产国际商务产学研合作基地"，推动水产国际商务学院的建设发展。进行水产国际商务本科人才的订单式培养，对水产管理人员进行项目式培养，使学院进一步向应用型高校转型发展。

2017年，东莞理工学院各院系建立战略合作关系，与政府部门、镇街、企业、行业"挂钩"，合作双方共建平台、共享资源，提高人才培养的社会适用性，确立了建设高水平应用型大学、培养高素质应用型人才的学校发展方向。人才高地集聚效应逐步显现。截至2017年12月，学校共引进海内外高层次人才和专任教师、优秀青年博士等400多人，其中双聘、特聘院士7人、外国院士1人、"长江学者"12人、"国家杰出青年基金"获得者10人、"千人计划"学者8人、国家级教学名师1人、海外杰出人才8人，实现市"青年千人计划"和学校"国家百千万人才工程""珠江人才计划""珠江学者"零的突破。2017年，东莞全市有10所高校与20个国家和地区的51所高校、76个企事业单位开展合作办学与交流。全市9所高校设立研发机构121个，开展科研项目1 508项，研发活动总经费投入预测达5亿元，较2016年增长了20%。

2018年1月，电子科技大学中山学院与地方企业签订"千万级"校企合作协议，通过大力整合学校优势资源，帮助地方产业解决发展难题，共同实现新发展，迈向新征程。

（二）香港地区应用型高等教育的发展现状

香港高等教育系统主要包括三个部分：教育资助委员会直接拨款资助的8所高等院校，财政自给的6所院校，以及1所受财政资助的香港演艺学院。教育资助委员会拨款资助的8所院校是香港高等教育系统的主体，也是香港特区政府重点扶持和优先发展的院校。①

1911年,香港第一所大学香港大学正式成立。此后,香港高等教育发展缓慢,直到1963年,第二所大学香港中文大学才正式成立。直至20世纪70年代末,香港的高等院校仅有3所,包括香港大学和香港中文大学,以及1所理工学院(香港理工学院),其规格仅能为17~20岁年龄组别中不超过2%的学生提供接受高等教育的机会。

为了实现在20世纪80年代中期高等教育在学人数超过12 000人的目标,1978年,港英政府通过多种途径来推动高等教育学额的扩充。一是扩充规模,对已有的大学进行扩招。香港大学和香港中文大学增加学额。二是继续创办新的大学。1991年成立香港科技大学,1995年,原有的4所师范学院和语文教育学院合并组建香港教育学院。三是把原有的学院升格为大学。1994年,香港理工学院、香港城市理工学院及香港浸会学院先后升格为大学,香港城市理工学院更名为"香港城市大学"。1996年,香港公开进修学院获得自行颁授学位权,1997年更名为"香港公开大学"。1999年,岭南学院升格为大学。

在香港回归前,教育资助委员会资助的8所高等院校格局已经形成并趋于稳定。1997年回归后,香港高等教育体系的发展主要体现在私立专上学院的创设上,先后注册成立的专上学院包括:珠海学院、恒生管理学院、东华学院、明爱专上学院、明德学院以及香港职业训练局属下的香港高等科技教育学院。

香港的应用型大学多以"应用为本、学以致用"为核心理念,高扬应用为本的旗帜,坚守应用型的传统,以应用型为荣。多开设全英语的授课课程,致力于推动应用型课程,根据社会需

---

① 岳经纶,李晓康,延续与变迁:21世纪初的香港高等教育发展与改革[J]. 清华大学教育研究,2007(1):8-16.

求,培育社会需要的、直接服务于社会的优秀人才。切合工商界及社会需要的应用研究,致力于把基础的科学理论应用于各个领域,在经济和社会的发展中担当重要角色,借以推动社会和经济的发展。

多年来,香港高等教育与社会经济发展紧密配合与互动,不断根据时代需求制定与适时调整发展战略,充分挖掘与产业和研究部门的密切合作,构建一种科学化的"产学研"循环系统。UGC(大学赠款委员会)自2009年以来,每年拨出5 000万港元推动各院校参与知识转移工作,包括大型合作研究、注册及授权专利、统筹顾问项目及成立附属公司等,这些举措最大限度地强化了各院校的社会服务职能。高等教育的研发投资与产能效率已被公认为是提升城市经济体系竞争力的核心指标,找准新的战略平台,更好地服务地方经济成为香港高校的重要任务。进入21世纪以来,香港社会发展进入第三次转型期,其经济增长模式开始向高增值模式升级,从产业结构变动的特征来判断,知识密集型服务业成为其中占绝对优势的活力产业。香港特区政府于2009年发表的《施政报告》中提出"香港须走向知识型经济,发展创新和知识为本的产业,提升城市全球竞争力"的理念建议,并将教育产业列为促进地区经济新增量的六大优势产业类别之一。

(三)澳门地区应用型高等教育的发展现状

澳门是位于中国珠三角南岸的一块宝地,水陆交通便利。在历史上,它是中国与南洋海上交通的出发点,也是中世纪欧亚和远东航路的中间站。澳门地区不同民族、不同文化、不同宗教、不同信仰的居民和睦相处,充分体现了中华文化巨大的开放性和包容性。随着1987年中葡联合声明的签署,澳门进入到1999年回归前的过渡期。澳门高等教育注册学生人数在1999年回归后又重新到达一个新的顶点。1991年，政府通过澳门基金会收购东亚大学并在此基础上成立澳门大学、澳门理工学院和亚洲（澳门）国际公开大学（后更名为澳门城市大学）。1999年，澳门镜湖护理学院经澳葡政府批准，升格为高等教育机构。① 2000年3月，澳门特区政府特批成立"澳门科技大学"，目前设立了诸多注重职业发展和与应用能力相关的专业，如行政管理、中医药学、酒店与旅游管理专业等，为澳门输送各类服务业高等人才。2001年8月，澳门中西创新学院创立。回归后的澳门高等教育越来越重视对内合作，以广东作为合作伙伴，成立了澳门大学横琴校区等，对外也善用中葡平台以及侨眷脉络的自身优势，以"一带一路"共商、共建、共用为原则，协同《推进共建"一带一路"教育行动》，打造开放、包容、均衡、普惠的区域经济合作架构，把葡语系国家、东南亚国家等作为其高等教育的优先发展市场。

澳门地区应用型大学一方面非常注重对接当地的产业发展，针对特色旅游业、服务业等设置专业技术培训课程，为澳门旅游博彩业输出专业人才。另一方面，加大与葡语系国家院校的联系合作力度，培养大量了解葡语系国家的人才。作为中国与葡语国家的经贸合作服务平台，积极打造中国与葡语国家双语平台。

自2003年开始，国家已连续四届在澳门举行"中葡论坛部长级会议"，十亿美元的"中葡合作发展基金"已投入运作，在澳门设立"中国与葡语国家双语人才"基地。同时，为配合特区政府支持双语人才教育和培训发展计划，高等院校还邀请葡语国家相关部门官员、澳门工商界代表参与应用学科发展方向的指导，为邀请国内外高等院校权威葡语专业教学专家分享先进教学

---

① 焦磊. 微型社会高等教育发展比较研究：兼论澳门高等教育发展策略［M］. 上海：华东师范大学出版社，2013.

方法及理念提供平台，帮助澳门更有针对性地培养符合市场需求的双语专业人才。系统地把澳门五年发展规划、"一中心一平台"（世界休闲旅游中心和区域商贸服务平台）建设、"粤港澳大湾区"合作等工作与澳门应用型大学办学理念与人才培养方案相结合。未来的澳门高等教育将充分利用、发挥其自身作为"海上丝绸之路"重要一站的历史地位和影响，加大对葡语国家的文化辐射作用。

二、粤港澳大湾区应用型高等教育合作发展的机遇与挑战

（一）粤港澳大湾区应用型高等教育合作发展面临的机遇

1. 产业环境与创新文化双重"加持"

在粤港澳大湾区产业升级与创新文化的双重"加持"下，粤港澳大湾区应用型高等教育合作发展迎来了新的机遇。世界知识产权组织发布的《2017年全球创新指数》报告显示，"深圳—香港"地区以数字通信为主要创新领域，在全球创新集群中排名第二，超越硅谷。2017年6月，哈尔滨工业大学（深圳）空间科学与应用技术研究院成立，近20位两院院士、20余位国家"杰青"加盟，吸引了近70家单位、150余名合作共建成员。中科院院士、研究院院长魏奉思说："深圳的信息技术发展得很快，有许多大的公司。我们想把现在的信息技术引到空间科学发展中来，所以专门成立了空间大数据的建模平台，这在全世界来讲是第一个。"粤港澳大湾区创新协同发展带动的不仅是哈尔滨工业大学这类研究型高等院校，也给应用型高等教育带来了更多与创新领域合作的发展机会。生机勃发又完整的产业配套环境，让众多前沿科技"落地"的过程加速，促进了粤港澳大湾区产学研

的不断融合发展,应用型高等教育与创新资源形成全球瞩目的良性互动,鼓励教授、学生创新创业,加强学校与产业界的联系,有意识、有举措地培育创新文化正成为广东、澳门和香港地区不少高校的共同追求目标。

以深圳为例,深圳大学每年为学生提供上千万元的创新创业经费,并提供创业孵化投资的全配套服务,让学生"带着企业离开学校"。目前,已孵化学生创业企业183家,其中5家市值过亿元。为支持科研成果走向市场,深圳大学将科研人员成果转化收益比例上调至70%。此外,南方科技大学也拥有专门的创新创业学院,允许教授每周有一天到校外从事科研转化工作,同时为教授创业设计了有效路径。目前,该校教授自主创办的企业已有40多家,吸引社会投资达数亿元。又如香港科技大学,定期举办各种创业相关活动。澳门科技大学,成立专门的机构推进学校科研成果向市场转化……

"科学家也可以是企业家,高校产学研可以相互支撑、相互促进,引领创新。"南方科技大学"80后"副教授贺建奎创办瀚海基因,带领科研团队自主研发出可应用于临床的第三代单分子测序仪。这一创新成果让中国基因测序技术直接和欧美形成"三足鼎立"的态势,人类的单次基因检测费用从近千美元下降到100美元以内。贺建奎说,他在斯坦福大学求学时,其导师不仅是世界基因测序领域的顶级科学家,同时也是拥有12家公司的著名企业家。这种"双重身份"带来的科研和产业化同频共振,如今也在粤港澳大湾区高校中上演。①

2. 港粤联动,粤港澳高校群协同发展

利用好香港的名校资源,利用好"粤港澳高校联盟",进一步推动粤港澳大湾区高校群协同发展,建立粤港澳大湾区高校合

---

① 珠江口如何崛起"中国斯坦福"[N]. 南方日报,2017-12-29(AT16).

作新机制,实现粤港澳大湾区高等教育领域内真正的"密切合作"。

2016年11月15日,由中山大学倡议,连同香港中文大学和澳门大学共同组建,结合粤港澳三地26所高校的"粤港澳高校联盟"在中山大学广州南校园成立。粤港澳高校联盟旨在深化粤港澳三地的学生交流、科研合作和协同创新,联手打造"粤港澳一小时学术圈"。联盟已获教育部港澳台事务办公室批准。联盟首届理事会理事长、中山大学校长罗俊现场抛出"绣球":建议实现联盟内高校重大创新平台的开放共享,联盟内高校学者开展计算科学研究可以使用中山大学的广州超算中心"天河二号"计算机,学者还可以参加海洋科学中心、精准医学中心等大平台建设。他解释说,粤港澳大湾区高校有条件、有责任强强联合,面向学术前沿、国家重大发展战略需求,面向国家和区域社会经济发展需求,开展更多的项目合作,共同为国家和粤港澳大湾区创新驱动发展贡献力量。粤港澳大湾区精英大学之间制度化的合作交流,可以进一步提升区域内高校整体办学水平和合作层次,打造"粤港澳一小时学术圈"。

粤港澳高校联盟将推动三地的教育、人才和科技的深度合作,打造珠三角的人才高地、教育高地,适应世界大学发展新格局、区域创新驱动发展的新需求,具有引领意义。协同深化三地高校合作,粤港澳三方都应积极推动兄弟院校的对话、师资培训交流、学生到内地交流学习等活动。香港院校也可探索将大学生赴内地交流学习和实习纳入学分体系当中,从而推动香港青年人才赴内地工作和生活。内地方面应提供更多优惠政策,在粤港澳大湾区城市放宽对香港"人才房"等政策。可在前海、横琴、南沙等就针对香港青年的"人才房"政策,配合福利房屋和青年SOHO等规制,开放住房政策,给予香港毕业生赴内地工作的市民待遇。

(二) 粤港澳大湾区应用型高等教育合作发展的困境与挑战

1. 粤港澳大湾区应用型高等教育合作发展的困境

(1) "学历互认"仍存在制度障碍。

受"一国两制"的制度制约,高等教育在跨境合作上仍存在制度障碍。从根本上看,港澳教育制度和内地的学制、考试制度、学历认证等方面都无法衔接。粤港澳三地的学历互认需要院校和地方政府共同努力,设计可实现的思路来打破制度壁垒,推动人才一体化的目标。

建议粤港澳大湾区内的各高校通过借鉴欧洲高等教育一体化下的学分互认制度,制定"粤港澳学分互通体制"(European Credit Transfer System,简称 ECTS),其不需要对现行高等教育制度或政策做重大修改,只要采纳"互通体制"的粤港澳院校签订协议,各自订立相关政策来说明高等教育学生的学业成绩或学分颁发的纪录和报告方式即可,可与"互通体制"做配合和比较来兑换学分"共同代币"。① 通过统一粤港澳高校纪录和报告高等教育学生学业成绩或学分颁发的方式,配合粤港澳大湾区的战略政策,加强学生在粤港澳大湾区内高等教育的流动,扩大区内就业机会。② 学分互通可为"学历互认"的实现奠定基础。

(2) 产学研互动水平低,学术高地在香港,产业高地在珠三角。

粤港澳大湾区经济发展离不开高校知识和人才的输送,人才集聚是经济发展的关键,纽约湾区、旧金山湾区和东京湾区的教

---

① 关于 ECTS 可参见:http://ec.europa.eu/education/tools/docs/ects-guide_en.pdf.
② 蔡安成."粤港澳学分互通体制"的愿景初探 [J]. 教育教学论坛,2018 (50):187-188.

育与科研机构的紧密程度远远超过其他地区。东京集聚了全日本20%以上的大学、超过30%的大学教员、近25%的民间研究机构和300多家顶级技术型公司。旧金山湾区聚集了一批美国著名高等学府和研究性机构,其中有4个世界级研究型大学、5个国家级实验室,纽约市有大学及学院,共60多所世界知名大学。尽管粤港澳大湾区有4所世界前100名的高校(香港大学、香港科技大学、香港中文大学、香港城市大学),但从其地理位置上看,一流高校资源相对集中于香港地区,与企业主要集中在珠三角地区的联系仍不够紧密。① 学术高地在香港,而产业高地在珠三角地区,造成粤港澳大湾区内人才与产业脱节的现象,粤港澳地区间的产学研互动水平仍有待提高。

2. 粤港澳大湾区应用型高等教育合作发展的挑战

挑战:广东如何依托粤港澳大湾区平台,独立开办更多一流应用型本科高校?

"目前,广东高等教育无论是数量还是水平,与其经济体量是不成正比的,广东缺乏真正的一流大学。"香港科技大学创校校长吴家玮在接受南方日报记者采访时曾建言,除了合作办学,广东应集中精力创办一批自己的一流应用型高校,向香港科技大学的创办模式学习,引进一流师资力量,培养应用型学科,对接地区产业升级,发挥向创新产业输出高智人才的教育功能。② 如第二章所述,粤港澳大湾区的创新崛起,需要最强大脑"高校群"做支撑,政府需要在高校建设方面做好规划,大力推动在粤

---

① 刘佳宁,钱金保. 跨境合作,发挥大湾区金融中心引领作用[M]//广东省社会科学院. 粤港澳大湾区建设报告:2018. 北京:社会科学文献出版社,2018.

② 专家访谈 | 吴家玮:粤港澳大湾区崛起需要最强大脑高校群支撑[EB/OL]. (2017-12-28)[2018-10-30]. https://static.nfapp.southcn.com/content/201712/28/c874914.html.

港澳大湾区新增大学，包括成立若干民办应用型本科大学，同时提高办学水平。单一的依靠港澳来粤办学是远远不够的，只有建立多所一流应用型本科高校，其教育输出才能更好地和经济配合。在建设高校上，可在学术规划、人员编制、校园设计、财务预算等方面利用香港的资源并借鉴香港的经验。粤港澳大湾区，如中山大学、华南理工大学、深圳大学等一批高质量学校应该尽快利用好香港高校的资源，加快发展广东高校，推进联动发展。除香港高校来广东合作办学外，广东省尤其是教育资源丰富的城市要思考如何利用区位优势办独立的大学，在师资、科研水平等要达成和香港同等水平，这样才更有意义。依托粤港澳大湾区，广东省要培养一流的师资力量，进一步加强人才的聚集，才能支撑起湾区科技的创新与崛起。

第三节　粤港澳大湾区应用型高等教育发展的评析

粤港澳应用型高等教育的未来发展，最重要的是把握"合作交流""优势互补"的主题，这既是世界湾区成功案例可借鉴的经验，也是粤港澳大湾区提升为国家战略规划层面的必然要求。区域战略改革的实际目的是重新整合地方资源，让地方已遭遇瓶颈的发展困局突破现有的束缚，为未来的长远发展和区域整体经济发展以及文化、社会的进步开辟一条新的道路。本节回顾粤港澳大湾区高等教育的办学情况，介绍地区内高等院校合作交流的现有基础，从不同层面剖析各地区高等院校的办学优势和劣势，以助思考在现有的高等教育条件下，如何应对粤澳港大湾区时代所带来的挑战和机遇，将现有的教育资源整合，促进高校间的合作交流，最终达致优势互补的效果。

一、粤港澳大湾区应用型高等教育的相互交流与优势互补

(一) 粤港澳大湾区高等教育的主要交流

1. 港澳在粤合作办学情况

港澳在粤合作办学有长久的历史,自港澳开埠以来从未间断。香港、澳门回归之后,两地交流日趋频密,合作办学活动进入了稳定的发展阶段,引进了香港高校的先进教学理念以及占有优势的特色学科专业,同时也引进了香港地区的一批一流教师。自 2003 年内地与香港签订 CEPA,以来,香港在广东合作办学进入了新的历史阶段。2004 年 7 月 1 日,教育部部长周济和香港特区教育统筹局局长李国章在北京签署《内地与香港关于相互承认高等教育学位证书的备忘录》,就相互承认高等教育学位证书达成共识。我国大陆与香港地区经济合作的制度化以及香港与内地学历互认备忘录的签署,为两地高等教育制度化合作提供了重要契机。同时,泛珠三角洲区域发展战略的提出及相关合作协议的签订,也为大陆与香港地区高等教育合作提供了有利的政策环境。截至 2004 年 6 月 30 日,授予香港特别行政区学位的合作办学项目达 20 个。2005 年 11 月 18 日,全国首家由内地与香港两地高校合办的具有法人资格的高等教育机构——北京师范大学 - 香港浸会大学联合国际学院(UIC)在珠海成立,标志着内地与香港的高等教育合作进入了新的阶段。[①] 学院设有工商管理学部、文化与创意学部、人文与社会科学学部及理工科技学部四个学部,下设 23 个专业方向,实施全英文教学。在全国 30 个省市实

---

① 林金辉,翁海霞. 我国大陆与香港地区高等教育合作办学的历史发展与趋势展望 [J]. 中国高教研究, 2009 (6): 51 - 53.

行重本统招录取，在校生5 000余人。2016—2017学年，北京师范大学－香港浸会大学联合国际学院获教育部批准开展研究生教育，将开设研究型硕士、授课型硕士及博士专业课程。2012年，广东省又设立了国内第二家内地与港澳台地区合作办学机构——香港中文大学（深圳）。截至2017年3月，已有来自全球的2 000多名优秀本科生和研究生在香港中文大学（深圳）求学。该校长远办学规模为国内外学生11 000人，其中本科生7 500人，硕士及博士研究生3 500人。中英文并重，以英语为主要教学语言。2017年，香港中文大学（深圳）实行了两种录取模式：普通高考成绩录取模式和综合评价录取模式。

澳门在粤合作办学主要由于澳门的土地资源有限，大学校园环境挤迫。2009年6月，全国人大常委会批准澳门大学在广东省横琴建设新校园，认为对于推动澳门高等教育事业的发展，为澳门特别行政区培养更多高素质人才，促进澳门特别行政区更好更快地发展具有重要的意义和长远的影响。于是授权澳门特别行政区政府管辖横琴岛东部海傍约1平方千米土地，以解决现时澳门大学校园的挤迫问题。2013年11月，澳门大学新校区举行了启用仪式。新校区比原校区约大20倍，可容纳约1万名学生。另外，2016年，在澳门运作的中国内地高等院校中，广东省招生人数最多的高等院校是暨南大学与华南师范大学。暨南大学开设课程3个，招收14个班级，注册人数为321人；华南师范大学开设课程7个，招收15个班级，注册人数为233人。

2. 港澳学生赴粤学习情况

香港学生赴内地升学，主要以本科程度或以上为主。香港特区政府从2009年9月开始实施高中及大学新学制改革，香港中学文凭考试将逐步取代香港中学会考和香港高级程度会考。2012年香港将有两届高中生，共计105 000余人同年毕业，升学压力增加。为体现中央政府对香港地区的关心和支持，帮助特区政府缓解升学压力，李克强副总理于2011年8月访港期间宣布，"自2012年起试行对香港学生豁免内地普通高等学校联合招收华侨、港澳地区及台湾省学生考试（即联招考试），内地部分高校可依据香港中学文凭考试成绩择优录取香港学生"。截至2016年，在内地就读本科课程的香港学生约有1.3万人，其中约8 000人集中在广东省，2 000多人在福建。由于中央政府推出同等学费水平及免试收生计划等政策，香港地区学生到内地求学的人数持续上升。香港学生主要通过免试收生计划、港澳台侨联招试及院校独立招生三大途径就读内地高校。

免试招生计划从2012年开始实施，现覆盖了90所内地高校。香港学生可以凭香港中学文凭考试成绩报读内地高校，免去应付多一次考试的压力。据中国教育留学交流中心数据，2017年通过该计划报读内地本科的香港学生共2 568人，其中报考广州中山大学的人数最多。2016年，有1 391人通过免试招生计划获内地高校录取，第一院校志愿报名人次最多的前三位均属广东的大学，依次为中山大学、暨南大学和广州中医药大学。确认报名总人次最多的10多所高校中，有6所位于临近香港的广东省。这反映出香港学生在报读内地高校时，地域仍为主要考虑因素。每年有近300所高校通过5月在香港举行联招考试这一途径进行招生。学生须考5门科目，院校也是择优录取。涵盖院校及专业较多，然而入学考试大纲多以内地课程为蓝本，香港学生要花额外时间去准备。2016年，港澳台侨联招试录取香港学生1 770人。个别内地高校经国家教育部批准，可以自设标准或设计考试内容，直接在香港招生。2017年，北京大学、清华大学、复旦大学、中山大学、暨南大学及华侨大学开始独立招生。2015、2016学年，内地求学的澳门学生共6 178人。人数最多的地区是广东省，总计3 319人；其次是北京市，共885人。其中，在广东省求学的澳门学生中，攻读博士学位课程39人，硕士学位课程103

人，学士学位课程2 213人，高等专科学位课程964人[①]。

(二) 粤港澳大湾区高等教育的交流层面

1. 政府层面

由于"一国两制"的基本国策以及教育体制和意识形态的原因，粤港澳三地的高等教育合作在广度和深度上均受到制约。粤港澳教育领域的合作还需要进行诸多政策和体制上的创新和突破。香港特别行政区、澳门特别行政区的教育机构与内地教育机构合作办学的高校须参照2003年国务院颁布的《中外合作办学条例》的规定执行。虽然粤港澳三地政府对粤港澳高等教育合作持积极鼓励的态度，但最好建立一个粤港澳高等教育合作的专门协调组织，取得中央政府的支持和参与，消除三地合作在法律和政策上的一些约束。

2. 高校层面

粤港澳三地高校在办学体制、教育制度、方针、培养目标等方面存在差异。广东高校基本都是由政府创办的，主要由教育部、广东省教育厅主管，而港澳的高校办学体制是多元化的。目前，粤港澳高等教育合作缺乏明确的战略规划，需调整高等教育发展政策以及高等教育资源配置模式。粤港澳高校可通过签订校际间的协议来促进双方高校间的人才联合培养、科研攻关和学术交流等，建立研究中心或合作实验室，建立健全高等教育合作的相关激励和评价机制。促进师资共享，教师、学生相对自由流动，学历学分互认，共同举办各类教育活动，等等。

---

① 冼雪琳，安东平. 粤港澳大湾区高等教育现状及合作模式探讨[J]. 深圳信息职业技术学院学报，2017 (4)：7-11.

3. 社会层面

除了在政府和高校层面外，粤港澳高等教育的长期深入合作也需要加强社会组织层面的合作。港澳的一些机构在提供社会服务上非常有经验，如由杨振宁教授提议，于1985年注册的"京港学术交流中心"，它是一个非营利的教育科技交流服务机构，旨在促进内地与香港开展学术、科技交流和产业合作。"广东省粤港澳合作促进会"是2009年经广东省委、省政府同意，由广东省民政厅批准成立的具有独立法人地位的社会团体，汇聚了粤港澳三地的知名人士和业界代表，资助了多项粤港澳民间合作项目。粤港澳合作已进入全面深度整合的新阶段，民间力量的参与作用也变得更加重要，可以使合作的形式更加丰富，呈现出多样的合作成效。

（三）粤港澳大湾区高等教育的优势互补

1. 人才培养方面

粤港澳大湾区内高等教育由于长期各自发展，所以极具优势互补的潜力。如据港澳学生通过免试招生计划到内地升读大学的数据统计，医学、经济、工商管理、新闻传播、法学、会计等实用性专业最受港澳学生的欢迎。这些专业本身也是港澳高等院校最多学生报读的专业，由于本地升学的学位有限，于是产生了外溢效应，使很多无法在本地顺利读大学的港澳学生在回内地升学时选择了他们理想的专业，缓解了香港本身的升学压力。香港是以金融业、服务业为主导的社会，一些传统学科在当地反而不占优势，于是也有学生选择回内地报读在内地高校相对具有优势的专业，如历史、文献、小语种、水利及相关理论型学科或传统学科。广东省高等教育在综合性方面弥补了香港高等教育的不足，让港澳学生能够根据自身志向和条件选择适合自己的专业。倘若粤港澳三者之间能互相梳理各自高等教育的优势与劣势，加强合作交流，形成默契，有效地罗致不同的人才，达到野无遗贤的效果，将可以为粤港澳大湾区培养更多高素质人才，既能不断补充粤港澳大湾区经济高速发展的人才需求，也能为粤港澳大湾区增强软实力，在国际上发挥文化吸引力的作用。

2. 学科建设和科研攻关方面

在学科建设方面，粤港澳大湾区的高等院校得到了国家的重视并给予了政策上的支持，为科研开放奠定了坚实的基础。据冼雪琳、安冬平梳理，2017年9月，教育部、国家发展和改革委员会公布了世界一流大学和一流学科建设高校和建设学科名单。广东省的中山大学和华南理工大学入选一流大学A类建设高校；中山大学、华南理工大学、暨南大学、华南师范大学和广州中医药大学等共18个学科入选一流学科建设名单。而截至2017年3月，科技部已协助香港建立了16家国家重点实验室香港伙伴实验室，建立了6家国家工程技术研究中心香港分中心。澳门大学在2010年11月也获准设立了两个国家重点实验室，分别是中药质量研究国家重点实验室和仿真与混合信号超大规模集成电路国家重点实验室。加强粤港澳特色重点学科建设，应该扩大三地学科专业范围上的合作，推进学科结构调整优化。2016年，为加强广东高校与港澳高校和科研机构的合作，广东省教育厅开始建设粤港澳联合实验室，助推区域创新发展。此外，深圳虚拟大学园和深港产学研基地也是广东与香港两地开展产学研合作的重要平台。三地高校合作，可利用港澳地区充足的教科研经费承担各类重大科技计划和产业化项目。香港特区政府在2009年以180亿港元作为本金，设立研究基金，2012年再注资50亿港元，为高等教育界提供更多研究资源。粤港澳三地之间也应加快推进科研仪器和设备的资源共享,提高科技资源的利用效率。① 由这些例子可见,粤港澳三地的科研机构获得了国家的大力支持,在学科建设和科研方面获得了丰富的资源,再将资源整合,强化交流合作,势必可以迅速增强粤港澳大湾区的整体科研能力。

3. 信息沟通方面

粤港澳大湾区高等教育的优势互补,其实现的方式是要三地的高校交流信息得以快速传递流通,所以粤港澳大湾区内的高等教育机构应建立自己的信息平台,通过网络和多种渠道分享学术资源,不间断地更新各高校科研、教育等方面的最新情况,定期举办讲学培训、开办学术会议、座谈会、考察活动等,及时展示活动成果。

二、粤港澳大湾区应用型高等教育的发展瓶颈与办学策略

(一)粤港澳大湾区高等教育的发展瓶颈

1. 体制差异性带来的发展障碍

粤港澳三地高校在办学中最大的差异在于体制、教育制度和方针等方面。例如,广东高校基本由政府创办,并分属不同的行政部门主管,故高校本身层级和分配资源都不具有差异,而港澳的高校办学体制是多元化的,由于"一国两制",特区施行资本主义制度,港澳高等教育的体制也与内地存在较大差异,自主性也较内地高校强。由此可见,当下粤港澳高等教育合作虽然发展迅速,交流不断,却缺乏长远的全局规划,也没有明确的战略意识。

---

① 冼雪琳,安东平.粤港澳大湾区高等教育现状及合作模式探讨[J].深圳信息职业技术学院学报,2017(4):7-11.

受到"一国两制"的制约，高等教育的跨境合作存在制度上的障碍，虽然已经有不少突破，但从根本上看，港澳教育制度和内地在学制、考试制度、学历认证等方面都无法衔接。这些问题是粤港澳大湾区规划无可回避的问题，但同时也为粤港澳大湾区带来了调整高等教育发展政策以及高等教育资源配置模式的机遇。

2. 三地高校发展水平参差不齐

粤港澳大湾区 11 个城市的高等教育发展水平差异较大，虽然拥有的高校总量排全国第三，但惠州、中山、江门、肇庆等地的优质教育和科技资源明显不足，而广州、香港、澳门则拥有较为丰富的院校资源和较强的科研能力。粤港澳大湾区内仅香港就有五所世界百强高校。深圳则紧随其后极力推动高等教育的发展，近年以来，高等教育实力显著提升，加上本地经济发达，教育资源也较为丰富，佛山、东莞、珠海在与国外高校及我国港澳高校合作方面取得了一定的进展。但基于粤港澳大湾区未来规划要成为有国际影响力的创新中心，若借鉴国际上三大湾区的发展经验，粤港澳大湾区的经济或城市群就要实现质的飞跃，除了政策、金融等方面的支持，也亟须一批有实力的研究型大学作为技术支撑。香港有多所高水平研究型大学，包括香港大学、香港中文大学、香港科技大学、香港理工大学、香港浸会大学、香港城市大学，这些大学的硬件设施和教育资源雄厚，聚集了来自除了香港本地，还有众多来自内地和海外的优秀师资和人才。广州拥有多所研究型大学，但除中山大学、华南理工大学之外，其他大学与国际高水平研究型大学仍有较大差距。澳门高等教育虽然具有国际化的先发优势，有 4 所大学可授予博士学位，但无一所进入世界大学排行前 200 名，因而亦缺乏高水平研究型大学。[1]

---

[1] 焦磊. 粤港澳大湾区高校战略联盟构建策略研究［J］. 高教探索，2018(8)：20-24.

3. 发展缺乏统筹，难以形成合力

当下粤港澳大湾区城市群间高校各自的发展还存在合作互补性较弱的问题，粤港澳高校之间在过去虽然有了一定合作交流的传统，但总体而言，院校间仍以研究目的自发合作交流居多，虽然过往的合作交流不乏学术上的创新成果，但合作所涉及的领域比较分散，深度、广度仍十分有限，没有形成完善的机制。如今粤港澳大湾区的设置正好为区内高等院校的整体统筹带来了最佳机遇，如此一来，各高校可以扬长避短，发挥自身优势，可借助它山之石作攻玉之资，也可以避免资源的重复投入，让资源投入到真正需要的领域，在整体上发挥最大的功效。关于当下粤港澳大湾区高等教育缺乏统筹的弊端，有学者指出，香港和澳门的高校与内地高校合作的其中一个重要动因在于吸纳内地的生源，这种合作模式并非是以"区域"高等教育联盟的形式支撑区域经济社会的发展，与世界一流湾区的高校交流合作形式比较，明显较为不足。因此，粤港澳大湾区城市群间高等院校之间还远未形成合力，亟待改善。[①]

（二）粤港澳大湾区高等教育的小学策略

1. 借力世界一流高校开展深度合作办学

在粤港澳大湾区的新时代里，将区内高等院校提升至新的水平，改变现在缺乏统筹的无主局面，在合作交流的基础上实现优势互补，打造知名经济发展湾区，实现"两个走在前列"新时代战略任务，拥有及培养高水平研究人才是基础，一流科研技术是关键。有学者指出，在高端研究型人才培养方面，结合区域社

---

① 焦磊. 粤港澳大湾区高校战略联盟构建策略研究 [J]. 高教探索，2018（8）：20-24.

会经济发展战略,培养高水平研究人才的大学不可或缺。有两点需要注意,一是避免重复建设综合性大学,根据区域社会发展规划需要,以引入一流学科为主旨,以引领科技前沿为目标;以学科建设为基础,避免多所学校一哄而上地建设,导致学科重复设置,资源浪费,成效低下。至于办学方式,可以借鉴深圳的有效经验,采取设立分校区或合作办学的模式,办学层次以研究生教育为起点,突出学科的前沿性,避免另起炉灶建立分校模式,因为假若重新建一所本科起点的学校,公共课程、学科专业难免要与本校资源重复,师资难以满足需求。二是充分利用地域优势,重点开发粤港澳大湾区现有优势资源。一方面,利用粤港澳大湾区内地城市的自然资源优势,加强与香港特别行政区香港大学、香港中文大学、香港科技大学,澳门特别行政区澳门大学等知名高校的合作,合作方式可以是政府与学校合作的方式,也可以是政府和学校知名研究机构、实验室合作的形式,开展合作研究及共同培养高端人才,合作目标瞄准粤港澳大湾区发展战略,合作范围最好限定在优势学科或重点实验室层面。地域相近,交流便利,小范围合作效用强,灵活高效。另一方面,充分发掘现有内地高校合作的潜力,如清华大学深圳研究生院、北京大学研究生院等模式,继续深化合作,发挥双方科学研究和产业发展的优势。①

2. 建立高校合作联盟服务粤港澳大湾区的发展

针对上述粤港澳大湾区内高等院校缺乏统筹的现状,在新时代新形势下,建立高校合作联盟是加快高等院校合作交流、优势互补的最佳途径,而这项议题也早已被广泛讨论并处于实践当中。2016年11月15日,粤港澳高校联盟在广州中山大学正式创

---

① 杨玉浩. 基于地缘关系的粤港澳大湾区高等教育现状及发展战略研究[J]. 教育导刊, 2018(8): 77-81.

盟，此举对于三地高等教育合作发展而言，具有里程碑的意义。联盟由中山大学倡议，并联同香港中文大学和澳门大学共同组建，获教育部港澳台事务办公室批准。首批入盟的粤港澳三地高校共26所。作为粤港澳地区高校自愿组成的非营利性大学合作组织，联盟以汇集粤港澳精英大学，培养高素质人才，推动粤港澳地区共同迈向知识型经济时代为宗旨，携手打造"粤港澳一小时学术圈"。粤港澳高校联盟的成立，将推动三地的教育、人才和科技的深度合作，以打造珠三角的人才高地、教育高地。高校战略联盟是成员高校基于共同的愿景和战略目标而组建的合作组织。一般而言，高校战略联盟都有协商一致的合作发展战略和实施计划、资源共享的运行机制以及不同层级的协调组织管理机构。粤港澳高等教育合作有着悠久的历史，学界对粤港澳高等教育合作的呼吁由来已久，但远未达至深度合作，缺乏明确的战略目标是未能构建粤港澳高等教育联盟的重要原因。粤港澳大湾区的打造恰好为粤港澳大湾区高等教育战略联盟的构建提供了契机。粤港澳大湾区高校战略联盟的构建应以服务于创新驱动的粤港澳大湾区为战略目标，通过高层次、复合型拔尖创新创业人才的培育、科技成果的转化等为湾区提供源源不断的创新动力。要实现这一战略目标，需要一个实体化的高校战略联盟组织来负责联盟计划的实施。联盟成员应有粤港澳大湾区城市群政府人员、高等教育管理部门人员、各联盟高校的校长及大学相关人员，由他们组成统筹管理委员会，负责打通各种政策、体制障碍，并设立执行委员会负责具体事务。通过定期的会议制度，如月度、季度、年度会议研究制定驱动粤港澳大湾区高等教育发展的各种项目和计划。[1]

---

[1] 焦磊. 粤港澳大湾区高校战略联盟构建策略研究 [J]. 高教探索, 2018 (8)：20-24.

3. 着力推进应用型人才培养模式的建设

2015年,教育部、国家发展和改革委员会、财政部三部委联合发布《关于引导部分地方普通本科高校向应用型转变的指导意见》。2016年,广东省遴选出14所本科院校,转为应用型高校,培养应用型人才,以解决生产生活实际问题为导向,培养学生以应用为驱动的创新能力。应用型高校的重要任务是,加快融入区域经济社会发展,集中力量办好地方急需、优势突出、特色鲜明的专业,建立产教融合、协同育人的人才培养模式。2017年,全国教育工作会议指出,坚持以服务经济社会发展需求为根本导向,加快优化教育结构。推动转型发展出经验、见实效,培养大批应用型人才。研究主要方向并非世界科学发展前沿内容,而是围绕区域需要,应用先进科学解决地区问题,推广先进技术,促进本地发展。一方面,要切实引导这14所本科院校按目标向应用型高校方向发展。另一方面,要总结现有建设经验,指导一批民办高校或者更多地方普通本科院校转向应用型高校,增加应用型人才培养。

第四章　粤港澳大湾区地方本科院校的转型

地方本科院校是指隶属于各省、自治区、直辖市,以地方财政供养为主,承担着为地方(行业)培养人才、提供服务的普通本科高校。2000年以来,我国设立了一批新建本科院校,从学校数量来看,地方本科院校占全部本科院校教育规模总量的90%以上。根据教育部发布的数据,截至2017年5月31日,我国本科高校数量为1 243所,其中部委所属114所,其余1 129所均为地方本科院校(含民办院校与合作办学院校426所),占比高达91%。就广东本省而言,广东省本科院校共64所,其中地方本科院校为61所(含民办院校与合作办学院校27所),地方本科院校更是占到本科院校总数的95%。①

地方本科院校多分布在省会城市或地级城市,由地方政府创办,为地方经济社会发展服务。高等教育不断大众化,在人才培养规模上,我国本科院校也呈现出庞大的体量。我国高校毕业生人数每年都在上升,与此同时出现的是日渐堪忧的毕业生就业情况。每到五六月份,招聘会上人头攒动的景象、毕业生就业难的情况成为各大媒体争相报道的主题。但富有戏剧性的是,在长三角和珠三角等沿海经济发达地区,许多企业却出现大面积"用工荒"现象。毕业生就业难与"用工荒"的同时出现,折射出我国高等教育在人才培养上的结构性失衡,当前的人才培养规格与

---

① 教育部. 全国高等学校名单[EB/OL]. (2017-06-14)[2018-09-30]. http://www.moe.gov.cn/srcsite/A03/moe_634/201706/t20170614_306900.html.

人才供给需求之间形成了严重的错位。①

2014年,"经济新常态"这一概念正式被提出,成为我国今后经济发展的新定义。新常态下的经济发展,是通过产业结构的转型升级、通过创新驱动来实现经济的平稳发展。产业转型升级需要通过技术进步来不断推动,而应用型人才是实现技术进步的关键。2017年7月1日,《深化粤港澳合作 推进大湾区建设框架协议》在香港签署。按照协议,粤港澳三地将在中央有关部门的支持下,打造国际一流湾区和世界级城市群。粤港澳大湾区的建设,将通过产业的整合与升级实现产业协调发展与错位发展,这就对高等教育人才培养规模与质量提出了新的要求。应用型人才成为推动粤港澳大湾区技术进步、产业升级的关键因素,而地方本科院校向应用型本科院校转型、承担起应用型人才的培养重任成为大势所趋。

但是,高校转型并非一件易事,尤其是当前社会对于大学的认识仍然停留在"研究型大学优于应用型大学"的观念中。面对转型,有主动实践者,有徘徊观望者,有怀疑排斥者,而即便是想进行转型实践,也会面临着一系列问题,如"为什么要转,怎么转,向何处转"等。高校的转型也存在着一些障碍,这些障碍有来自政府的,有来自企业的,也有来自高校自身的。地方本科院校的转型,是一件任重道远却不得不去做的事情,正如教育部教育发展研究中心高教室主任马陆亭先生所说,"社会的健康发展不仅需要坐而论道者,更需要身体力行者,国家的强盛需要大量建设者。因此,推动一些高校转型发展是教育改革、人才培养、毕业生就业和社会发展的共同需要。"②

---

① 龙惜雨. 我国地方本科院校向应用技术型高校转型的困境与对策研究 [D]. 重庆:西南大学,2015.

② 马陆亭. 应用技术大学建设的若干思考 [J]. 中国高等教育,2014(10):10-14.

第一节　粤港澳大湾区地方性本科院校转型的动力因素

一、粤港澳大湾区地方性本科院校转型的外在动力

（一）国家政策的推动

地方本科院校的转型发展问题，很早就有学者提出过，而后国家也不断出台各种政策，推动着地方本科院校的转型。

2003年，潘懋元等人提出，地方本科高校应定位为应用型本科，面向行业设置专业，为地方培养应用科学理论从事高技术要求工作的应用型高级专门人才。

2010年7月，《国家中长期教育改革和发展规划纲要（2010—2020年）》（以下简称《纲要》）正式发布，《纲要》指出，"我国高等教育应适应国家经济和社会发展需求，着眼扩大应用型、复合型、技术型人才培养的数量，着重培养高素质专业技术人才和创新创业人才。"

2012年6月，《国家教育事业发展第十二个五年规划》正式发布，进一步明确了要"扩大应用复合型、应用技术型人才培养规模，地方高等院校要以应用为导向，以人为本地培养应用技术型人才"。

2013年6月，在教育部的推动下，天津职业技术师范大学等35所地方高校组成了应用技术大学（学院）联盟，同时成立了地方高校转型发展研究中心。联盟定位于应用技术型人才培养，致力于促进中国高等教育的分类管理，完善现代职业技术教育体系。

2014年2月26日，李克强总理主持召开国务院常务会议，

研究部署加快现代职业教育的发展,明确提出"引导一批普通本科院校向应用技术型高校转型","打通贯穿中职、专科、本科到专业学位研究生的上升渠道,引导一批普通本科高校向应用技术型高校转型"。

2014年4月25日,首届产教融合发展战略国际论坛在河南驻马店召开。在闭幕式上,参加论坛的178所高等学校共同发布了《驻马店共识》,强调中国正处在全面建成小康社会、加快转变经济发展方式、全面深化改革的关键时刻,要求高等教育向现代生产服务一线提供既掌握现代科学技术知识又接受系统技能训练的应用型、复合型、创新型人才,特别是产业链高端的技术技能人才。应用技术型高校因时代而生,部分地方本科院校转型发展势在必行。①

2015年10月,教育部、国家发展和改革委员会、财政部联合发布《关于引导部分地方普通本科高校向应用型转变的指导意见》,提出"各地各高校要从适应和引领经济发展新常态、服务创新驱动发展的大局出发,切实增强对转型发展工作重要性、紧迫性的认识,摆在当前工作的重要位置,以改革创新的精神,推动部分普通本科高校转型发展"。以上一系列国家政策的出台,不仅表明了地方高校转型的必要性,同时也在一定程度上为地方高校转型指明了方向,推动着地方高校的转型。

(二)适应粤港澳大湾区经济结构转型升级的需要

粤港澳大湾区具有开放性、包容性、创新性等特征,对全国乃至全球的经济提升都有引擎作用,经济结构的转型升级是粤港

---

① 刘博智. 178所高校发布《驻马店共识》推进向应用技术转型[EB/OL]. (2014-04-28). [2018-10-30]. http://www.jyb.cn/high/gdjyxw/201404/t20140428_579672.html.

澳大湾区的必然趋势。粤港澳大湾区的产业结构以先进制造业和现代服务业为主。其中，港澳地区的现代服务业占主导，金融、医疗、旅游、贸易、物流、餐饮、博彩等行业发达；广东内地9市则以制造业为主导，电子设备制造、新兴装备制造、电气机械及器材制造等行业较为发达。粤港澳大湾区的经济转型，就是要淘汰落后产能，摒弃落后产业，发展新兴产业。这种产业升级和转型，是发展以知识、技术为基础，以创新为驱动力的新兴产业。高科技新兴产业的发展急需掌握相关技术应用和技术研发能力、拥有专门性人力资本的应用型人才。地方高校作为人才培养与输出的集散地，在地方经济转型升级中起着重要作用。

2015年5月19日，国务院正式印发《中国制造2025》，提出了建设制造业强国的"三步走"战略，是我国政府实施制造强国战略第一个十年的行动纲领。如今，我国经济进入了"新常态"，GDP主动降速，转向中高速增长，经济发展方式向分工更明确、结构更优化、质量更优质的方向演化，这就迫切需要制造业发展从依靠原材料、廉价劳动力的"要素驱动"转向通过技术进步提高劳动生产率的"创新驱动"。① 2016年12月，国家三部委联合印发了《制造业人才发展规划指南》，提出要形成与完善现代制造业体系相契合的人力资源发展格局，造就一支结构协调、规模合理、素质优良、富有朝气的制造业人才队伍，为实现制造业转型升级奠定坚实的人才基础。②

广东作为制造业发展的前沿地带，对于这类高素质、高技能的应用型制造业人才的需求尤为紧迫。但是从实际的数据来看，近年来，广东省制造业从业人员的数量在逐年下降。2015年，

---

① "制造强国战略研究"综合组. 实现从制造大国到制造强国的跨越 [J]. 中国工程科学，2015（7）：1-6.

② 陈鹏，薛寒. "中国制造2025"与职业教育人才培养的新使命 [J]. 西南大学学报（社会科学版），2018（1）：75-81.

广东省制造业从业人员为 2 236 万，2016 年下降到 2 230 万，2017 年更是降到了 2 220 万。① 从专业技术人才数量来看，2015 年广东省全省专业技术人才数量为 510 万，高、中、初级专业技术人才比例为 13.7∶39∶47.3，高技能人才为 283 万，占技能劳动者总量比例为 28.1%。据统计，2017 年广东技术技能人才占从业人员的比重仅为 17%，低于全国 21.3% 的平均水平；高技能人才占技术技能人才的比重为 28.9%，与德国的 50%、日本的 40% 相比存在较大差距。技术技能人才求人倍率（即企业用工需求总量与求职总量之比）一直高居 1.4 左右，高于 1.05 的常态水平，高技能人才求人倍率更是高达 2.0。②

根据《广东省人力资源和社会保障事业发展"十三五"规划（2016—2020 年）》提出的目标，2020 年专业技术人才达 700 万人，高、中、初级专业技术人员比例达 14∶42∶44，高技能人才占技能人才比例达 29%，在人才培养这条道路上，我们还任重道远。

为地方经济发展服务是地方本科高校的重要任务，地方经济转型升级过程中对人才需求的变化，也迫使地方高校同步转型，培养经济发展所需的人才。粤港澳大湾区经济的转型，需要大量的技术型、应用型人才，为地区经济发展输送合适人才的重任落到了地方院校的肩上。经济发展对人才的需求，迫使地方本科院校向应用型高校转型，致力于培养各类高技能、高水平、应用型、技术型人才。

（三）完善粤港澳大湾区高等教育结构的需要

马丁·特罗曾说过，如果缺少多元化的发展，高等教育就如

---

① 数据来源：2018 年广东统计年鉴。
② 贺林平. 在产业发达的广东，职业教育日益成为学生眼中的"香饽饽"读职校，从谋饭碗到追梦想［N］. 人民日报，2018-01-15（12）.

无水之源、无木之本，毫无生命力可言。无独有偶，我国学者顾永安也曾提出，靠多样性的结构比靠单一的结构能更好地调节高等教育的各项基本任务和各个准则中间的冲突，多样性的全国系统比那些单一的全国系统能更好地做到和谐一致。① 一个完整、多元的高等教育体系，就如同一个多样的生态群落，既有辽阔的平原，又有巍峨的山峦，既有广袤的草原，又有澎湃的河川，包罗万象、兼收并蓄、丰富多彩。多元的高等教育体系既可以培养出与社会经济发展相对接的各种层次人才，又可以从整体上保障高等教育结构的稳定性和合理性。

但是，就目前而言，我国高等教育结构体系并不完整。从层次上看，我国高等教育形成了学历上从本科到研究生、学位上从学士到硕士再到博士的完整的培养体系。但是从结构上来看，我国高等教育体系的主体是以理论教育和学术研究为主的研究型或综合型大学，以高等职业院校为代表的应用型教育尚未得到足够重视，没有得到很好的发展。尽管这几年国家设立了较多职业技术学院，但在学历上它们属于大专性质，无任何学位可言，这样也就造成了高等职业院校毕业的学生缺少进一步上升和发展的空间与机会。职业教育在专科这一层次戛然而止，这种"断头式"的职业教育道路显然不利于我国教育事业的健康发展，无法满足社会经济发展对各类人才的需求。②

国务院印发的《关于加快发展现代职业教育的决定》指出，要"探索发展本科层次职业教育。建立以职业需求为导向、以实践能力培养为重点、以产学结合为途径的专业学位研究生培养模式。研究建立符合职业教育特点的学位制度"。职业教育的发展，

---

① 顾永安. 新建本科院校转型发展论［M］. 北京：中国社会科学出版社，2012：35.

② 徐培培. 地方高校转型发展中的问题及改进路径研究［D］. 沈阳：沈阳师范大学，2017.

需要建立一套从初等到中等再到高等的完整职业教育体系。本科层次职业教育正是职业教育体系中缺失的一环，也是今后职业教育发展的着力点。地方本科院校的转型也正是发展本科层次职业教育、完善高等教育结构体系的需求。地方院校的转型并非简单地将本科院校"高职化"，而是加快和提高现代职业教育水平、完善现代职业教育体系的一个重要措施，需要承担起培养技能型、应用型的高新技术人才的重任，实现市场需求与人才输送之间的无缝对接。

二、粤港澳大湾区地方性本科院校转型的内在动力

（一）院校自身生存发展的选择

在众多类型的高校中，地方本科院校的处境无疑是尴尬的。上有实力雄厚的"985""211"院校，下有导向鲜明的高职高专院校，地方本科院校身处夹缝之中，进退两难。从专业设置和办学定位来看，多数地方院校都在追求办成学术型、研究型高校，都在想方设法成为研究型、综合型大学，从而出现了高校同质化、"千校一面"的现象，很多地方院校都因此丧失了原本可以有所发展的地方特色。地方本科高校在向学术型、综合型高校靠拢的过程中，因办学基础差、师资队伍弱、资金投入少等方面的问题，不仅缺乏高水平综合大学的比较优势，也因定位不准、特色缺失、模式单一而丧失了学校的竞争优势和发展机遇，从而导致部分地方本科高校面临着招生困难和学生就业难等多种发展困境。[①] 综观各大地方院校的人才培养目标和规格，几乎大同小异，都在一味地追求"宽口径、厚基础"，导致培养出来的学生

---

① 赵新亮. 地方本科高校向应用技术大学转型的动力机制与战略［J］. 高校教育管理，2015（3）：38–42.

在学术研究上功底不足，在技术操作上能力不够。"高不成、低不就"，无法找到自己合适的定位是地方本科院校毕业生普遍遇到的问题。

根据教育部2015年高校毕业生就业率统计，2015年高校毕业生数量达749万，在六类高校中，高职大专院校的就业率最高，达到89.4%；第二是"211工程"（包括"985工程"）大学，为86.5%；民办高校和独立院校排第三，为80.6%。地方普通高校的专业对口率不高，就业率排名最靠后，仅为77.7%。

地方本科院校面临的招生和就业的双重压力直接为地方本科院校的转型提供了巨大的推动力，促使院校将人才培养目标定位为培养高素质的应用技术人才，调增专业结构，设置对口专业，提高学校的招生数量和毕业生就业率，形成学校特色和品牌，增强学校的竞争力和活力。[①]

（二）院校利益相关者的诉求

"利益相关者"一词最早是美国学者弗里曼（Freeman）在1984年提出的，这一年，他出版了《战略管理：利益相关者管理的分析方法》一书，书中明确提出了利益相关者管理理论。弗里曼认为利益相关者是能够影响一个组织目标的实现，或者受到一个组织实现其目标过程影响的所有个体和群体。利益相关者管理理论是指企业的经营管理者为综合平衡各个利益相关者的利益要求而进行的管理活动。

不管是企业还是学校，对于任何一个组织而言，管理者想要进行有效的管理，从而实现组织目标，都必须综合各利益相关者的利益要求，平衡各方利益后进行战略决策。对于地方本科高校

---

① 刘丹. 自组织理论视角下我国新建地方本科院校转型发展研究［D］. 徐州：江苏师范大学，2017.

来说，利益相关者主要有地方政府、用人单位、学生家长、学校教师、学校领导等，地方高校的学校管理者必须平衡这些利益相关者的利益诉求，以做出战略决策。地方政府需要高校为地方经济发展服务，促进地方经济的增长和产业结构的调整；用人单位需要高校输送符合企业需求的对口人才；学生家长希望高校能为孩子提供良好的教育，培养孩子各方面的能力，让孩子能够找到一份不错的工作；学校教师希望高校能够给他们提供充足的专业发展空间以及不错的薪资待遇；学校领导则希望高校能够长久、良好地运作发展。

地方本科院校向应用型技术大学的转型发展，是综合平衡了不同利益相关者的共同利益诉求而形成的战略选择。[①] 通过向应用型技术大学转型，地方本科院校得到了生存发展的再造之机。一方面，能够培养出符合市场需求的应用技术型人才。另一方面，又能够摆脱一直以来"前无畅途，后无退路"的发展困境。通过转型，地方高校能够更好地为地方经济发展服务，为地方产业结构调整升级提供有力支撑，从而满足地方政府的利益诉求；通过转型，地方高校能够加快高素质、高技能、高水平的应用型人才的培养，为用人单位提供合适的人才，学生也能找到满意的工作，从而满足用人单位和学生家长的诉求；通过转型，地方高校得以继续发展，并且在学校竞争力和品牌形象方面有所提升，从而满足了学校教师和领导的诉求。总之，不同利益相关者的共同诉求在一定程度上推动了地方本科院校向应用技术型高校转型发展。

---

① 赵新亮. 地方本科高校向应用技术大学转型的动力机制与战略 [J]. 高校教育管理，2015（3）：38-42.

第二节 粤港澳大湾区地方性本科院校转型的现实困境

一、学校层面的困境

（一）认识和观念不到位

应用技术大学（学院）联盟自 2013 年 6 月成立以来，共有 179 所院校先后表示转型意愿，截至 2018 年 5 月，共有 159 家单位加入该联盟。意愿转型的院校数量仅占地方本科院校总数的一小部分，总体表现出参与意愿不强、主观能动性低的特点。

地方本科院校向应用型高校转型，遇到的首要问题就是认识和观念不到位，造成思想认识上的阻滞。这种思想阻滞主要表现在以下两个方面。

一是不愿转、不敢转。一方面，受政策导向和社会大环境的影响，多数地方本科院校在办学实践中有意或无意地把高等教育大众化之前的老牌本科大学作为标杆和参照，在学科建设、专业设置、人才规格、课程体系、师资队伍、教学内容等诸多方面都一味地向重点大学看齐，甚至连学校文化建设、价值取向也以老牌大学为目标。在众人的观念里面，只有学术型、研究型、综合型的大学才是好的大学，而应用技术型高校就是本科层次的职业技术学院，是更低等级的高校。社会民众普遍认为，向应用技术大学转型就是降低了学校层次，沦为了职校，从此低人一等，因而众多地方本科院校不愿转型。另一方面，一些地方本科院校的领导和教师恪守不做就不会错的理念，安于现状，自认既有的状态和运行模式没有太大的问题，而转向应用技术型院校需要的不仅仅是口头的呐喊,而且费时费力费资金。① 转型就意味着要进行各种改革,凡是改革就会触及现有既得利益,在不确定转型后是否还能保留既得利益的情况下,许多人因为担心转型后自己的利益受损而不敢转。②

二是不知该怎么转。虽然在政策上,国家出台了很多文件来明确地方本科院校向应用技术型高校这一目标转型,但是应用型高校这一目标对于很多学校领导和教师来说是不清晰的,他们对于转型后学校的地位、办学层次、师资建设、人才规格等方面的概念都很模糊,也没有典型的成功案例可参照。尽管不少地方本科院校也定位于应用型人才培养,但实际上只是在传统教育的躯壳外披上了一层应用型办学外衣,很难将"应用型"真正固化到教育教学实践中,并形成自觉行为。③ 因此,即便一些高校有正确的转型观念,对于应用型高校这一目标也是明确的,同时也在积极申请进行转型,但要真正落实到实践上时就显得茫然无措,不知该从何处着手。

(二) 专业建设与地方产业发展脱节

专业是学科及其分类与社会职业需求的结合点或交叉点,专业设置应由以学科体系为基础转变为以特定或相关职业岗位需求为基础,适应区域经济"转方式、调结构"的需要,体现地方特色和产业需求,坚持把专业设置作为推进本科高校向应用型学

---

① 刘丹. 自组织理论视角下我国新建地方本科院校转型发展研究 [D]. 徐州:江苏师范大学,2017.

② 王者鹤. 新建地方本科院校转型发展的困境与对策研究:基于高等教育治理现代化的视角 [J]. 中国高教研究,2015(4):53-59.

③ 夏明忠. 新建地方本科院校转型发展的动因、障碍和对策 [J]. 高等农业教育,2014(11):6-10.

校转变的切入点。① 但是目前很多地方高校的专业建设都出现了与地方产业发展相脱节的现象。

  造成这种现象的原因是多方面的。一方面是众多高校在申报专业时对区域经济和人才需求缺乏深入调研，一味照搬老牌大学的学科专业，盲目追求高水平、高规格，导致部分专业过于陈旧，已经不适合地方产业的发展，于是批准之日就是停招之时。同时，由于缺乏实际的调研，很多高校看到某些专业成为热门专业就竞相开办，盲目跟风，而不是根据自己的优势和地方经济社会发展对人才规格的需求来设置相应专业，这也导致了专业建设与地方产业结构相脱节。另一方面，我国地方高校在专业设置方面灵活性不高，没有很好地体现不同教育类型的特点，加之在学校办学及专业设置方面缺乏自主权，造成地方专业设置与地方产业结构发展相脱节的情况。② 我国政府颁布了很多关于课程建设和专业设置的法律政策文件，纵观这些文件，学校每次的课程改革、专业设置都是在政府和教育管理部门的引导和推动之下严格根据出台的法律和政策进行的。根据相关法律法规的规定，新建学科专业必须上报政府教育主管部门，经过审核、批准才得以设置，这足以体现高校在专业学科设置方面缺乏灵活性和自主权的先天缺陷。虽然在一系列改革中，政府教育主管部门对大学进行了一定权力的下放，如根据相关法律的规定，大学具有可以依据院校实际情况设置专业和组织教学的权力，但是这种权力是政府下放的，并非是独立自主的，因而仍然需要通过政府的批准，仍然存在着一定的掣肘之处。③

---

  ①② 徐培培. 地方高校转型发展中的问题及改进路径研究［D］. 沈阳：沈阳师范大学，2017.
  ③ 彭鸿. 中国大学自主权的发展历程、问题及对策研究［D］. 南京：南京航空航天大学，2013.

(三) 师资力量匮乏

教师是一所学校的重要组成部分，作为高校发展的核心要素，教师是地方本科院校向应用型高校转型的基础，是培养应用型人才的重要保障，也是应用型课程改革与教学方式变革的执行群体，是地方高校转型的具体实施者和执行者，是制约高校转型发展的重要因素。一所应用型高校想要得到发展，就必须要有一支既有理论知识又有实践能力的"双师型"教师队伍。地方本科院校向应用型高校转型，一个重大转变就是师资队伍从原来的以"学术型""研究型""教学型"为主转变为"应用型""技术型""技能型"为主的师资队伍，教师既要有扎实的理论知识和科学研究能力，更要具有高等高职院校的实践能力，真正承担起培养应用型人才的重任。①

目前，地方本科院校在向应用型高校转型的过程中，师资队伍建设仍然存在着一定的问题。很多地方本科高校的师生比过低，未达到1∶18的合格标准；青年教师比例高，35岁以下的教师所占比例平均超过50%，有的学校达到70%以上，甚至有的专业达到100%；"双师型"教师比例低，一般不足20%，其中具有行业背景的专任教师不足10%。②

"双师型"教师队伍的建设仍处于探索阶段，师资力量匮乏，实际建设方面存在着许多问题亟待解决。首先，很多教师缺乏转型意愿。教师们已经习惯了原有的学校定位、课程设置、教学内容和人才培养目标与方案，他们对应用型人才的培养不了解、不熟悉、不明白，也不愿意花费太多的时间、精力去了解和

---

① 徐培培. 地方高校转型发展中的问题及改进路径研究 [D]. 沈阳：沈阳师范大学, 2017.

② 夏明忠. 新建地方本科院校转型发展的动因、障碍和对策 [J]. 高等农业教育, 2014 (11): 6-10.

熟悉，大多数教师已经形成了自己的教学方法和教学模式，他们并不愿意转换到另一条不熟悉的轨道上。其次，很多教师缺乏行业工作经历，没有实践经验。一方面，高校在招聘教师的时候往往重学历轻能力、重科研轻技术，绝大多数新入职的教师都是从高校到高校，要么是高校毕业后直接在高校任教，要么是从一所高校跳往另一所高校，没有相关行业工作经验，不具备培养应用型人才的知识背景和技能背景。另一方面，高校教师的准入门槛较高，目前各高校引进教师，基本上要求具有博士学历或副教授以上职称，而社会上具备一定职业技能的人才往往会在学历和职称上受限。另外，出于人事体制的原因，我国企业和科研机构人才在流动过程中往往会受到制度的约束和身份的限制，这种限制导致的直接结果是新增教师队伍大都由应届毕业生和在职教师流动组成，只有极少来自高校以外的、本身不从事教师职业的人员，而在这部分流动师资中，真正来自社会招聘的企业技术人才所占比例非常低，造成高校师资工作履历单一、来源渠道单一、社会行业企业实践经验严重不足的现状。①

二、政府层面的困境

（一）政府主导意识依然强大

在过去的计划经济体制下，政府集创办者、管理者和评价者身份于一身，政府直接创办、管理高校，牢牢地控制着高校。改革开放以来，伴随着经济体制改革和政治体制改革深入推进，我国高等教育管理体制改革也不断深化，计划经济体制下对高校管得过多过死的状况基本得到改变，高校、政府、社会三者的关系

---

① 龙惜雨. 我国地方本科院校向应用技术型高校转型的困境与对策研究［D］. 重庆：西南大学，2015.

逐步得以理顺，高校办学自主权不断扩大，但是政府行政管理依然处于治理体系的主导地位。

办学自主权是高校作为法人主体所享有的权利，是高校作为学术组织的天然权利之一。首先，随着我国各领域的深入改革以及高校与社会关系的日益密切，社会中的各种主体力量开始参与高校的办学活动，这就要求高校首要先成为一个独立的法人主体，才能保证高校与社会各界良好的互动关系，才能保证高校更好地满足社会需要。其次，高校办学活动以学术性强的教学科研活动为主，这就要求高校这一学术组织必须有足够的办学权，保证学术自治和学术自由。最后，随着市场经济体制的逐步确立，高校越来越多地参与市场活动，这也要求高校必须拥有一定的自主权，独立地参与市场活动。[①]

我国高等教育在取得长效发展的同时，对高等教育管理体制的诟病同样不绝于耳。行政规制整齐划一，创办者、投资者与管理者之间权责不分等问题严重束缚了地方本科院校的发展。在我国，无论是中央政府还是地方政府，大多将地方本科院校视为其全面管辖的一个事业部门，并以强制性和统一性的行政规制加以管理，地方本科院校的发展长期处于"计划经济"模式下，《高等教育法》赋予大学的自主权捉襟见肘，微乎其微。[②] 计划经济体制的核心在于政府管制一切，而地方本科院校转型的实质，是用市场化的逻辑来解决高校不能适应地方经济社会发展、不能很好地服务于地方的问题。在转型过程中，地方院校应遵循市场经济的规则，要符合市场的需求，而不应继续因循计划经济体制的价值观念与思维范式。转型后的应用技术大学，其内涵、特点相

---

① 何慧星. 现代大学治理下高校落实办学自主权的问题、难点与对策 [J]. 国家行政学院学报，2014（12）：15-19.

② 陈斌. 建设应用技术大学的逻辑与困境 [J]. 中国高教研究，2014（8）：84-87.

较于传统地方本科院校，更强调行业性和地方性。而目前，地方本科院校在转型过程中，采取的依然是政府主导的"运动式"转型。这种以政府为主导、以行政命令为手段的转型方式，其实是有悖于地方本科院校转型的初衷的。

虽然学界和社会舆论不断呼吁改变政府对高校管得过多的问题，倡议要给高校自主权，但在实际运行中，该放的权力仍旧被政府掌握，在地方本科院校转型的问题上，政府依然习惯于以主导的方式进行。但是新建地方本科院校转型并不是政府主导就能完成，而是需要学校、政府、社会共同承担、协同共治。在目前我国社会的发展阶段，政府应在宏观管理上发挥其强有力的调控作用，而不是介入微观事务。①

（二）各级政府财政支持不足

地方本科院校的转型，需要有大量资金的投入。对于一所应用型大学而言，实验教学设备、实践实训基地、现代化教学技术等都是必不可少的配备。因此，地方高校的转型，在教学条件、师资建设、产学研合作教育等方面都需要政府投入大量资金。在地方高校转型的资金来源上，目前中央政府还没有这方面的专项资金支持机制，地方政府在这方面虽有一些初步探索，但其所拨付的资金还远远不够。于是，地方政府只能拿出原有的办学资金来面对高校转型带来的财政压力。但地方高校的办学资金来源比较单一，主要是地方政府拨款和学生学杂费。跟一些老牌重点大学相比，政府给他们的拨款本来就少得多，加之多数学校需要建设新校区、迎接评估、改善条件等，所以资金非常紧缺，很多学校甚至举债办学，他们自身融资渠道狭窄，要让他们拿出大量资

---

① 王者鹤. 新建地方本科院校转型发展的困境与对策研究：基于高等教育治理现代化的视角 [J]. 中国高教研究，2015（4）：53-59.

金去进行转型是非常困难的。因此,地方高校在转型发展过程中,时时面临着经费短缺的问题,严重制约着转型的进程和效果。

各级政府针对地方本科高校的财政资金支持往往按照统一的标准进行。而参与转型的地方本科高校的办学定位为应用技术型高校,对应用技术型高校人才的培养,需要结合相应的实验、实训开展教学活动,对于先进设备的应用较为普遍,在设备的投入以及实训基地的建设方面,物资投入巨大。地方本科高校经费来源渠道相对较少,获得的国家财政支持力度较小,学校受办学特点的影响,筹集社会资金支持的能力较低,地方政府本身的财政支持有限,虽然国家和地方政府出台政策引导转型,但是上述问题都在一定程度上制约了地方本科高校对转型政策文本的执行效力。另外,部分省份出台了相应的转型指导意见,政策文本中虽然有对于地方本科高校转型的财政支持倾斜措施,但是并没有涉及该怎么倾斜、倾斜的力度如何等一系列地方本科高校重点关注的问题,这在一定程度上影响了地方本科高校参与转型的积极性和主动性。①

国外的应用技术型大学,其在发展过程中,政府给予了大量资金予以支持。相比而言,目前我国政府在高等教育上的投入过多向研究型大学倾斜。因此,国家在分配高等教育投入时,要全面考虑分配比例,谋划出合理的、有助于新建地方本科院校转型发展的财政支持计划。②

---

① 李柱朋. 地方本科高校向应用技术型高校转型政策的研究 [D]. 烟台:鲁东大学,2017.
② 王者鹤. 新建地方本科院校转型发展的困境与对策研究:基于高等教育治理现代化的视角 [J]. 中国高教研究,2015(4):53-59.

(三) 政府政策导向有偏差

目前我国地方本科高校转型仍然处于探索阶段，对于政策的参与主体而言，转型政策的制定者和执行者针对转型的经验欠缺。在教育部颁布转型的指导意见之后，各省市政府纷纷出台转型政策，部分省份在对具体内容的规划上纷纷效仿中央，各省市的转型政策在对具体的转型任务的规划以及转型保障措施设计方面可谓千篇一律，脱离了地方经济发展的实际现状。

另外，对转型的地方本科高校而言，往往存在办学目标不明确、办学定位不准确的现状，忽视区域经济发展的现实需求。转型后的地方本科高校需要明确自身的办学定位和办学方向，确定培养适应地区经济发展和产业需求的应用技术型高校人才的办学目标。然而，转型初期，由于参与转型的主体的政府和高校经验不足，外加国外的应用科技大学的建设和发展的案例不能完全适应我国地方本科高校转型发展的需要，所以政府和高校在依据地方发展的现实需求，制定和设计转型的引导性政策、规划转型路径方面存在较大的困难，导致转型进度相对缓慢，应用技术型高校在我国没有现成的经验和模板，仍然处于初探阶段。这是高校转型发展的必经之路，也是导致中央和地方的转型政策内容方面存在诸多不足和缺失的根本原因。[①]

我国政府在号召新建地方本科院校转型的实际操作上遇到各种复杂的问题。学校转型仅依靠政府、教育部门的几个文件是不足以解决问题的。因为教育问题本来就不是教育系统自身能够解决的问题，何况转型涉及经济、文化、民生等一系列问题。这些问题目前还看不到国家出台相应的法律和政策，如果没有相关的

---

① 李柱朋. 地方本科高校向应用技术型高校转型政策的研究 [D]. 烟台：鲁东大学，2017.

法律和政策给予保障,又怎能使利益相关者放弃顾虑?①

这些问题主要体现在以下几方面。一是新建地方本科院校的政府拨款与老牌大学完全相同,按生均拨款,招生计划名额少,所获经费就少,加之多数学校为了新校区建设、迎接评估、改善条件等举债办学,自身融资渠道狭窄,要建设实习实训条件更高的应用型大学,资金环境非常困难。二是各类评估检查,尤其是2012年以前的本科教学水平评估,其指标、条件、标准,全国所有本科院校一致,没有体现分类定位、特色发展、分校评估。三是评优评奖和建设立项等,所有本科一条线,甚至把新建地方本科院校与"985""211"高校同一标准进行评审。四是师资队伍建设同质化,新进教师准入条件由省人事厅控制,要求学历为硕博研究生,很难引进企业、行业、地方具有实践经验的师资,副高以上职称评审条件也由省里决定。

地方本科高校因无法适应地区社会经济发展的实际而寻求转型,很大程度上是因其脱离服务区域经济发展的理念,盲目注重教育教学科研,注重理论知识的传授,而忽视对学生实践技能的培养。地方政府在地方本科高校的建设和发展过程中发挥着一定的管理和调控作用。但地方政府盲目树立权威,加强对地方高校的行政管控,对于高校开展社会服务的经费支持有限,缺乏对地方本科高校服务地区经济发展的政策引导,地方企业缺乏与地方高校合作交流的意识,在先进人才的引进方面投入成本较大,不利于自身生产技术创新。因此,对于地方本科高校转型,地方政府、高校、企业理应积极树立服务地区经济发展的理念,保证转型工作的顺利开展。在转型政策的运行过程中,政府、高校和企业同样应该确立服务地区经济建设的理念,从而确保政策制定、

---

① 王者鹤. 新建地方本科院校转型发展的困境与对策研究:基于高等教育治理现代化的视角［J］. 中国高教研究,2015(4):53-59.

执行切实有效。①

三、社会层面的困境

(一) 产学研合作流于形式

产学研合作是指学术界与产业界为共同实现科技成果转化而形成的合作交流关系,是由产业界所启动,以学术界的研究与开发为起点,经过产业界成功的市场实践,从而在高科技层次上实现的创新活动。②

地方本科院校转型发展,其目的是服务地方经济发展,为地方经济社会发展培养应用型人才。地方经济社会发展的主体是各类企业,因此,地方高校在转型发展中加强与企业的交流与合作十分必要。但现实情况是,地方本科院校在转型发展进程中,几乎看不到企业的身影存在,即便有些院校和企业开展了合作,也是形式大于实际,并没有产生多大的价值效果。自大力推进地方本科院校向应用型高校转变以来,地方高校其实一直在积极构建产学研合作教学形式,搭建了产学研教学框架。然而,在实际的运行操作过程中,这些合作仅停留在表面,只是相互签订合同、协议或相互访问,能真正把合作落到实处、有良好成效的不多,多数因为在具体的实施运行过程中,各利益主体之间缺乏有效的保障机制,从而使得产学研合作流于形式,没有发挥实际功效。

高校与企业的产学研合作无法深入、有效地开展,一方面是因为地方高校科研人员在确定科研选题时,往往是依据国内外技

---

① 李柱朋. 地方本科高校向应用技术型高校转型政策的研究 [D]. 烟台:鲁东大学,2017.

② 李安琦,苗贵松. 应用型本科高校产学研合作的维度与路径:20 所地方本科高校转型发展经验分析 [J]. 职教论坛,2015 (35):43-46.

术进展或者出于个人研究兴趣,而忽视了对地方经济技术需求的考察。在科研过程中,高校科研人员往往强调科技成果的"技术价值",而忽略了其"市场价值",导致科研没有面向市场需求,仅是单纯地追求学术价值,进而出现部分研究者的研究与实际脱节,并且忽视其研究成果产品化、工业化的可行性,忽视成果转化的市场定位、市场需求、市场容量等问题。另一方面,由于企业和高校之间缺少必要的链接纽带,相互之间沟通较少,彼此信任不够,加上企业承担风险的能力不强,主动性不够,不敢尝试新的技术,往往只关注批量技术"产业化技术"等成熟科技成果转化,对需要中试、见效慢,却很重要的技术成果往往采取漠视态度[1]。

地方本科院校转型,对于企业来说应该是利好,但为什么这样的利好没有得到企业的积极回应呢?一是因为企业的首要任务是营利,参与学校转型不仅会影响正常的经营,还看不到实际的收益。二是国家缺乏相应的政策支持,企业参与转型得不到有效补偿。三是大部分企业对于创新驱动发展认识不足,缺乏人才战略意识[2]。

(二) 第三方评价缺位

高等教育治理现代化的基本要求是实现管办评分离,管理者、创办者、评价者须是相互分离的不同主体。从20世纪80年代中期开始,我国启动了对高等教育本科教学工作的评估,在此期间曾多次修订评估办法,从而形成了一套较为科学、合理的普通高等学校本科教学工作水平评估方案,建立了较为完善的评估

---

[1] 徐培培. 地方高校转型发展中的问题及改进路径研究 [D]. 沈阳:沈阳师范大学, 2017.

[2] 王者鹤. 新建地方本科院校转型发展的困境与对策研究:基于高等教育治理现代化的视角 [J]. 中国高教研究, 2015 (4): 53–59.

体系。但是这套评估体系是针对普通高等学校本科教学工作水平而进行的,对于高等教育结构体系中的职业教育评估而言并不适用,对职业教育的评估也尚未形成完整、科学、合理的方案。由于地方本科院校转型是刚出现的新事物,因而对其转型的评价体系也尚未形成,第三方评估机构的建设基本上还处于空白阶段。

现阶段各级政府出台的转型政策文件以及转型高校自身推行的转型策略中,都明确提出转型的目标、详细规划并且阐述了转型的基本策略、主要任务以及转型的保障性措施,但是对于转型效果的评估和评价举措,在政府的政策文件以及高校的转型办法当中较少提及。针对转型效果的评价和评估是地方本科高校转型不可忽略的环节之一,转型评价有利于转型高校明确转型过程中面临的诸多挑战,了解转型过程中存在的诸多问题。传统的普通本科高校以学生的学习成绩以及教师的教学成绩和科研成果作为高校评估的主要指标,转型的地方本科高校并不适用上述指标的评价和评估。政府应在出台的引导转型的政策文件中明确规定转型高校的评价和评估指标,设置多元化的评价指标,包括学生的理论知识成绩和实习实践成绩、教师的实践教学成绩及科研成果,还应将校企合作项目的开展和取得的成果作为转型评价指标之一,建立政府、企业、高校多方主体共同参与的多元化评价机制。①

长期以来,我国在高等教育领域的第三方评价一直缺失。目前,对地方本科院校转型的评价仍然由政府主导,并且沿用旧有的评估体系和方案。目前地方本科院校在各种因素的推动下都在积极地转型为应用型大学,这类高校占据了我国高等学校的大部分,由于他们的办学内涵、办学定位发生了变化,如果仍用过去

---

① 李柱朋. 地方本科高校向应用技术型高校转型政策的研究 [D]. 烟台:鲁东大学,2017.

评价普通高等教育本科教学工作水平的评估方案来评价这类高校,评价结果肯定会有失偏颇,从而在一定程度上打击地方高校办学的积极性。

地方高校转型是否成功,关键是看社会、行业企业、家长和学生等利益相关群体是否满意。因此,应该让各方利益群体都参与到对地方转型高校的评价中来,不能仅仅依靠政府制定的硬性指标体系,由上级教育行政主管部门选择专家学者来进行评价,而是需要建立第三方评价机构,由第三方评价机构来进行评价。第三方评价机构需要做的就是站在"局外人"的立场上,根据相关评价指标体系,运用科学、合理的评价方式对地方高校转型进行公平、公正的评价。

第三节 粤港澳大湾区地方性本科院校转型的行为方略

一、学校层面的转变与优化

(一) 转变思想观念

对于多数地方本科高校来说,加快转型是实现学校长远发展的核心战略,由传统学术型教育到现代职业教育的转变是地方本科高校转型的主旋律。① 地方本科院校想要成功向应用型院校转型,首先要做到思想观念上的转变,这是一个大前提。地方本科院校要实现转型,必须摒除旧有的、认为自身不适应社会发展的观念,要认识到转型并不是降低其办学层次和规格,而是迎合高

---

① 赵新亮. 地方本科高校向应用技术大学转型的动力机制与战略 [J]. 高校教育管理, 2015 (3): 38-42.

等教育的未来发展趋势，这样才能重新找准自身定位，为地方经济发展和产业调整培养相适应的技术应用型人才。思想观念转变了，转型过程中的最大阻滞就清除了，大家就能齐心协力一起推动高校的转型。思想观念的转变主要体现在以下两个方面。

一是学校领导干部、管理层要带头转变。高瞻远瞩的价值目标与办学追求是地方本科院校成功实现转型和持续健康发展的前提。现在很多学校存在的问题是领导干部、管理层缺乏敢于担当的勇气和主动学习的意识，并没有干事业的理想，因此他们很多人宁愿在僵化的体制面前墨守成规，保证自己不犯错，也不愿尝试着推陈出新、勇往向前。由此可见，选配学校领导、中层干部时，要把视野开阔、勇于开拓、踏实肯干的人才选拔到合适的岗位上来。地方本科院校的领导应该认识到转型是高等教育的发展趋势，并没有降低原来院校的办学层次与规格，只有把握住转型的机会，重新思考办学的价值目标与追求，为地方经济发展服务培养相应的应用技术型人才，学校才能健康持续地发展。①

二是要积极引导教职员工思想转变。学校领导干部、管理层除了要革新自身的转型观念，还要积极引导学校教职员工的思想转变。转型发展的学校应该建立有效的激励机制，鼓励学校教师积极主动地进行教学改革和创新，激发教师对院校转型的动力和热情。把口头上的号召、理论上的倡导转化为教师的实际行动，才能真正实现新建地方本科院校的顺利转型。一方面，学校可以通过各种方式组织全体教职员工进行教育思想大讨论，做到集思广益，在各种意见、建议和争论中形成共识，使大家认识到学校的转型与自身利益息息相关。凡是跟自身利益息息相关的事，人们总是会更加关心，从而对于高校转型之事也就更加上心。另一

---

① 刘丹. 自组织理论视角下我国新建地方本科院校转型发展研究［D］. 徐州：江苏师范大学，2017.

方面，学校要积极邀请各类教育专家、行业专家来校开展讲座并指导工作，同时大力支持教职员工到国内转型较为成功的学校学习先进的理念和成熟的经验。经过专家们的讲解，再看到其他高校转型成功的案例之后，教职员工们在心里便有了考量的底气，对于高校转型也就不会再有抵触与犹豫的情绪，也就能够积极主动地推动高校转型。

（二）优化专业结构

地方本科院校的发展离不开地方行业的支撑，同时需要为地方企业与经济发展做贡献。因此，转型院校的学科专业建设应更多地关注地方人才需求，并与当地优势产业、特色行业相联系，结合学校的办学传统和现有状况，从而办出特色、办出水平，切忌盲目跟风、随意扩张。专业建设是培养应用技术人才的主要依托和基本载体，学科建设要为专业建设服务，尤其是学科方向、学科队伍与学科基地、学科平台等学科条件的建设都要围绕专业建设来进行。一方面，高校在学科建设上，应实施学科"非均衡发展"战略，鼓励和支持优势学科优先发展，推进学科内涵发展，以带动相关专业的内涵发展。另一方面，在专业建设上，要实施专业"均衡"发展策略，不能只抓几个重点专业，不能以牺牲多数专业的学生发展来保证对少数重点专业学生的培养。应注重全体学生的全面和谐发展，在专业达标、均衡发展的基础上，重点打造一批品牌特色专业。① 具体而言，主要要做到以下几点。

一是转换传统学科专业设置的观念，由"有什么教师办什么学科专业"向"有什么社会需求办什么学科专业"转变。如果

---

① 董立平. 地方高校转型发展与建设应用技术大学［J］. 教育研究，2014（8）：67-74.

每种学科专业在地方经济及人才需求指向中都有相对应的清晰目标，那么就能够为服务于地方经济提供有力支撑。既要重视传统专业的改造，又要结合地方经济发展，稳步调整应用技术类专业，把握社会岗位的需求，培养出能积极适应经济社会发展与岗位标准的人才。例如，基础学科要结合其相对应的应用型学科进行改造，在坚持特色专业建设的基础上，改造旧专业，发展新专业。①

二是进行优势学科、特色专业建设，提升核心竞争力。地方转型高校要充分依据地方经济社会发展的特点和规律，以及学科专业内在发展规律，结合应用型办学定位，利用地方资源、区位、产业等优势，采取多种措施和手段进行优势学科及特色专业建设。在培育与创建优势学科的基础之上，通过特色专业的发展推进应用型专业的建设，逐步构建适应地方、产业行业、企业对应用型人才需求的应用型专业集群，初步建立有特色的应用型人才培养的新机制和符合学科专业转型方向的学科专业布局，切实使地方转型高校的学科专业建设与地方经济社会建设协调共进。

三是进行学科创新，寻找新的学科生长点。在学科建设方面，目前很多地方高校无法与教育部直属重点大学及省属老牌大学相比，重点大学和老牌大学的学科底蕴厚，已经处于领先地位。因此，地方高校要突破传统学科专业建设发展观念，掌握学科发展规律，多关注一些边缘、交叉和新兴学科，利用学科间的相互交叉和融合关系，大胆尝试新的探索，寻找新的学科生长点，以新的学科增长点带动专业建设，开辟一片新的领域、新的天地，使地方高校谋求新的发展空间。②

---

① 龙惜雨. 我国地方本科院校向应用技术型高校转型的困境与对策研究［D］. 重庆：西南大学，2015.
② 徐培培. 地方高校转型发展中的问题及改进路径研究［D］. 沈阳：沈阳师范大学，2017.

(三) 重构师资队伍

地方本科院校转型发展的先锋队伍始终是教师。地方本科院校转型发展的目的之一就是培养应用型人才，而人才培养与教师队伍的建设息息相关。同时，地方本科院校向应用技术型高校转型，要求专业学科建设与地方产业经济相适应，这就表明教师需要充分了解地方经济发展，能够将学科专业知识转化为产业经济行为，具备创造应用型成果的能力。"双师型"教师就是地方本科院校转型中亟须的教师类型。所谓"双师型"教师，指同时具备教师资格和职业资格，兼具教育教学能力和应用技术能力的复合型人才，对提高应用型高校教学水平具有重要意义，地方本科院校的转型离不开这样的教师。因此，组建一支适应转型发展，洞悉经济发展形势，同时具备高水平、高素质、高实践能力的教师队伍显得至关重要。要构建一支这样的教师队伍，必须从以下几方面着手。

第一，改革人才引进制度，完善"双师型"教师准入资格。地方转型高校在聘用和引进新教师之前，要进行严格考察。严格的考察不是将准入门槛抬高，而是改变过去只看重学历、科研、证书等做法，要重视对新教师实践教学能力和专业应用能力的考察，要求新进教师具备应用型高等教育教师任职资格，从源头上把好"双师型"教师的进口关。[①]

第二，校企协同培养培训"双师型"教师队伍。建立学校和行业企业相结合的师资培养联动机制，通过进修培训、挂职工作、实践锻炼等途径，培养"双师双能型"教师。同时，与行业企业共享人才资源，通过引进、聘任行业企业优秀专业技术人

---

① 田晶. 地方高校转型背景下青年教师培养机制探究 [J]. 高教探索，2015 (9)：125 – 128.

才、管理人才和高技能人才，建设兼职教师队伍。① 在优化教师队伍结构的同时，注重教师的双向流动，既可以适量外聘企业中或行业中的专家作为实践兼职老师，为学生提供生动的实际工作案例，指导学生应对在实际工作中可能出现的各种真实状况，也可选派学校中的各阶层教师到国内外各高校、大型企业以及科研机构访学研修，提高校内教师的应用实践能力和创造实用成果的能力。使各类型的教师协调发展，在"双师型"教师的基础上，开拓出一条培养教师队伍的新方法。②

第三，深化"双师型"教师评价制度改革。以往地方高校教师评价制度大多沿用学术型高校的评价制度，这对应用型高校的教师是有失偏颇的，甚至不利于"双师型"教师队伍的建设。转型高校应从实际出发，实行教师分类管理办法，健全从准入、培养、认证、职称晋升、管理一体化制度，改革教师评价体系，引导激励教师主动向"双师型"方向发展。要制定"双师型"教师准入和认定标准，确定"双师型"教师比例和达标培训要求，在职称评聘、评优评先、外出研修等方面向"双师型"教师倾斜。③ 建立与"学术型"教师评价标准不同的评价体系，使评价标准由一元向多元发展。

第四，构建教师激励机制，激发创造性。激励主要是指激发人的动机，使人有一股内在的动力，朝向所有期望的目标前进的心理活动过程。激励也可以说是调动积极性的过程。为了改善转型高校的教学质量，加速实现应用型人才培养目标，需要调动教

---

① 刘彦军. 地方本科高校转型发展模式研究 [J]. 高教探索，2015（10）：18-22.

② 龙惜雨. 我国地方本科院校向应用技术型高校转型的困境与对策研究 [D]. 重庆：西南大学，2015.

③ 韩伏彬，董建梅. 地方本科高校转型之师资队伍建设探讨 [J]. 职教论坛，2016（2）：11-13.

师的主动性、积极性和创造性。为此，要建立不同类型的教师管理体系、改革薪酬分配制度和职称评聘制度，对"双师型"教师在培养培训、进修等方面给予经费支持，建立良好的"双师型"教师激励制度。①

当然，师资队伍的建设不是一朝一夕能够完成的，在建设时应重点考虑青年教师的发展。高校的青年教师基本刚从国内重点高校毕业，接触社会的机会较少，社会阅历十分有限，相关专业的实战经历更是欠缺，因此必须加强对青年教师队伍综合素质的培养，促进青年教师的可持续发展。一方面，要积极为他们创造工作实践锻炼的机会，尽可能为青年教师提供进修的机会、不断学习的机会、专业发展的机会。另一方面，发挥老教师的引导作用，安排教学经验丰富的老教师指导青年教师的备课、讲课、教研，提升青年教师的教育教学工作能力和实际操作能力。②

二、政府层面的投入与引导

（一）落实院校办学自主权

所谓"自主权"，是指自己决定和处理自己事务的权利。高校办学自主权是指高等学校在办学方面所具有的自决权和主动权。高校办学自主权包括两个方面：一是高校和政府之间的权力与权利分配所形成的法律关系，二是高校行使自主权与教师、学生形成的法律关系，以及大学内部组织结构优化并向院系放权的

---

① 徐培培. 地方高校转型发展中的问题及改进路径研究［D］. 沈阳：沈阳师范大学，2017.
② 肖本招. 德国应用技术大学人才培养对我国新建本科高校转型的启示［D］. 南昌：南昌大学，2018.

问题。①《高等教育法》规定了高校办学自主权的七个方面内容：自主招生、自主进行专业设置、自主实施教学活动、自主开展社会服务、自主开展交流合作、自主进行人事配备、自主使用资助财产。办学自主权是高校作为具有法人地位的组织所应有的权利，是高校作为一个学术性组织的基本诉求。扩大和落实办学自主权是高校与政府博弈的过程，其总体趋势是中央向地方放权、政府向高校放权。但是目前存在的主要问题是部属高校办学自主权落实得较好，但地方高校落实得较差。②

具体到地方本科院校转型发展，有一系列的问题需要去解决。例如，地方本科院校是否要转型、向什么类型转、如何去转，这一系列问题由谁来决定？

地方本科院校转型可以由市场自由推动，可以由学校自主确定，也可以是政府行政命令，以及政府与学校统筹协调，等等。站在学校的角度，因为转型发展是学校定位问题，愿不愿意转、向什么类型转，权利在学校，理应由学校自己做主。但是要转向应用型、技能型或职业型院校，会有相当的阻力，尤其是教职员工可能会认为如此转型会影响学校的地位和声誉，害怕从本科降低为高职（专），甚至将地方性与低质量、应用型与低水平画等号。可见，完全靠学校自己转型，难度很大。如果靠政府的强制命令，也可能会遭到强烈反对或者被弱化执行力。因此，比较好的做法是由政府主导、学校主动、企业积极参与，三者协调，既体现了政府意愿，又尊重了高校的自主权。③

---

① 王洁茹. 落实高校办学自主权的对策探析［J］. 教学考试，2017（14）：46.

② 何慧星. 现代大学治理下高校落实办学自主权的问题、难点与对策［J］. 国家行政学院学报，2014（12）：15－19.

③ 夏明忠. 新建地方本科院校转型发展的动因、障碍和对策［J］. 高等农业教育，2014（11）：6－10.

政府主管一切是我国计划经济时代高等院校的状况，在当时特定的历史条件下发挥过重大作用，但随着社会经济的发展以及高等教育大众化的发展，政府管得过多只会导致高校缺乏活力，不利于高等教育的发展。转变政府职能，由政府主导转为政府宏观管理，将办学自主权交给高校，同时由社会对高等教育做出科学的评价。在地方本科院校向应用型大学转型的过程中，政府要做的就是进行宏观调控，并且调动社会各方面的力量来支持和促进院校转型的成功。[1]

那么，该如何落实地方院校的办学自主权呢？

一是放宽新建地方本科院校的专业设置权，以地方经济发展为导向，根据地方主导产业和技术领域需求，在现行本科专业目录的基础上，自主设置专业目录外专业，建立专业动态调整和适时响应机制。支持地方本科高校立足区域产业行业对人力资源能级结构的需求，调整优化学科专业结构，使"产业链—学科链—人才培养体系链"相互衔接，并通过组建特色学科群和专业群，培养应用型人才的复合能力。

二是扩大学校引进教师的自主权。根据地方本科院校人才培养的需要，自主引进教师；改变现行职称评聘指标体系，真正使工程实践能力强、应用性研究成果突出的教师有平等的晋升机会；建立激励机制，吸引更多企业的高水平工程技术人员、技术能手进入高校或在高校兼职，充实转型学校的"双师型"教师队伍。

三是改革招生考试选拔制度。探索建立多元招生制度，鼓励行业、企业与地方本科院校合作招生、合作育人、合作就业，探索实施以应用能力和实践技能为主的分类招考模式，推进地方本

---

[1] 路倩倩. 新建地方本科院校向应用型大学转型问题研究 [D]. 长春：长春工业大学，2017.

科高校有针对性地选拔生源。①

四是深化教育教学制度改革。全面支持地方本科高校自主开展教育教学活动,通过高校与企业多种形式联办二级学院,鼓励高校在地方产业园、工业园、科技园区建立分校(校区)和实习实训基地,完善地方企事业单位参与应用型人才的联合培养制度,鼓励高校与国外应用技术大学联合培养国际化应用型人才等途径,促进人才培养模式改革。

(二)加大转型发展的经费投入

转型初期,转型高校在专业建设、教师队伍建设以及人才培养等方面都面临巨大的财政压力。财政压力在一定程度上成为阻碍高校转型进度的重要因素。现阶段,政府出台的引导转型的政策文本,在对转型高校财政支持方面规划的内容涉及较少。如何加强对转型高校的财政支持、加大对转型高校的资金支持力度,成为政府完善转型政策的重点内容。各级政府要积极完善相应的政策,加大对转型高校的物资投入力度,细化物资管理政策,切实针对转型高校的办学实际,合理分配物资。例如,加大对转型高校先进设备的资金投入倾斜,改善转型高校的教学条件,保障教学的顺利开展。另外,在鼓励地方本科高校的同时也应该加强对参与转型的企业的资金支持,积极提高地方企业参与转型的积极性,针对积极参与高校转型并对转型高校贡献一定力量的地方企业设立专项奖励措施,给予一定的资金支持。②

财政拨款是高校主要的资金来源,新建地方本科院校向应用型转型需要大量的资金,因此,政府应该加大财政拨款的额度,

---

① 夏明忠. 新建地方本科院校转型发展的动因、障碍和对策[J]. 高等农业教育,2014(11):6-10.

② 李柱朋. 地方本科高校向应用技术型高校转型政策的研究[D]. 烟台:鲁东大学,2017.

加大财政支持力度。首先，基于新建地方本科院校所享受的财政拨款相对最少的现状，中央政府应该对转型院校设立相应的专项资金。其次，新建地方本科院校立足地方、服务地方、为地方社会经济发展提供应用型人才，因此，地方政府更应该加大财政支持力度，帮助新建地方本科院校顺利实现转型。①

新建地方本科院校转型发展特别强调实践教学，硬件条件要求高，培养成本必然高于其他类型高校，且尚未在人才培养与服务地方经济建设方面建立良性机制，融资渠道少。因此，各级政府应给予新建地方本科院校转型发展一定的政策和经费支持：一是选择有较好基础的院校作为转型试点院校，设置转型发展专项资金，给予转型试点高校特殊支持；二是改变政府现行对高校的财政拨款方式，按学校类型确定财政拨款标准；三是制定鼓励企业投资教育的法律法规，支持行业企业参与高等教育。②

（三）加强政策引导和宏观指导

对于地方本科院校的领导和教职员工来说，一方面他们尊重并服从政府政策，另一方面，他们对于政府政策有着自己的忧虑与顾忌：如果政府只是在文件上提出要地方本科院校转型，而评价体系、财政体系、人事体系还是向着学术型、研究型院校倾斜，那么，有几所学校愿意主动转型，能够积极转型呢？因而，地方本科院校想要成功转型，必须在政策上加强引导和宏观指导。

政策的宏观引导离不开政策参与者的共同努力，转型政策在高校的运行同样离不开参与主体的共同作用。政府、企业和地方

---

① 路倩倩. 新建地方本科院校向应用型大学转型问题研究 [D]. 长春：长春工业大学, 2017.

② 夏明忠. 新建地方本科院校转型发展的动因、障碍和对策 [J]. 高等农业教育, 2014 (11)：6-10.

高校作为政策运行过程中的参与主体,在政策运行过程中具有一定的决定作用。近年来出台的有关地方高校转型的政策在运行过程中,政策制定、执行环节的效率极低,产生该现状的原因很大程度上与政府、企业以及高校自身利益问题有着密切的关系。三者在地方高校转型政策运行中,极力寻求利益最大化,脱离了转型的根本目的和目标,脱离了服务地区经济建设和发展转型的根本目标与总体要求,导致转型政策在运行过程中效率低下。①

政府要加强宏观调控及引导。教育治理不是单一主体的政府管理,更不是单一主体的政府统治与管理,而是强调多主体参与的合作管理、共同管理。② 在地方高校转型发展过程中,政府不要越位、错位、缺位,做好政府该做的事情。另外,按照人才培养主体功能和承担科学研究类型等差异性,将高校划分为"学术研究、应用研究、应用技术和应用技能"四种类型,政府通过制定法律法规,明确不同类型高校在法律上是"不同类型但是等值"的地位,确立应用型大学在高等教育中享有与学术型大学同等的待遇,无论是在国家办学经费的投入还是毕业生的待遇等方面,都与学术型大学没有太大的差异,消除人们认为培养应用型人才教育"低人一等"的观念,吸引广大青年学生接受应用型教育。③

那么,在确立了服务地区经济建设的理念之后,又该如何加强政策的宏观引导呢?

一是要优化地方高等教育顶层设计,推进高水平应用型大学

---

① 李柱朋. 地方本科高校向应用技术型高校转型政策的研究 [D]. 烟台:鲁东大学,2017.

② 褚宏启. 关于教育治理的几个关键问题 [J]. 人民教育,2014(22):22 - 23.

③ 汪大㶅. 关于地方高校转型发展的思考:基于中外应用技术型大学比较研究的视角 [J]. 教育探索,2015(7):68 - 69.

建设。地方本科高校向应用型转型是对国内办学经验的总结和国外经验的借鉴，政策设计要与地方经济社会的需求紧密联系，与地方教育规划齐步走。因此，应用转型政策设计需要留有一定的活动空间，优化地方高等教育顶层结构设计。在教育行政部门的指导下，政府要统筹产业行业发展，建立教育、人力资源、财政、发展改革等部门，引导部分新建地方本科院校转型，试点先行、逐步推广。

二是引导高校转变观念，通过舆论导向，解决社会认知错位的问题。在全社会营造"崇尚一技之长，不唯学历凭能力"的氛围。政府要创造高职学生平等就业的机会，党政机关和企事业单位聘用人员不得歧视高职毕业生。地方高校应用转型的配套措施有待完善，传统地方高校办学与地方需求脱节，在转型过程中一些传统制度观念与新政策不相适应的现象时有发生，这就要求地方政府进一步优化高校转型配套政策措施，避免出现应用转型只是一纸空文、四处碰壁的现象，这样才能充分调动高校应用转型的积极性。[①]

三是推动中高职培养目标、专业设置、课程体系、学分互认等方面的衔接，并增加中职毕业生升入专科高职及专科高职毕业生升入本科的比例。建立从中职、高职专科、本科直至硕博研究生的培养体制和机制。

四是为企业行业参与合作育人提供法律、法规、政策机制保障，引导企业参与新建地方本科院校转型发展，在重大政策研究、人才供需、就业准入、专业设置和评价、课程与教材开发、人才培养模式改革、教育质量评价等方面发挥作用，明确企业参

---

① 张洪. 地方政府推进高校应用转型的策略与反思：基于部分省市推进高校应用转型的政策文本分析［J］. 兰州教育学院学报，2018（7）：105–109.

与人才培养的社会责任。①

三、社会层面的合作与构建

(一)深化产学研合作

黄达人教授曾说过,走应用型道路的地方本科高校,不仅要成为培养应用型人才的人才源,成为培养和储备经济转型升级中千千万万技术大军的摇篮,同时也要成为技术应用源和技术创新源,成为行业或者区域技术创新体系中的重要一员,成为产业链、创新链、人才链融合发展的重要环节。② 在地方本科院校转型发展的过程中,深化产学研合作,通过产学研协同创新育人实属必然。

所谓"产学研协同创新"就是高校、科研院所、政府和企业四大创新主体通力合作,发挥各自优势,产生技术创新和知识创新的协同效应。高校的转型发展,培养应用型人才,在其人才培养和科学研究中,注重学用结合、学创结合,拓展实践教学途径,同企业一起申报科研项目或重大项目联合攻关。这与产学研协同创新追求的目标是一致的,也突出了创新的实用性。转型后高校的发展在知识体系、能力水平和综合素质等方面向产、学、研、创相结合的方向倾斜,在日常的教学和科研中,把"强应用、重技术、重技能、重职业"作为重点,贯穿于教学活动的全过程。与企事业单位紧密联系,推动产学研协同创新,深入培养和挖掘大学生的创新和创造能力、技术开发和应用能力,培养大学生企业家素质和科研创新能力,这是应用型本科教育的宗旨和

---

① 夏明忠. 新建地方本科院校转型发展的动因、障碍和对策[J]. 高等农业教育, 2014 (11): 6-10.
② 黄达人. 大学的转型[M]. 北京: 商务印书馆, 2015: 1-23.

追求。①

从战略认识的维度看,全球视野、国家创新、地方需要、高校发展是产学研合作教育的历史选择,其基石是教师发展和学生进步。产学研合作不仅仅服务于应用型人才培养,还承担着"高大上"的追求。

从专业调整的维度看,地方本科院校要能结合地方、行业、产业实际,跨越学科壁垒,组建专业群使地方高校应用型本科专业走向一条既不同于研究型大学,也不同于高职高专院校的发展道路。

从课程改革的维度看,课程是产学研合作教育的基本载体,而实践课程的内容与方法改革尤为重要。高校对学生的培养,要能切切实实增加学生的实践机会,让学生在实践中学习知识、增长能力。

从学科发展的维度看,既是本科高校与专科教育的重要区别,也是凝聚各方资源、引领高校上台阶的重要因素,更是高校为政府、社会、产业和行业服务的基础。相对稳定的学科是一所大学持续发展的内在动力,应用型本科高校的学科建设主要面向应用。②

因此,在深入开展产学研合作时,我们应注意建立产教融合长效机制,成立产学研合作领导机构,政府、学院、行业企业共同参与。建立健全产学研合作领导组议事制度、会议制度,定期或不定期通报产教融合情况,解决产学研合作中的困难和问题,使校企合作、产教融合顺利实施。政府在产学研合作中既是倡导者,又是主导者,要牵线搭桥,努力搭建各种平台,不断提升企

---

① 石贵舟. 产学研协同创新驱动下的高校内涵发展研究 [J]. 学术论坛, 2016, 39 (3): 150 – 154.

② 李安琦, 苗贵松. 应用型本科高校产学研合作的维度与路径: 20 所地方本科高校转型发展经验分析 [J]. 职教论坛, 2015 (35): 43 – 46.

业对产教融合的认知水平，深刻理解产教融合的重大意义，并通过财税等手段引导行业企业履行产学研合作应尽的职责。通过产教融合促进政产学研协同发展，支持引导企业深度参与转型高校教育教学改革，多种方式参与学校专业设置、课程开发、实习实训，人才培养过程融入企业需求。鼓励企业与高校共建协同创新研发中心和生产性实训基地，在深度合作中实现高校转型、企业受益，最终实现高校与企业"双赢"。①

（二）建立科学规范的第三方评估体系

科尔（H. R. Kells，1999）提出对评估体系进行理论建构时应至少考虑以下问题：国家的民族文化属性（可能会影响体系内部过程和程序的性质、相对的开放程度、方案的灵活性、标准的使用、指标，以及评估体系的真正重点或目的）；为保证外观评估更广泛的应用范围和多样性，需要有一个深刻的国家监管系统；评估体系内部建设或内部评估文化的培养（态度、价值观、技术、基础设施）；国家的激励机制（包括鼓励机构转移边际资源以支付评估方案和建议的改进费用，如提供发展基金）。② 第三方评估在我国虽然出现了一段时间，但其发展仍然存在着一定的脆弱性和缓慢性，在地方本科院校寻求转型发展的背景下，有必要重新思考第三方评估体系的建设工作，使其能够为高校转型发展提供支撑与动力。

首先，加强评估机构建设，提高第三方评估水平。在高等教育第三方评估发展比较成熟的美国，有很多大学、研究机构和社

---

① 黄彦辉. 影响地方本科院校向应用技术型高校转型的因素与对策研究：基于许昌学院的个案研究 [D]. 上海：华东师范大学，2018.

② KELLS H R. National higher education evaluation systems: methods for analysis and some propositions for the research and policy void [J]. Higher Education, 1999, 38 (2): 229-231.

会中介机构都专门从事研究高等教育第三方评估的工作。高等教育第三方评估机构的主要发展趋势日益专业化、组织化。高等教育第三方评估机构的优势是公平客观、独立灵活、专业性强以及社会联系广泛。因此，我国应该大力倡导、鼓励高等教育第三方评估机构的发展，并且对其进行规范化整合。一方面，要注重第三方评估机构的独立性。独立的高等教育第三方评估机构是保证第三方教育评估结论客观、公正的前提，也是高等教育第三方评估走向成熟的重要标志之一。另一方面，要提高第三方评估机构的专业性。培育专业化的高等教育第三方评估机构，不仅能够充分保证高等教育第三方评估的科学性、客观性和严谨性，还能够有效强化评估职能，吸引具有独立地位的政策评估学者与专家参与到高等教育第三方评估中来。

其次，第三方评估要正确处理与政府及高校的关系。第三方评估只有处理好与政府和高校之间的关系，才能充分有效地发挥促进高校发展的作用。那么，第三方评估究竟应该怎样正确处理与政府和高校之间的关系并促进高校的发展呢？具体来说，主要有两点：第一，第三方评估机构要理顺与政府、高校之间的关系。如何处理高等教育第三方评估与政府和高校之间的关系，是高等教育第三方评估中介机构面临的一个难题。在美国，高等教育第三方评估中介机构作为独立的法人主体，在法律规范的框架内，进行第三方教育评估。可以将美国高等教育第三方评估与政府、高校之间的关系视为一种交换关系，即两个或多个组织之间以讨价还价的形式进行的自愿活动。第二，第三方评估要督促高校多元化发展。高等教育第三方评估的主要任务是在促使高等教育大众化发展的同时提高高等教育的质量，而高等教育的大众化又离不开高等教育的多样化。因此，高等教育第三方评估在保证高等教育质量的同时，发挥了促进高等教育多样化发展的作用。

再次，发挥政府作用，促进第三方评估持续发展。充分发挥政府对高等教育第三方评估的监督作用,优化第三方评估服务市场,并激发高校参与第三方评估的积极性,能有效促进高等教育第三方评估的持续发展。发挥政府的作用,具体体现在以下方面:第一,建立元评估制度,监督第三方评估活动。元评估是指对教育评估活动进行再次评估。元评估能够从整体上把握原来评估各个部分的实施步骤与结果,公正地鉴定元评估的信用度与效用度,得出评价结果,进而衡量其整体价值,督促元评估提高工作质量。此外,元评估还能提高原来评估过程的各项评估指标的质量,保障评估机构的地位,规范教育评估体系的运作。第二,优化第三方评估服务市场,营造良好环境。一方面,政府要负责开发新的评估项目。高等教育第三方评估中介机构开展评估活动的前提是评估项目,而满足高校的评估需求才能获得该校的评估申请。普通高校、民办高校、高等职业院校、独立学院等都可以成为评估服务的需求主体。通常情况下,不同类型院校的评估需求不一致,即使是同种类型的教学评估服务,在学校层次不一样的情况下,也会存在差别。另一方面,政府要明确评估收费的标准。高等教育第三方评估中介机构在高等教育第三方评估活动中要面向市场自主开展评估,并且通过提供第三方评估服务收取一定的劳务费用。因此,评估收费标准的合理与否,与接受第三方评估服务的高校具备的支付评估服务劳务费的能力密切相关。

最后,健全法律保障体系,确保第三方评估良性运行。高等教育第三方评估的良性运行和发展,不仅需要加强评估机构自身专业水平的建设,以及政府对高等教育第三方评估的制度保障,还需要健全的法律体系来为高等教育第三方评估的持续发展保驾护航。营造一个有利于高等教育第三方评估发展的法制化环境,从法律上保证第三方评估的地位,能够有力地推动高等教育第三方评估走上独立性、规范化、法制化的道路。这里有以下两个方面的做法:一是出台法律法规,确保评估活动有法可依;二是加强评估执法力度,确保评估法律落到实处。出台第三方评估法律后,要加强第三方评估执法的力度,这样才能充分发挥第三方评估法律的作用。如果只是出台法律,而不落实法律,那出台的法律就是一纸公文,仅起到摆设的作用,并没有充分发挥第三方评估法律对评估活动的强制执行和强制保障作用。①

---

① 秦媛. 高等教育第三方评估问题研究［D］. 济南:山东师范大学,2018.

第五章　粤港澳大湾区应用型高校发展的体制机制保障

第一节　政府在粤港澳大湾区应用型高等教育发展中的引导作用

一、高校分类评价与应用型高校转型

建立粤港澳大湾区是国家宏观经济发展的重大战略，经济社会发展必然对粤港澳大湾区高校的人才培养提出更多、更高的要求。面对粤港澳大湾区技术革新和产业发展对人才的多样化需求，地方高校的应用型转型成为必然。进行应用型转型和激励教育者走向转型的关键，在于教育管理者如何对待应用型转型高校的分类评价。

（一）高校分类的理论研究

随着经济社会的迅速发展，高校的角色和功能日益复杂。根据知识创新的模式，学界对大学的划分有研究型大学、创业型大学、参与型大学、新思想导向型大学和市场导向型大学等类型。其中，研究型大学和创业型大学的概念已基本得到学界的公认。

1. 研究型大学

目前，关于研究型大学的分类方法一般参考美国卡内基教学促进基金会（Carnegie Foundation for the Advancement of Teaching）的大学分类法，该分类法源于 1971 年卡内基高等教育委员会

(Carnegie Commissionon Higher on Education) 对美国同类高等教育机构进行比较研究的一次报告。该报告首次提出并使用了高校分类的标准,前后经过 5 次修订,目前以最新的 2005 年修订标准为主。根据卡内基大学分类法,研究型大学基于两大标准:一是提供从学士学位到博士学位阶段的教育,每年至少授予 50 个博士学位;二是研究处于优先地位,每年至少得到来自(美国)联邦政府 1 550 万美元(研究型大学 II 类)和 4 000 万美元(研究型大学 I 类)的科研经费支持。[1] 国内学者对研究型大学的分类也有自己的研究。李寿德、李垣对典型的研究型大学发展史进行梳理,总结归纳出研究型大学的 3 个特征:人才与培养中心、新学科与重大成果形成中心和科技与实业结合中心。[2] 参照美国卡内基大学分类法,张振刚从科研经费、博士学位数、硕士学位数等维度,界定了研究型大学的标准。[3] 吕春燕等指出,研究型大学经费以政府财政为主,与国内外组织广泛合作,教学及科研试验设施完善,拥有一流的师资队伍。[4]

上述研究围绕科研实力、师资队伍、研究活动以及人才培养等不同角度对研究型大学的标准进行了界定。结合这些研究,可以认为研究型大学是在科学研究、人才培养和师资队伍等方面水平较高的综合性大学。

---

[1] The Carnegie Foundation for the Advancement of Teaching. The carnegie classification of institutions of higher education: 2000 edition [M]. Menlo Park: The Carnegie Foundation for the Advancement of Teaching, 2001: 53 - 55.
[2] 李寿德, 李垣. 研究型大学的特征分析 [J]. 比较教育研究, 1999 (1): 23 - 26.
[3] 张振刚. 中国研究型大学分类研究 [J]. 高等工程教育研究, 2002 (4): 26 - 30.
[4] 吕春燕, 孟浩, 何建坤. 研究型大学在国家自主创新体系中的作用分析 [J]. 清华大学教育研究, 2005, 26 (5): 1 - 7.

2. 创业型大学

第二次世界大战以来，西方大学越来越重视高等教育对社会经济发展的推动作用，大学的创新应用研究成为世界高等教育的一个热点问题。创业型大学的概念始于埃茨科威兹，他提出创业型大学将传统的教学、科研、决策咨询功能与促进经济社会发展的新使命结合起来，使经济发展作为一个学术使命引入大学。埃茨科威兹在研究中指出，在全球范围内，向富有企业精神的大学转型的趋势正在形成，具有不同学术背景与文化传统的大学，都趋向于由象牙塔变为具有企业性质的机构。[1] 他总结了大学由最初的教学机构演化至创业型大学的三个阶段：第一阶段是单纯的教学功能；第二阶段发展为研究功能，这时大学的两个职能是教学和科研；第三阶段进一步赋予了大学促进创业的职能。值得注意的是，与创业型大学相关的一个重要概念——"学术创业"。[2] 在此基础上，埃茨科威兹等[3]、克拉克（Clark）[4] 对技术转化的制度化进行了研究，这些研究包括知识产权的管理及制度建立以及同传统学术实践之间的相互作用（包括潜在的冲突）。这些研究认为，制度建设的活动实际上代表着一种转变，即从最初单纯地发现、确定和了解知识转化的途径，转变为主动地、策略性地促进知识转变的过程。目前认为，组织方式上的变化对于克服沟通障碍有着非常重要的作用，并可以促进学术研究者与产业之间的相互联系。

---

[1][3] ETZKOWITZ H, WEBSTER A, GEBHARDT C, et al. The future of the university and the university of the future: evolution of ivory tower to entrepreneurial paradigm [J]. Research policy, 2000, 29 (2): 313 – 330.

[2] ETZKOWITZ H. Research groups as 'quasi – firms': the invention of the entrepreneurial university [J]. Research policy, 2003, 32 (1): 109 – 121.

[4] CLARK B. The entrepreneurial university: new foundations for collegiality, autonomy, and achievement [J]. Higher education management, 2001, 13 (2): 9 – 24.

在国外研究的基础上，中国学者也研究了创业型大学的相关问题。邹晓东和陈汉聪探讨了"变革式"和"引领式"两种不同创业型大学的概念内涵，并总结出中国高水平大学创建创业型大学的实践路径。① 李世超和苏竣指出，创业型大学是在研究型大学的基础上成长起来的，是研究型大学的进一步发展和深化。② 黄英杰指出，中国的大学囿于旧的大学观念、体制和文化的局限，向创业型大学的转型仍然存在诸多挑战，这些机遇和挑战来自组织、理念、技术等多方面。③

综合以上国内外的研究可以发现，创业型大学与研究型大学最大的区别在于考虑了大学对经济发展的促进作用，更加关注大学在知识创新中扮演的角色。这些研究更多是在理论上对两种大学的性质进行探讨和分析，没有从定量的角度对二者进行分类标准的评价。因此，如何在统一的标准下对研究型和创业型大学进行分类评价是一个值得探讨的问题。

（二）分类评价的指标体系

目前关于高校的分类评价指标并没有统一的界定，本书主要介绍几种分类评价标准。

1. 以知识创新为核心的评价体系

知识创新的评价体系主要源于丁晓华、陈向东等④的研究。

---

① 邹晓东，陈汉聪. 创业型大学：概念内涵、组织特征与实践路径［J］. 高等工程教育研究，2011（3）：54-59.

② 李世超，苏竣. 大学变革的趋势：从研究型大学到创业型大学［J］. 科学学研究，2006（4）：552-558.

③ 黄英杰. 走向创业型大学：中国的应对与挑战［J］. 清华大学教育研究，2012，33（2）：37-41.

④ 丁晓华，陈向东，王宇星，等. 基于知识创新指标群的中国高校分类评价研究［J］. 北京航空航天大学学报：社会科学版，2018，31（2）：113-120.

他们采用因子分析法，消除指标之间的多重共线性，寻找代表不同创新维度的公因子。根据因子得分绘制因子得分散点图，在4个象限空间上定位了601所高校，提出分类标准。对中国高校的知识创新水平进行分类与排序，划分中国高校的知识创新层次。

研究中的指标选取原则上基于两个方面。一是从投入产出的角度确定分析指标。其中，资源投入指标包括人力资本投入、资金投入、科技课题投入等3个一级指标和共计10个二级指标，产出指标用于刻画知识创新产出和成果转化，包括3个一级指标和8个二级指标（指标选取的具体情况见表5-1）。二是围绕创新过程来设计指标，包含创新链从上游到下游的各个环节，即资源投入、上游知识创新产出、下游知识创新产出、知识成果转化。

表5-1 中国高校知识创新分类指标评价体系

一级指标	二级指标
人力资本投入	教学科研人员（中级职称以下）
	教学科研人员（高级职称）
	研究发展人员（中级和其他职称）
	研究发展人员（高级职称）
资金投入	政府资金
	企事业单位资金
	其他资金

续上表

一级指标	二级指标
科技课题投入	课题总数
	课题人数
	课题经费数
知识创新产出 1	专著数量
	专著字数
	其他刊物
	国外及其他刊物
知识创新产出 2	发明专利申请数
	发明专利授权数
知识成果转化	技术转让合同数
	技术转让收入

丁晓华、陈向东根据该指标标准，将中国 601 所本科高校划分为创业 1 型大学、创业 2 型大学、研究型大学和教学研究型大学等四个类型。

2. 以投入产出法构建高校分类评价体系

投入产出法是张喆、李文霞从教学、科研、创业三个维度设计构建高校定位评价指标体系。① 一级指标教学投入设为 a_1，科研投入 a_2，创业投入 a_3，教学产出 b_1，科研产出 b_2，创业产 b_3；二级指标投入类设为 c_{in}（$i \leqslant n$），二级指标产出类设为 d_{jm}（$j \leqslant m$）；三级指标投入类 x_{ns}（$n \leqslant s$），产出类 y_{mt}（$m \leqslant t$）。比较高校的投入产出比，得出高校的产出优势，根据高校的产出优势为高校定位和分类。在指标比较的过程中，可以选取某一高校为基准，将其他类比学校与该校的投入产出比的比值进行比较，排出顺序。此方法既可对高校进行排名分类，又可找出高校所有的优势和劣势；既可对每一项细化指标的优劣势进行比较，又可对学校整体优劣势开展比较，实用且简单有效（具体的指标设计体系见表 5 - 2）。

---

① 张喆，李文霞. 教学、科研、创业三维一体的高校分类评价指标体系构建思考 [J]. 科教文汇（下旬刊），2014（11）：171 - 172.

表5-2 教学、科研、创业三维一体的高校分类评价指标体系表

指标	一级指标	二级指标	三级指标
投入	教学投入	人力资源	教职工总人数
			专职教师、教职工总数
		物力资源	初级职称、中级职称、高级职称
			教学设备价值
		财力资源	校舍面积
			教学经费总投入
	科研投入	人力资源	在校学生人数、教学经费总投入
			教职工总人数
			专职科研人员人数、教职工总数
		物力资源	初级职称、中级职称、高级职称
			科研设备价值
		财力资源	科研工作面积
			科研经费总投入
	创业投入	人力资源	在校研究生总数、科研经费总投入
			教职工总人数
			创业指导教师总数、教职工总人数
		物力资源	学校提供创业场所面积
			学校提供创业设备价值
		财力资源	学校提供创业经费总投入
			创业人员总数
			创业人员总数、学校提供创业经费总投入

续上表

指标	一级指标	二级指标	三级指标
产出	教学产出	教学水平	在校学生总数
			在校硕士研究生总数、在校博士研究生总数
			学生一次就业率
			教学成果获奖数量
	科研产出	科研水平	公开发表学术论文数
			国家、部、省、市级课题数
			科研成果获奖数量
			获得知识产权和专利权数量
	创业产出	创业水平	创业企业个数
			学生创业成功比例
			创业企业员工数量
			创业资产价值增值金额
			创业企业纳税金额

注：根据姚俭，李川《高校办学水平分类评价的指标设计》修改，参见：姚俭，李川. 高校办学水平分类评价的指标设计 [J]. 教育发展研究，2010（2）：83-84.

3. 均衡性系数修正评价体系

均衡性系数修正评价体系是姚俭、李川在一般评价体系基础上，对具体的相关指标设计"均衡性"系数以加权修正，具体

公式为 $A \times B \times C \times X$。其中，$A$ 为"均衡性系数"，B 为"投入产出系数"，C 为"人均系数"，X 为原始指标（一般情况下可以是现行高校评价体系中某个常用指标）。① 均衡性系数可分为两种：最适比例均衡性系数和合格基准均衡性系数。

（1）最适比例均衡性系数用于特定类别的高校。可通过统计国内外同类成功高校的有关数据，分析借鉴得出某一指标的推荐值（最适比例）。当学校在这一指标上的得分值与推荐值相吻合，该校就可以获得在这一指标上的最大均衡性系数加权，这一系数加权将随着指标实际得分与推荐值偏离程度的增加而逐步递减。例如，高校评价指标体系中常见的"生师比"指标，其分类评价的均衡性加权修正就适合采用这一方法。一般来说，对于不同类型的高校应有不同的生师比推荐值。因此，在分类评价测算时，当高校实际生师比指标与推荐值相吻合时可获得最大的均衡性系数加权；根据高校生师比指标对推荐值的偏离程度，这一系数加权可逐步递减。

（2）合格基准均衡性系数用于不同类别高校对同一指标需要满足不同标准合格基准的情况，如"博士人数占师资队伍比例"等。参考最适比例均衡性系数的设计和使用思路，可大体知晓此类系数的用法。

两种均衡性系数的主要区别在于，对最适比例均衡性系数而言，相对于推荐值的偏离，无论正负都会使加权系数递减；对合格基准均衡性系数而言，只有相对于合格基准的负偏离才会使加权系数递减，正偏离则相反。需要注意的是，对于一些严格的约束性指标来说，可以设计凡对合格基准产生负偏离的，加权系数一律归零，即对不满足刚性指标的情况"一票否决"。

---

① 姚俭,李川. 高校办学水平分类评价的指标设计 [J]. 教育发展研究, 2010 (2): 83-84.

根据与指标相关的投入因素的不同，"投入产出系数"可选择"财政投入""教育投入""科研投入"等，"人均系数"可选择"教师总数""学生总数""研发人员总数"等。"院士数""学位点数""专业数"等指标可考虑以增量指标代替。同时，根据高等教育发展导向和关注热点的动态需求，可考虑增加"学生创业人数""'双师型'教师比例"等指标。

（三）分类评价对应用型高校转型的意义

教育是一种社会活动，其存在和运行规律必然要与社会发展相适应。因此，高等教育的定位与运行要主动适应现代经济发展和人才需求结构。准确定位自身是高校办学的基础和前提。《教育部关于"十三五"时期高等学校设置工作的意见》指出："高校要定位清晰、特色鲜明、高起点办学，要适应经济新常态下产业结构转型升级的需要，创办学科特色鲜明的高水平大学，着力培养高层次、高水平、高素质创新型、复合型人才。"[①] 针对应用型人才的培养，主管教育部门要根据地方经济发展的特色，合理确定高校的办学方向，不能将适用于清华大学、北京大学等名牌大学的评价标准直接应用于应用型高校。也就是说，对于地方高校，原来适用于学术型、研究型高校的评价标准对培养应用型人才的高校是不适用的，地方应用型高校应该有适合自身的评价指标。粤港澳大湾区的独特性，决定了该地区应用型高校尤其要注意自身评价指标应服务于地方经济发展。

---

① 教育部. 教育部关于"十三五"时期高等学校设置工作的意见[EB/OL]. (2017–01–25)[2018–10–30]. http://www.moe.gov.cn/srcsite/A03/s181/201702/t20170217_296529html.

二、粤港澳大湾区应用型高校战略联盟发展的政策作用

（一）应用型高校战略联盟的内涵

1. 战略联盟

战略联盟，作为组织管理学上的一个概念，缘起于工业界，由美国数字设备公司（Digital Equipment Corporation，DEC）公司总裁简·霍普兰德（J. Hopland）和管理学家罗杰·奈格尔（R. Nigel）在20世纪20年代提出。其经典的含义是指两个以上的企业为了产品或者服务的开发、制造和销售等方面的共同利益，以某种形式将它们的部分资源、能力和核心专长进行整合而建立起来的伙伴关系。

我国学者对战略联盟这一概念也有不同的定义。何畔认为战略联盟应是指由两个或两个以上有着对等经营实力的跨国企业之间，出于对整个市场的预期和企业总体经营目标、经营风险的考虑，为达到共同拥有市场、共同使用资源和增强竞争优势等目的，通过各种协议而结成的优势相长、风险共担的松散型组织。[①] 薛培军、李宗泉则认为战略联盟是企业发展战略的一种形式，是由一个或两个以上的企业或特定事业部门和职能部门，为达到拥有共同市场、共同使用资源等战略目标，通过各种契约而结成的优势互补、风险共担、要素双向或多向流动的一种平等伙伴关系。[②] 联盟成员均为独立的法人实体，互相之间的往来自愿互利，被彼此的优势互补和合作利益所驱动。企业参与联盟的目

[①] 何畔. 战略联盟：现代企业的竞争模式 [M]. 广州：广东经济出版社，2000.

[②] 薛培军，李宗泉. 论高职院校校际战略联盟 [J]. 教育发展研究，2005，25 (7)：86－88.

的不在于获取短期利益，而是希望通过持续的合作，增强自己的竞争优势，以实现长远利益的最大化。联盟关系并非市场交易关系，各成员企业通过互相合作，扬长补短，可有效降低交易成本，产生协同效应。因此，联盟的多个成员之间的协作关系具有互相往来的平等性、合作关系的长期性和整体利益的互补性等三方面特性。

目前，比较普遍和公认的观点是，战略联盟是由两个或两个以上有着对等实力或者互补资源的企业之间，出于对整个市场的预期和企业总体经营目标的考虑，为达到共同拥有市场、合作研究与开发、共享资源和增强竞争能力等目的，通过各种协议而结成的优势相长、风险共担的松散型合作竞争组织。战略联盟在性质上是一种亚市场结构。[①]

2. 应用型高校战略联盟

借助孙永海关于企业战略联盟的定义，可以将应用型院校联盟界定为由两个或两个以上的应用型高校，为获得教育资源人力、物力和财力的共享，实现知识的合作创造、技能的转移，提升竞争力，而通过各种协议结成的优势相长、风险共担的松散型合作竞争组织。

应用型高校战略联盟的理念包括两个方面。一是对于参与战略联盟的高校来说，能更好地获取联盟院校的优势资源。其他高校原有的竞争优势都会成为自身的优势，实现互利共赢。二是在自身已有资源的基础之上，参考吸收其他高校资源，完善自身的发展。在高等教育大众化时期，现有阶段教育资源的稀缺是亟待解决的问题。在这种情况下，应用型高校的日益发展，必然要将现有的、可供利用的人力、物力、财力充分利用，实现时间和空

---

① 孙永海. 高职院校战略联盟研究［D］. 青岛：山东科技大学，2007.

间上的最佳组合。应用型高校实行战略联盟，能实现不同高校的资源共享、共同合作开发，从而获得新的竞争优势。

（二）应用型高校战略联盟成立的动因与优势

1. 联盟成立的动因

根据系统理论，任何系统的发展都是内因驱动的结果，即任何系统都是在一定的动力驱动下发展的。孙永海对应用型高校发展的动力因素进行了研究[①]，主要包括以下4个方面。

（1）成本因素。目前我国青少年人口呈现自然减少趋势，生源不足和生源质量降低与高等教育快速发展的矛盾越来越突出。生源竞争日趋激烈，学校招生的压力越来越大。面对这种压力，应用型院校更需要通过优势专业的发展、提高教学质量、改善教学环境等来提高高等教育的市场竞争力。然而，基于我国公共资源的有限性，地方应用型高校的财政投入难以满足高质量教育建设的需求，经费不足已成为应用型高校提高办学水平的主要障碍。如何降低教育成本，或在有限的成本资源下创造更多的效益，是应用型高校亟待解决的问题。

（2）资源因素。目前，地方应用型高校在经费不足的情况下，普遍存在教学设施落后、教师层次偏低、师资结构单一等问题。战略联盟可以实现高校之间的资源共享，如相互聘请专家顾问、合作科研、空间共享等，以此突破学校之间的组织界限，充分利用联盟资源进行整合运作，实现应用型高校资源的最优配置。

（3）风险因素。市场机制既有机遇，又有风险，应用型高校的市场导向必然需要面临规避风险的问题。通过战略联盟，高校可以相互形成利益共生体，从而分散乃至规避风险。

---

① 孙永海.高职院校战略联盟研究［D］.青岛：山东科技大学，2007.

（4）竞争因素。尽管经济社会的高速发展给应用型高等教育提供了巨大的市场空间，但高等教育市场化、教育产业化等影响也使人才培养增加了多元渠道，应用型高校并非培养应用型人才的唯一渠道。在激烈的竞争环境下，本就成本较高的应用型高等教育不得不将学生质量的高低来作为竞争优势。基于此，寻求一条适合自身发展的道路，发展战略联盟成为应用型高校的必然选择。

2. 联盟成立的优势

应用型高校发展战略联盟可以充分利用相互之间的资源形成产学研的集合体，能有效避免高等教育及社会资源的浪费，共同促进区域经济社会发展，具体可从以下4个方面进行探讨。

（1）有利于知识学习与创新。联盟既是一种组织运行方式，也是各高校相互学习知识、保持自身竞争力的手段。在分享知识的同时，联盟中的各成员能更容易实现新知识的创造和知识的流通与应用。通过联盟之间相互学习、取长补短和相得益彰，形成不同组织文化之间的协同创造效应。

（2）有利于提高办学的经济规模效应。应用型高校战略联盟打破了学校对资源的使用界限，实现了更大范围内的资源支配能力，从而化解资源压力，利用整体战略调整的灵活性，充分应对环境变化带来的机遇，不断调整自身发展，提高办学的规模经济效益。

（3）有利于优势整合，提高竞争力。每个高校都有自身的优势和劣势，高校间可通过合作，充分发挥各自的优势，实现资源的优势互补，提高整体竞争力。

（4）有利于降低高校改革发展中的风险。对于弱势高校而言，通过与优势高校联盟，能获取更多的信息和资源，弥补自身实力和经验的不足，降低管理风险。对优势高校而言，与弱势高校合作，能使资源得到更大程度的利用，并推动高校联盟合力，创造更大的教育成果。

3. 联盟发展中的政策保障

作为应用型高校的联盟，立足区域发展，培养服务于地方经济社会的应用型人才，其成立与发展离不开政府的政策保障。

（1）政府应引导并支持战略联盟的发展。政府促进应用型高校战略联盟的发展要利用好地方产业发展与人才培养之间的关系，加大对联盟发展的扶持力度，以人才培养为战略联盟发展的目标。例如，政府可以通过项目支持和税收优惠的手段促进联盟的合作发展。在项目支持上，政府可以设置专项，以项目对接的方式推动应用型高校建立联盟，共同合作研究和推进项目的完成；在税收问题上，政府在联盟创新的税收支持方面，可以制定相应的税收优惠政策等。

（2）完善战略联盟的法律监管机制。高校战略联盟在合作过程中难免出现人才、资源等各方面的摩擦和分歧，尤其是在知识产权方面。高校创新研发活动必然会涉及知识产权的归属和分配问题。从战略联盟的角度来讲，知识产权能够在一定程度上从权利归属和利益分配的角度平衡联盟之间的合作和竞争。因此，要大力发展高校战略联盟，就必须给战略联盟的发展提供制度上的保障，使各高校在合作与竞争关系中的利益得到公平分配，为战略联盟的发展和运行提供一个良好的法制环境。

第二节 行业产业支持与粤港澳大湾区应用型人才培养

一、参与和融入

当前，国内应用型高等教育虽定位为服务地方、产学结合，但大多都以校本实训为主，在对接区域经济发展方面还有明显的短板。面向社会和市场，引入企业经验深度开发合作才是培养应用型人才的正确道路。明确办学类型和人才培养类型是地方高校转型发展的先导条件，以产教融合、校企合作为着力点，使行业、企业全方位参与到地方高校的转型发展中。

（一）学习企业管理理念，优化高校管理模式

1. 高校管理引入企业管理的必要性

高校与企业的性质不同，决定了高校管理与企业管理必然存在一定的差异。将企业管理应用于高校管理，要以高校实际情况为出发点，充分考虑其适用性。确保企业管理思想、理念或方法能在高校管理中切实发挥作用，从而提升高校管理的效果。

（1）引入企业管理，可以改善高校传统管理弊端。随着时代的发展与进步，传统高校的行政管理模式必然面临各种各样的问题。高校管理可以引入其他行业或者组织的成功管理技巧，寻求一种适应自身发展的管理方式。然而，高校在应用企业管理办法解决问题的过程中，必须考虑到问题的针对性，切忌"病急乱投医"。只有引进的管理办法与高校实际问题相适应，才能真正发挥作用。①

（2）引入企业管理，能在一定程度上为高校管理注入活力。在现代化社会发展中，高校引进先进管理办法的源头在于企业，然后再扩展到具体的部门、组织中，通过横向流动，提高高校管理水平。某种先进的管理方法，在企业各部门应用一段时间后，基本适应企业发展，然后再传播到其他领域，其中就包括高等

---

① 杨晓玲. 先进企业管理对当代高校管理的影响［J］. 学术探索，2012（3）：117–119.

教育。①

（3）引入企业管理，能协助高校树立品牌意识。品牌意识在当今市场经济发展态势中的重要性越来越明显。从现有企业的发展情况来看，高级品牌是未来企业发展最有力的竞争武器之一。与企业品牌相比，高校品牌作用愈加凸显。从北京大学、清华大学等名校的入学情况，到市场对这些"名牌高校"毕业生的接纳情况，都体现出品牌与高校发展密不可分。因此，高校发展借鉴企业品牌战略具有强大的现实意义。

2. 企业管理理念的应用措施

高校引入企业管理思想是一个循序渐进的过程，在其中，高校管理制度和观念是重要的制约因素。要树立企业管理理念，高校管理者首先要具备"企业家"意识和确立"企业家"角色。对此，可以从以下3个方面着手。

（1）提高高校管理的企业化意识。大学走出象牙塔，融入社会已成为共识。我国现有的高校管理模式受计划经济影响较大，在管理者的绩效考核中，往往只考虑其施政成效，而缺乏时政成本意识，这无疑会浪费大量的教育资源。

（2）培养企业化管理能力。企业化管理能力是高校引入企业管理的核心环节，这既是高校体制的要求，也源自高校发展和革新所需的学习和实践。高校引入企业管理可以针对高校管理者进行与现代管理相关的培训，以此培养企业意识，提高企业化管理能力。

（3）企业意识的制度化体现。经过企业意识和管理能力的培训，高校在制定相关规章制度时，要从企业管理意识出发，充分考虑产出和投入，实现高校教育资源的最大利用。

---

① 陈力. 现代企业内控制度在高校管理中的运用 [J]. 绵阳师范学院学报，2007, 26 (4): 140 – 144.

总之，企业管理理念应用于高校管理实践是高等教育管理改革的总趋势，也是实现跨越式发展的客观要求。从企业管理思想出发考虑高校管理问题，有助于提高效率、降低成本。对于服务于区域经济发展的应用型高校而言，倡导并落实高校管理的企业化思想尤其具有重要的理论和现实意义。

（二）建立企业导师制度，鼓励员工参与教学

高校企业导师制是在导师制的基础上借鉴现代企业管理理念，用于大学生教育管理的人才培养模式。主要通过聘请来自企业一线的中高层人员作为兼职班主任，采取定期走进企业、主题班会、专题研讨、参观访问或工学交替等形式，与大学生分享产业发展前景、行业发展趋势、企业发展蓝图等，对学生进行教育引导，让学生从大学一年级开始实施与企业的无缝对接。因此，高校引进企业导师制，实质上是企业员工参与高校教学的过程。该制度对高校教学有以下 5 点意义。①

1. 以企业人才需求为导向，着眼于学生的文化教育

高等教育的目的是培养具有良好职业道德素养和专业理论技能的社会劳动者。当前，高校教学还很难做到完全模拟社会环境、企业环境对学生进行情境教育。因此，探索企业导师制的教育管理模式具有最直接的现实意义。它以企业导师作为联结学生与社会企业的纽带，用具有正能量的社会和企业文化熏陶学生。学生在感受企业氛围、感知企业文化、感悟企业精神的过程中更好地提高专业技能和综合素养。通过这种方式可以帮助学生在走入企业、进入社会时，能够更好地适应环境，成为真正有用的人。

---

① 张正. 高校企业导师制的实践路径探索［J］. 中国成人教育，2014（21）：98-100.

2. 引进企业文化精神，着眼于学生的企业文化浸润

企业文化具有优秀的引导力、较好的约束力和激励作用。企业导师多数是企业家，精通企业管理和企业文化的塑造，而大学生在学校的学习是难以同社会接轨的。企业导师利用其自身的管理优势，在开展工作的过程中将其企业文化带入班级和学生。企业重视团队间的沟通与协作，优秀的企业文化带入班级可以形成良好的凝聚力；优秀的企业文化具有良好的导引作用，能够促使班级同学自觉地遵守，积极主动地去完成专业学习及提高技能；优秀的企业文化具有良好的约束作用，同时也具有较好的激励性。一方面，企业文化本身就具有规范功能，企业文化规范包括职业道德规范和行为规范，当企业文化上升到一定高度时，这种规范就会产生无形的约束力。另一方面，企业文化所具有的价值导向是一种精神激励，能够调动与激发学生的积极性和创造性，使学生的素质能力得到全面发展，增强班级的整体执行力。企业导师的言行举止会直接或间接地传递企业的行为规范和价值观念，而学生在导师榜样精神的感染、熏陶和模仿中，更容易接受企业文化。只有接受企业文化，学生才能从内心开始转变，由内到外逐渐形成企业的自我管理意识和精神，从而成为企业需要的人才。

3. 运用企业导师知识经验，着眼于学生专业认知教育

企业导师来源于社会一线，对社会上的人才需求了解得比较透彻，在强化学生专业认知上有着明显的优势。运用企业导师的社会经验和企业经历，给学生以最贴近社会企业需求的专业指导，为学生提供最前沿的资讯，给学生在职业规划、专业学习、技能学习、专业认识等方面提供指导，从而降低学生个人认知的误差，增强新生对本专业的认同感和就业前景的期待。企业导师可以以企业实际需求为导向，帮助学生客观地分析自己、获得职

业信息、掌握求职方法、确定求职方向、避开择业误区、设计职业规划等。企业导师能够从用人单位的角度告诉学生企业的用人标准、选择招聘的方式方法、人员筛选程序、用人偏好等。企业导师可以帮助学生前往企业实地参观、兼职甚至实习，从职业初期就开始利用企业环境对学生职业道德、职业品格、职业素质进行塑造，锻炼学生吃苦耐劳的能力，引导学生树立科学的择业理念，克服择业中的盲目性和随意性，克服择业时的不切实际、好高骛远、急功近利的浮躁心理。企业导师指导学生参加技能竞赛，提升专业技能，同时通过让学生接触具有实用价值的技能，使学生认识到专业学习的重要性，激发其学习专业的兴趣。

4. 引进企业管理模式，着眼于学生职场意识教育

企业导师走进校园带来了不同于学校的管理模式，其中不乏最先进的企业管理经验。这些经验对于学生工作者来说是难得的学习机会，有较好的借鉴意义，有助于实现学生教育管理工作水平的飞跃式提高，更好地服务学生，为社会培养、为企业输送高素质的人才。发挥老企业导师传帮带的作用，使新企业导师能够尽快熟悉学校管理和学生工作。定期举行企业导师沙龙，通过经验交流与分享，促进校内学生工作者和企业导师整体水平的提高。辅导员下企业，积极学习企业管理的优点，结合自身实际情况，将所学运用到学生管理工作中。

5. 参与专业课程设计，着眼于人才培养方式的优化

在高校人才培养方式中，教学是重要的一环。学生在课堂上学到的知识能否同社会和企业接轨，直接关系到学校的就业率和企业的发展。企业导师深知社会的实际需要，对专业建设有着不同的理解。在专业建设过程中，积极听取企业导师的建议，鼓励企业导师参与部分课程的教学。如职业规划、专业实训、团队心理训练等，让社会和企业需求导向来促进学校教学和课程的改

革，优化学生的课程设计，使其尽量适应社会需求，以此优化学校人才培养方式。

二、创新方式和灵活规划

(一) 校企合作中的角色定位

目前，校企合作已逐步成为应用型高校人才培养的普遍共识。然而，在校企合作的人才培养和实践中，参与各方必须进一步明确一个不容忽视和亟待解决的问题：政府、行业企业和高校在合作中的角色和责任。明确主体角色和责任是实行校企合作的前提和制度保障。根据中国职业教育学会校企合作工作委员会龙德毅的观点，行业企业、高校以及政府在校企合作中扮演着以下角色。①

1. 行业是职业教育教学标准的制定者

主动服务于产业、服务于区域经济和国家战略是现代职业教育最核心的功能与价值，要实现这一功能和价值就离不开与行业的紧密结合。要提供好这种服务，只能靠行业指导。因此，现代职业教育要求应用型高校的专业标准、课程标准乃至人才培养的质量标准必须由行业来制定，而不是由教育行政部门或高校制定。行业才是职业教育教学标准最有权威的制定者，这也是国际职业教育的成功做法。行业制定的标准，是实现"专业设置与产业需求对接，课程内容与职业标准对接，教学过程与生产过程对接，毕业证书与职业资格证书对接，职业教育与终身学习对接"最基础、最准确、最权威的保障。

---

① 龙德毅. 产教融合、校企合作人才培养模式的角色定位和责任：构建"行业制定标准，院校负责培训，政府实施监督"校企合作的基本制度和运行机制 [J]. 天津职业院校联合学报, 2015 (6): 3-6.

2. 高校是行业教学标准的实施者

教学工作是人才培养的关键，专业、课程和教材体系建设又是教学工作的基础。应用型高校应认真遵照行业标准和企业的实际要求，设计基于岗位工作过程的课程结构和内容，建立起能真实反映产业发展、技术进步和实际生产服务业务流程，并满足行业企业要求的课程体系。面对经济发展的新常态，应用型高校的专业设置、调整必须主动适应行业企业的转型升级、技术进步和创新驱动的要求，在行业的参与指导下，最大程度地满足经济社会对技术技能人才的总量需求和结构性需求。

3. 政府是行业教学标准制定和实施的监督者

对于职业教育的发展，政府发挥着加强统筹、分类指导、制定规划、改善办学条件、营造制度环境、加强管理和监督指导等作用。政府教育行政部门的重要职责是将推动产教融合纳入顶层设计，从宏观上构建好职业教育的国家制度、体系、体制和政策。在这个管理体制下，关于行业教学标准的制定和实施，政府和教育行政部门的角色应当是监督者、服务者，而不是直接参与者。政府监督的一个重要内容是强化教育的督导评估。在职业教育评价评估这一关键制度的改革中，推行以行业企业为主导的第三方机构开展评估，打破原有的教育行政部门内部的封闭体系，建立起政府委托、监督，向全社会开放的评价体系。这将极大强化社会，尤其是行业企业对职业教育的关注，有效增强产教融合、校企合作机制的建立，全面提升人才培养质量。

（二）创新校企合作项目

目前，以项目为导向的合作模式是最适合校企合作的纽带，是共同实现高素质应用型人才培养的根本方法，也是校企合作可持续发展的保证。通过项目合作，能将当今企业的新技术、新实践贯穿于人才培养,让学生学有所用、学即能用。在项目推进中,企业提供相应顶岗实习机会,教师得到实践历练,提高科研水平和服务社会的能力,是校企共赢、师生共赢的有效途径。归纳总结校企合作项目,大致可以分为以下两大类。

1. 基于高校教学的项目建设

基于高校教学的项目建设,是在校企合作期间,高校和企业主要围绕教学为核心,进行人才培养的环节。具体表现为以真实的项目贯穿于项目化课程改革、学生创新、毕业设计和科研与社会服务等。

(1) 将校企合作项目纳入课程建设。如邀请企业举办相关专题讲座、带领学生参观企业实践项目、引入企业目前攻关的关键性课题,并纳入教学内容。

(2) 企业教师进课堂,实现共同培养目标,完善学生评价体系的建设。校企合作必然是以双方相互投入为合作前提。高校可以引进企业代表性的职工为相关专业兼职教师,讲授部分专业核心课程和实践性教学,现身说法,提高学生的专业能力和职业意识。

(3) 合作项目营造创新氛围。在构建实训设备或实训项目时,依托合作单位科技氛围,塑造学生的创业环境。

(4) 将企业项目纳入学生的毕业设计。采用双导师制度,以现实性的项目为设计内容,从理论和实践两个方面提高学生解决实际问题的能力,也为企业项目推进提供一定的参考意义。

(5) 建立项目导向的教改团队。以企业的在研课题为纽带,建立教师团队,既为企业解决实际难题提供专业和智力支持,也能为学生提供更多教学素材,提高教师自身的应用型能力。

2. 基于企业发展的项目建设

与以教学为中心的项目相反,基于企业发展的项目建设主要是高校教师和学生围绕企业发展中的生产实践、技术储备以及研发创新等为企业解决实质难题而建立的项目。

（1）企业的生产实践。企业在生产实践中可以在恰当的时间段里给学生安排相应的岗位实习，这既能促进学生最快达到岗位要求，也能解决企业发展中的人力需求问题。

（2）企业项目的改进。企业在发展中可以将一些创新指数偏低、难度较低、需要改进的项目交由教师团队带领学生进行研发和改进，这样既为企业节约了人力资源和时间成本，也能提升学生的实践能力。

（3）企业产品的设计项目。选取具有一定潜力的学生，由相关教师带领，组成设计团队，有针对性地服务于产品的研发。

（4）企业亟需解决的技术难题。针对企业持续攻克的难题，高校可以以课题的方式进行申报，甚至可以利用高校资源以多校联合的方式共同解决项目难题。

总之，校企合作的基础在于互利双赢，其方式在于多层次、宽领域的项目合作。设置灵活多样的项目合作方式，既能促进高校的人才培养，也能为企业带来更多实质性的效益。

第三节　高校明确定位，建立多元化的保障机制

一、明确定位与优化资源配置

中国的高等教育进入新的时代，集中表现为三个特点：不确定性增强，但机遇更多；个性化选择增强，高校特色建设和发展

战略多元化;制度性因素增强,高校制度、章程的规划性更强。① 基于此,面对未来,高等教育既要以问题为导向,竭力满足人民日益增长的美好教育需求,也要以目标为导向,谋划2035年的教育发展。其发展的要求是要以产业、技术、经济为纽带推动创新。尤其对于粤港澳大湾区来说,要充分发挥大学服务于社会的基本作用,使之成为新兴产业之源、创业之源和力量之源。走在全国前端,带领国家经济发展实现弯道超车,这是新时代赋予粤港澳大湾区的历史责任。

值此机遇,作为粤港澳大湾区应用型高校,在多样化的高等教育改革中,关键是选择符合自身发展的教育思想,务实地去架构教育模式,找好定位,明确其使命和办学目标。同时,在此基础上思考自身的学科与专业建设,培养具有创新精神和实践能力的高级专门人才。

(一) 紧扣市场需求,优化专业设置

应用型高校是区域经济发展人才供应的主要来源,紧扣地方市场需求,不断优化专业设置,是地方科技发展和产业发展的必然需求,也是应用型高校生存和发展的内在要求。

1. 专业发展要紧扣市场需求,灵活设置

专业设置是指高等教育部门根据科学分工和产业结构的需要所设置的学科门类。专业设置依据市场需求,是专业设置的本质属性之一。市场需求的动态变化要求专业设置具有灵活性。灵活设置专业不是无目的地迎合市场,而是根据高校和专业实际,保证专业与市场产业的有效衔接。这样既能解决毕业生就业问题,又能为市场提供符合要求的、数量充分的劳动力。因此,灵活的

---

① 马陆亭. 地方高校如何面对发展机遇[EB/OL]. (2018 - 06 - 13)[2018 - 09 - 30]. http://www.nanboedu.org.cn/index.aspx?lanmuid=85&sublanmuid=690&id=545.

专业设置应具有前瞻性。在专业调整时也应注意与社会结构调整保持平衡,不能因为某个行业的需要而设立某个专业,短时间内又因为专业人才的饱和而取消该专业。动态和适当地调整使高校专业层次符合社会产业结构发展的需求,实现高校发展和社会发展的双赢局面。

2. 优化专业设置,要有前瞻性和预测性

应用型高校专业设置的优化要与市场需求相适应,但产业结构是一个不断变化的过程,特别是经济发展比较活跃的时候,市场需求变化的趋势也会比较明显,但与之相对的是人才培养的周期相对较长。因此,应用型高校在设立、调整相关专业时,既要注意现阶段产业结构的人才需求,也要有长远的眼光,科学预测和判断未来一至四年市场需求变化状况。根据新兴产业和市场需求的新变化,及时调整专业设置,保证专业人才供应和产业结构调整处于动态平衡的状态下,促进社会资源与高校资源的有效整合,提升专业设置与优化行为的正面效果。

在市场预测时要综合考虑3个方面的因素:

(1) 与专业相关的行业企业,未来的发展方向和规划。产业结构的发展趋势既是行业企业发展规划的结果,也决定着企业未来发展的方向。高校通过监测产业发展状况,预测并了解与专业相关的企业规划,将其作为人才培养方向的重要参考依据。

(2) 行业企业对该专业人才所需能力的新要求。市场需求瞬息万变,对人才的要求也不断变化。了解企业规划,能推测行业发展中的专业要求,以此作为人才能力培养的重要方向。

(3) 充分了解该专业往届毕业生专业对口的形势。高校在明确市场的人才需求时,要考虑以往毕业生专业对口工作的比例,适时调整人才培养的规模。

3. 集中优势,做好专业集群建设

应用型高校在专业建设和优化过程中,切忌盲目跟从,杜绝多而广的专业设置。应该根据高校自身的底蕴、资源和办学条件等因素，在强势型、特色型专业上下功夫，形成自己的办学特点，并为产业结构中的行业提供人才支撑，让高校所设立专业的功效性最大化。

值得注意的是，目前特色专业的建设往往以专业集群的方式进行，如大数据专业集群可以设置大数据金融专业、大数据农业、大数据制造业、大数据旅游、大数据环保、大数据统计、大数据计算机、大数据信息、大数据管理等专业。专业集群不是简单地将相关专业集合在一起，而是要根据产业集群的岗位需求进行设置。核心专业要对应于产业集群的核心方向，其他专业要对核心专业起到支撑作用，并能服务于产业集群不同岗位的需求。

总之，应用型高校要充分发挥自身特色，根据特定行业、产业的人才需求，结合自身发展实际，培育、提升特色核心专业，带动群内其他专业的发展；引导优质资源向群内汇聚，形成优势，以在省内和国内取得较大影响力。正如中山大学原校长黄达人所言，高水平应用型高校要在全国范围内有一定的地位，至少在某一个行业较突出或者至少为某一个产业行业服务时在全国范围内较突出。①

（二）完善教学体系，创新培养模式

应用型高校在专业或专业集群的特色建设下，要实现以能力为导向的应用型人才培养目标，必须以课程及教学体系为平台。与专业集群相对应的，是在课程和教学上，有针对性地涉及甚至对应职业标准的内容，使学生更好地获得与其未来从事职业相关的能力，更好地达到用人行业企业的要求。

---

① 黄达人. 建设高水平应用型大学三点思考[EB/OL]. (2017-07-24)[2018-09-30]. http://www.csdp.edu.cn/article/2799html.

1. 以职业标准完善教学体系

在高等教育大众化时代，高校人才的培养不是单纯的学习技能和专业，而是要以能力为基础、以应用为核心、以创新为目标，培养具有适应未来社会的能力、发散的思维、勤于分析的精神和开阔的视野的人才。对于应用型高校而言，尤其要注意培养学生的学习能力、创新能力、实践能力和创业能力。[①] 因此，高校在培养学生能力的同时，还需考虑其专业和专业集群所对应的职业所需要求。在对接职业标准教学时，要注意每一种职业都有其相对应或相关联的职业标准，在教学中既要注意专业集群的实践环节，也要注意通识课程教育的实践教学。如涉及国家意识形态和勤俭节约、爱岗敬业等通识性职业规范，若仅通过理论说教，很难达到预期效果。基于此，在专业教学中，弄清培养能力与职业标准内容之间的关系，将课程及教学体系当作一个整体，在不违反培养应用型人才原则的基础上，用引入职业标准的方式规范人才培养的程序，整合已有的课程设置及内容，可以较大限度地保证高校应用型人才培养的顺利进行。[②]

2. 坚持产学研一体化道路，创新人才培养模式

培养模式的选择是应用型高校采取相应的方法培养以职业能力为核心、以地区行业和企业为导向的应用型人才。这种培养模式的本质是针对行业和企业的需要，甚至可以在经济转型发展等一系列新的政策环境下提高行业和企业的发展动力和经济效益。培养适应社会发展的高层次应用型人才是应用型院校办学秉持的

---

① 甄勇. 粤港澳大湾区和新时代应用型教育之探索[EB/OL]. (2018－06－18)[2018－09－30]. http://www.nanboedu.org.cn/index.aspx?lanmuid=85&sublanmuid=690&id=552.

② 孔苏. 地方本科高校转型发展背景下应用型人才培养模式研究[D]. 桂林：广西师范大学，2015.

理念，更需要其在办学过程中坚持以实践教学育人，并以服务于企业、行业的能力作为重要的参考指标。

要加强应用性，提高人才培养质量，在人才培养过程中就应该坚持校企合作。实践教学与理论教学交替进行，在真实的生产环境中培养学生的技术技能。在人才培养模式上，坚持校企合作、产教融合和工学结合。充分利用本科院校的优势地位，联合企业进行校企合作，利用各方的优势资源努力建立形式多样的实习实训基地，实现在做中教、在做中学，培养学生的实践生产能力。着重改变以往重知识轻实践的局面，努力将学生培养成知识体系全面扎实、实践能力专业娴熟的应用型人才，为走上工作岗位和服务社会经济发展打下坚实的基础。在评价方法上，坚持以服务于当地企业、行业的能力作为重要的评价指标。以培养应用型人才为导向，以提高职业能力为核心，以服务地方行业和企业经济发展为宗旨，设置人才培养质量标准和专业用人标准，保证人才培养质量。评价的导向作用将针对行业和企业的需求培养学生的专业基础理论知识和专业操作能力，有意识地培养学生的责任意识和分工、协作能力等职业能力。

二、教师能力提升与发展机制

应用型高校需要建立起主动适应区域经济发展与人才市场变化的专业调整与管理机制，改"学科逻辑体系"为"技术逻辑体系"。① 作为应用型高校的教师，在"理论"与"实践"、"研究"与"应用"、"学术教育"和"职业教育"、"教学能手"与"行家里手"、"教室"和"工厂"之间找到中间区域，并取得一种"平衡"，这种平衡应该是"一种'既是……又是……'的兼

---

① 蔡敬民，余国江. 从"新建本科"向"新型大学"转变［J］. 中国高等教育，2016（12）：29-31.

容结构,坚持从坐标点漂移转向坐标系构建的折中解题方式"。①因此,应用型教师既是专业实践和应用方面的"能手",又是学术研究与教学方面的"高手",更应成为应用型高校校企合作、产教融合和工学结合的有力推动者。

(一) 实务创新,提高教师应用能力

应用型高校教师的实务创新能力是校企合作的基础,也是教师培养应用型人才的必备能力。参照龙华科技大学教师实务创新的经验,可以从以下4个方面提高教师的应用能力。

1. 主动参与策略联盟

策略联盟是指两个或两个以上的组织,为实现某一战略目标而建立的一种战略伙伴关系。它要求组织对外部资源和自己最关键的内部资源优势进行整合,以创造自己独特的竞争优势。当几家公司拥有不同的关键性资源,而彼此的目标市场属于不同的细分市场时,为了彼此的利益,进行策略联盟,交换彼此需要的资源以创造各种竞争优势,从而达到双赢的目的。②

作为教师提高应用能力的策略联盟,是在应用型高校的牵头下,教师定期与企业、工会或协会等召开会议,促进与产业之间的交流。基于此,教师能了解最新的产业动态,了解相关行业企业的发展规划,共同探讨专业领域内的学科技术问题。通过策略联盟,既加强了教师及学校同行业产业之间的紧密联系,也能保证应用型教师持续与专业领域接轨。

2. 企业实务研究计划

企业实务研究计划需要教师带领学生参与企业实践,并将实

---

① 郝德永. 第三条道路:当代基础教育课程改革的路径 [J]. 高等教育研究, 2011 (12): 85-89.

② 付泉. 管理信息系统 [M]. 武汉:华中科技大学出版社, 2013.

践成果融入课程教学。教师参与企业实务，一方面能促进应用型教师全面发展，提升教师的实践能力和操作技能。通过走进企业，能够更为直观地了解并接触到该行业、企业的生产组织结构、经营管理和产品开发等重要环节，在生产实践中加深对专业相关知识的理解及实际应用，提升教师的职业素养和操作技能。另一方面，带领学生参与企业实践，既能快速培养学生的职业技能，又能方便学校快速建立起一批专业对口的实习、实践和合作基地，为高校学生的校外实践活动提供平台。

3. 公民研习营活动

公民研习营活动是企业实务研究的深化，根据教师参与企业实务研究的行为表现，增加教师企业研习的时长。例如，龙华科技大学在教师的研习活动中设置半年的常规研习计划、两年的广度研习计划、四年的深度研习和深耕服务等。公民研习活动要求学校有严格的教师研习保障制度。一方面，该活动需要长期以企业为中心，因此，要明确在教师实践活动中的主体责任与权利，保障教师企业实践的外部制度环境。同时，对企业接纳实践的具体方式、管理机制、实践校企的各自权益进行全面整体的设计，学校与企业双方共同实施企业实践管理，有计划、有组织地安排好教师到企业实践活动。另一方面，要强化教师企业实践的激励机制，如将教师的评优、职称晋升等与赴企业实践活动挂钩，使教师充分认识到赴企业实践是提升自身教学工作能力和实践能力的需要，提高教师在研习活动中的薪酬待遇，对赴企业研习的教师在工资福利、津贴发放等待遇上要基本与在校教师保持一致。在绩效工资分配中也要适当向参加企业实践研习的教师倾斜，提高其参与企业研习的主动性。此外，在实践研习的考核上，要改变传统粗放的考核方式，实行动态多元的评价方式，如实践能力、实践效果、实践态度、专业技能和实践任务完成情况等，系统全面地考核教师在企业期间的实践成果，并记入教师档案，作为今后评优晋级的依据。总之，完善的管理制度是推进教师实践研习持续开展的前提。

4. 企业拜访或技术指导

学校与企业分别是理论教学和实践教学的重要平台，当前的应用型教师多是基于传统高校教师转型发展而来，在教学中理论性强而实践性弱，定期进行企业拜访或技术指导能实现教师和企业的双赢。一方面，教材的知识革新往往有滞后性，市场需求往往是科技进步的动力，而企业的生命力就来源于对市场的敏锐把握和应对。在这种情况下，企业往往会在课本知识更新前成为理论研发的前沿。教师定期拜访企业，能保持自身对专业领域内的持续关注，保证知识的不断革新。另一方面，企业的发展乃至产品的研发往往是以经验为主，缺乏相应的理论基础，特别是基础理论的应用。教师定期拜访企业，能在企业发展中提供一定的技术指导。

（二）刻意训练，促进教师教学改善

应用型教师的刻意训练能够激励教师热爱教学，为教师提供学习和展示的平台，对提高教师教学水平和促进学校教学质量具有较强的意义。目前，教师的专项训练在形式上有竞赛、培训、工作坊等，在内容上有教学理念、教学方法、教育技术等。从金星霖的刻意训练视角来看，可以从以下4个方面促进教师的专项训练。[1]

1. 专项训练的针对性

教师在专项训练中必须强调训练的针对性，从刻意训练的理

---

[1] 金星霖. 刻意训练视角下的教师教学能力培养［J］. 北京教育学院学报，2015，29（5）：18-23.

念出发。视频评课活动可作为一种有效的新手教师培训活动。具体操作流程是：首先，对新手教师的教学进行录像；其次，让新手教师本人和同行专家一起观看教学录像，专家随时暂停录像并询问其在某个教学步骤时的处理方法和行为原因；最后，专家和新手教师就课堂录像进行讨论，新手教师能获得很多来自专家的建议。此外，针对性的专项技能训练也符合刻意训练的要求，将教学活动进行拆分，对其中的一些技能进行专门训练，如对教师演讲能力、PPT制作能力、师生交流技巧等进行针对性培养。

2. 加强校本研究

刻意训练的有效性在于其针对性，针对性有赖于对教师教学过程的深入研究。因此，必须不断对教学活动进行分析和反思，不断提出问题，形成解决方案。目前较为符合刻意训练的教学研究是课例研究（Lesson Study），指教师、专家、学生等共同围绕一堂课的整个进行过程来进行分析和讨论。其重要作用在于为新手教师提供来自不同方面的教学反馈，并帮助学校管理人员对教师的教学问题有更深刻的理解，提出具有针对性的训练意见。这种研究能帮助新手教师找准自己的薄弱环节而进行刻意训练，提升教学能力。

3. 关注教学反馈

及时的教学反馈是教师进行刻意训练的前提条件。在日常教学实践中，教师的反馈通常只来自于学生的成绩，这不利于教师教学能力的提高。在理想情况下，教师的教学反馈应当是及时且多样化的。从来源上讲可以分为三类：来自学生的反馈、来自同行的反馈和来自教师自己的反馈。在学生方面，教师必须注意通过多种非正式方式来评估教学情况，如课堂问答、课后交流、日常观察等。在同行方面，邀请同行和专家来旁听和指导自己上课,是获得反馈的重要途径。此外,教师自己要提高自我监控能力,加强对教学的自我反思。已有大量研究表明,教师通过分析自己的教学录像可以有效提高教学能力。

4. 鼓励自主学习

一切学习说到底都是一种自主活动。通过刻意训练的理论,可以为新教师提供更多教学反馈、理论支持和优质的培养项目,但训练活动本身需要新教师主动自觉进行。在实际教学中,大多数专家型教师的成长过程都不是通过培训项目实现的,而是通过长年累月在教学岗位上的自我归纳总结,在不断面对问题、解决问题的过程中成长起来的。因此,必须对新教师的自主学习能力进行培养,具体包括:发现问题的能力、创造性解决问题的能力、课堂反思能力和归纳总结能力等。在获取这些能力的基础上,教师可以发现自己的教学问题,并设计针对性练习,实现自我刻意训练。

(三) 机制保障,培养双师双能型教师

欧小军将应用型高校培养的优秀讲师称为"双师双能型教师",即既能开展理论教学,也能进行实践教学;既要擅长教学的学术,也要擅长应用的学术;既要做教学能手,也要做行家里手;既要发挥科学精神,也要发挥工匠精神。① 他认为,培养双师双能型教师,要从以下4个方面着手。

1. 建立相应的专业发展的机制

双师双能型教师本质上源于传统理论型教师的转型,要促进

---

① 欧小军. 双师双能型:应用型高校教师专业发展的第三条道路 [J]. 重庆高教研究, 2018, 6 (6): 40-47.

理论型教师转型,就必须提供相应的保障机制。第一,借鉴国际认证体系,建立适合校企双边的双师双能型教师资格认证制度,推进双师双能型教师专业发展的规范化、标准化建设。第二,打通专业上升通道,建立与双师双能型教师相匹配的职称评审制度,强调职称评审的职业性、应用性和实践性。第三,构建双师双能型教师实践能力培养的保障机制,架构政校行企交叉协同培养的立交桥,建立高校、行业企业联合培养的机制,形成促进教师转型发展的合力。

2. 创造包容性发展环境

双师双能型教师需要具备多方面的能力与素养,其专业发展需要政校行企多方联动,整合校内外各方资源,关键是要构建一个能够促进教师顺利转型的包容性发展环境。包容性发展(inclusive development)作为一种新的发展理论,核心要义是这种发展不是排他性(exclusive)的,而是以人为中心的,人与人、人与社会、人与自然的和谐发展。包容不是无限度的容忍,无限度的容忍必然导致发展天平的严重失衡。应用型高校要构建双师双能型教师的包容性发展环境,首先,要树立以教师为本的发展理念,把教师的发展作为教师转型的根本目的,实现教师转型发展与地方高校转型发展及人才培养模式改革发展等多方面的协调统一,消除双师双能型教师专业地位和专业身份的边缘化意识。其次,要建立平等包容的参与机制。从某种意义上讲,包容性发展就是每一位教师都有平等的机会发展。双师双能型教师发展的无排他性是包容性发展的逻辑点。在教师向第三条道路转型的过程中,要避免由于制度缺陷或政策失误造成的不公平问题,让每一位教师都有平等获得发展的机会与权利。

3. 激发身份认同的内在动力

双师双能型教师的专业身份建构既是一个社会意义上的群体

性问题，也是每一位教师作为一个个体的具体性问题，且最终落实到教师个体对自身专业身份的认同上。因此，双师双能型教师专业认同的过程本质上是对其身份不断追寻和建构的过程，也是寻求个体意义的过程。在这个过程中，教师会产生不断成长与发展的动力。通过唤醒教师专业发展的自我意识，激发专业发展的内在动力，从而促进双师双能型教师的专业认同。作为应用型高校发展的主体，教师只有"把自身的发展当作自己认识的对象和自觉实践的对象，建构自己的内部世界，才能在完全意义上成为发展的主体"①，向双师双能转型才可能成为应用型高校教师的理性选择。

4. 形成双师双能型教师可持续发展的新专业文化

制度上的"身份赋予"能在一定程度上促进应用型高校教师向双师双能型教师转型，内在的"身份认同"有利于巩固制度和环境促成的转变，这种转变需要形成与双师双能型相一致的新的教师专业文化才能最终得到确证。因此，从"身份赋予"到"文化创生"，是应用型高校教师专业发展的关键环节。唯有教师主动实现自身文化的革新，教师专业化发展才会有持久的动力。② 在实践过程中，需要不断激发教师的专业文化自觉，形成新的教师文化。在某种意义上，向双师双能型教师转型的过程其实就是教师进行新的教师文化构建和创生的过程。具体而言，双师双能型教师需要架构与企业行业精英之间沟通的桥梁和纽带，建构可以身份互塑的关系文化，形成互促、共赢的发展共同体；需要在产教融合、校企合作、工学结合的教育教学中，打造具有

---

① 叶澜. 教育概论 [M]. 北京：人民教育出版社，2006.
② 方红. 教师专业发展身份限制与文化创生 [J]. 中国教育学刊，2011（7）：48-51.

工匠精神的专业文化,推动自身的转型发展;需要在实践场域中形成能够转识成智的实践文化,为专业发展提供可持续发展的土壤。①

---

① 欧小军.双师双能型教师的身份焦虑及其文化建构[J].黑龙江高教研究,2018(2):107-110.

第六章　服务粤港澳大湾区发展的应用型高校人才培养模式

第一节　应用型高等院校人才培养的目标

应用型高校与传统学术型高校相比，应该有不同的培养目标和培养模式。粤港澳大湾区的应用型高校有其独特的环境因素，更应该结合区域特征思考适用于粤港澳大湾区的培养模式。

一、人才培养模式与人才培养目标

人才培养目标是对人才的质量和规格做出的总规定，既要考虑到党的教育方针，也要考虑到学校的办学思想，其对人才培养方案及其课程体系、培养过程等都有具体的要求。人才培养模式是由人才培养目标决定的，有什么样的培养目标，就会设计什么样的培养模式。在高等教育大众化阶段，随着市场化的发展，产业与行业对人才的需求越来越多样化，这就决定了人才培养目标的多样化，进而导致高等教育的人才培养模式也多样化。教育部在第一次全国普通高等学校教学工作会议上就强调指出："我国社会职业技术岗位的分工不同，行业和地区之间存在着复杂的不平衡性，以及高等学校办学基础、办学条件的差异，决定了人才需求的多层次、多类型、多规格，决定了不同的学校承担着不同的人才培养任务。因此，要求高等学校根据国家的教育方针和政策，以及社会的实际需要和自身条件，确定办学层次和类型，自主确定人才培养模式，努力培养出受社会欢迎、有特色、高质量的人才,创出学校的声誉和特色。"①

(一) 人才培养模式的概念及其分类

1. 人才培养模式的概念

人才培养模式是高等教育研究的基本问题,有人才培养,就有人才培养的模式。"人才培养模式"的概念众说纷纭,最早见于1983年文育林的《改革人才培养模式,按学科设置专业》,主要探讨高等工程教育人才培养模式的改革方式。随后,由于高等教育改革的需要,越来越多学者开始研究"人才培养模式",并试图对其内涵做出界定。查有梁是最早对"人才培养模式"做理论研究的学者,他于1993年先后出版了《教育模式》和《教育建模》。他认为,所谓的教育模式,在宏观上是指在教育理论的指导下,全面分析教育过程的相关特征,并对教育过程中遭遇的问题及其解决方法等做出归纳和总结,作为教育实践的参考;在微观上指在教育实践的过程中,教育者对其成功的教育方式进行理论提升。刘英、高广君则认为人才培养模式是在一定的教育理念指导下,高等学校为完成人才培养任务而确定的培养目标、培养体系、培养过程和培养机制系统化、定型化的范型和式样。②

本书采用谭菊华的"人才培养模式"概念,即以教育思想和理论为指导思想,为了实现培养目标而制定相应的管理制度和一系列的评估方案,采取相应的、科学的、系统的教育教学内容

---

① 教育部高等教育司. 深化教学改革 培养适应21世纪需要的高质量人才:第一次全国普通高等学校教学工作会议文件和资料汇编 [M]. 北京:高等教育出版社, 1998.
② 刘英, 高广君. 高校人才培养模式的改革及其策略 [J]. 黑龙江高教研究, 2011 (1): 127 – 129.

和课程体系，进行科学、系统的教育过程，可以把它分解为以下四个方面的含义：

（1）制定相应的培养目标和人才培养的规格。

（2）制定科学的系统的管理制度和评估方案。

（3）相应的、科学的、系统的、教学方法或手段。

（4）系统科学地组织实施的过程。

它也可以简化成："目标+过程与方式"，即教学内容和课程+管理和评估制度+教学方式和方法。这其中涉及培养目标、专业设置、课程体系、教育评价等多个要素及制定目标、培养过程实施、评价、改进培养等多个环节。本书主要探讨各高校倡导践行的培养模式，即高校层面的人才培养模式。①

2. 几种基本的人才培养模式

在不同的历史时期，由于知识观、价值观和人才观的不同，人们对于培养模式的设计也不同。统计现有的人才培养模式，按不同的标准可以将其分为以下几类：①按培养层次区分：专科生培养模式、本科生培养模式、研究生培养模式和成人继续教育培养模式。②按高校类别区分：研究型培养模式、教学型培养模式和教学研究型培养模式。③按培养目标区分：创新型人才培养模式、应用型人才培养模式和复合型人才培养模式。④按培养特征区分：导师制人才培养模式、订单式人才培养模式、就业导向型人才培养模式和需求导向型人才培养模式。② 由于标准不统一，且难以讨论，本书引用何桂强的归纳总结，将这些培养模式统一划分为通才教育模式、专才教育模式、通才教育和专才教育相结

---

① 谭菊华. 中国高等教育人才培养模式改革研究 [D]. 武汉：武汉大学，2014.

② 江颖. 高校人才培养模式优化研究：以就业为视角 [D]. 南昌：江西财经大学，2012.

合的模式①，具体内容如下。

（1）通才教育模式。通才教育最早见于古希腊的传统教育，被称作为博雅教育。这种教育主张实行基础而广博的非专业性教育，主要目的在于塑造受教育者的性格、陶冶受教育者的情操，以适应其所生活的上层社会的风俗行为。与之相反，他们认为专业化教育损害了人精神世界的整体性，有损于人的尊严。

通才教育在历史发展中长期处于主导地位，其原因在于当时的社会体制实行的是精英统治，只有少部分统治者享有特权，这些人无须从事具体的劳动，只需要学会管理即可。在科学技术发展相对缓慢、知识总量有限的条件下，这种通才教育有其实施的可能性和生存的空间。相比于专才教育，通才教育更注重培养人格和陶冶情操，它具有四个明显特征。

第一，教育知识基础但经典。通才教育非常重视基本理论、基本知识、基本技能和基本方法的训练，培养的是学生解决各种复杂问题的能力。

第二，知识内容广泛而综合。通才教育的教学内容丰富，学科涵盖领域广，综合性强。

第三，教育方式多样灵活。不同的方式和途径都可实施通识教育，如课程教学、综合讲座、专题研讨等。

第四，由于过分通博，学科的深入发展可能受到影响，经典性的知识容易与实际生活脱节。

（2）专才教育模式。专才教育最早出现在欧洲中世纪的大学。当时，实行分科教学，共分为四科。以文科为基础，通过法学、医学和神学分别培养律师、医生和牧师，这个时期已具有一定的专门人才属性。17世纪后，资本主义的兴起，机器化发展

---

① 何桂强.高校创新型人才培养模式的研究与实践［D］.长沙：中南大学，2002.

与产业、学科的分化要求高等教育培养大量专门人才，专才教育得以发展，其中以美国率先实现。1862年，美国政府颁布了《莫雷尔法》(*Morrill land-Grant ACT*)，允许各州以政府赠予的土地开办"为本州农业和工业发展服务"的农业大学。这部法律彻底改变了传统的、封闭的古典大学通才教育模式，使高等教育发展走向专业化、市场化和多样化。此后，高校培养的不只是知识广博及有修养的人，还要培养面向社会、面向市场、面向行业企业发展的专业性人才。这种趋向在第二次世界大战以后特别明显，大学新专业的增设如雨后春笋般出现，重点实施专才教育。与通才教育相比，专才教育给予学生的知识主要是为其专业需要而设置的，基本能力也是为专业服务的。到目前为止，专才教育在全世界都得到了较快的发展，使之成为高等教育的主流。与通才教育不同，专才教育是培养专业化人才的教育，主要通过系统讲授某一学科知识，培养具备专门技能的人才，具有四个特点。

第一，专才教育培养的人才是专业化人才，在短期内具有不可替代性。

第二，知识内容与社会紧密结合，注重实践应用。

第三，注重学生的实践能力，社会适应性强。

第四，片面强调专业技能教育会限制学生的知识视野，专才能力虽强，但综合能力较弱。

(3) 通才教育与专才教育相结合的模式。自20世纪中叶以来，尤其是20世纪90年代以后，科学技术飞速发展，新一轮科技革命改变着人们生活的方方面面，无论是产业发展还是劳动结构都发生了巨大的变化。一方面，原来浅显的问题已经得到解决，而生物技术、航天技术等需要更加精深的知识，专业知识的纵向发展趋势越来越明显。另一方面，复杂的社会问题越来越多，如环境问题、人口问题、资源问题等，需要多学科交叉公关才能得以解决，知识与科技的交叉融合成为一种必然趋势。在这种条件下，偏广博的通才教育和偏狭窄的专才教育显然都不能满足现实社会发展的需要，这对高校人才培养的目标提出了新的要求。

通才教育可以为社会培养人格素养较高、有较好的审美情操、综合能力较强的人才，但这些人才的社会适应能力、实际动手能力以及专业技术能力都比较欠缺，难以满足产业化发展的需要；而专才教育可以为社会培养对经济发展做出贡献的有用机器，但难以培养社会发展的专门的高级人才，也难以塑造健全的人格。从当下的人才观来看，社会所需的高级人才首先应该是人格健全的人，其次才是学科领域的专家。鉴于专才教育和通才教育的不足，现在各国都提倡将两者结合起来，如将科学知识与人文知识加以整合，加强文理渗透，综合提高人的科学性和人文性，开设边缘、交叉和前沿学科相关的课程，为学生提供广阔的知识视野。

（二）人才培养目标的内涵及其重要作用

1. 人才培养目标的内涵

教育的目的是根据一定社会的政治、经济、文化、科学等发展要求和受教育者的身心发展实际，对受教育者提出的总的教育要求。从教育的系统及其组成结构看，教育目的系统包括教育理想、教育目标、培养目标、课程目标等四个层次，人才培养目标在该系统中处于第三个层次。因此，人才培养目标是由教育目的而定的，不同时期、不同地域、不同层次的教育会有不同的教育目的，也会有不同的教育目标。顾明远在《教育大辞典》中阐述："高等学校人才培养目标指高等学校在培养学生的素质——德、智、体、美、劳等诸方面的培养。完成后，学生所能从事的工作类型与层次方面的目标主要取决于国家、社会的需要和发展状况及学校、专业的性质与条件，即使同一专业中亦常因国、因校而有所不同。"① 高校人才培养目标规定了人才培养的条件、规格、基本要求、基本特点、基本去向、职业范围以及具体工作内容界定等。

2. 人才培养目标的作用

培养人才是教育的基本立足点,是教育的本职功能。人才培养目标作为高校人才培养的规格和要求,对高等教育和专业发展都有重要的意义,主要体现在以下3个方面。②

(1)对教育工作的导向作用。一方面,人才培养目标一定程度上引导着教育内部结构的调整,如原有的大专、中专院校裁减、合并和转向,使高职院校和应用型本科院校得以迅速发展;另一方面,引导着学校重点发展的方向,如在教育国际化中,高校想要突出自己的地位和优势就必须发展特色专业或专业集群。

(2)对教育工作的稳定作用。随着高等教育国际化,更多的教育思想和教育理念被提出,在"教学改革"的口号下,越来越多高校都在尝试"五花八门"的教学方式。稳定是发展的前提,这是我国改革开放以来的一贯思路,教育同样如此。在高等教育发展的过程中,不能否认要吸收一些新思想、新理念,但无论哪种方式都要考虑到人才培养的系统性,要求教育工作必须围绕人才培养目标而展开,包括培养方案的制定、专业课程的设计等。

(3)对教育工作的激励作用。人才培养目标是高校工作的落脚点,也是教育工作者是否达成教育目的的直接参考标准和激励因子。因此,人才培养目标能对学校各项工作的实施者产生巨大的鞭策力和驱动力,激励他们为人才培养目标要求的实现而努力奋斗。

---

① 顾明远. 教育大辞典:增补合编本[M]. 上海:上海教育出版社,1998.
② 朱烨. 高职人才培养目标研究[D]. 南昌:江西师范大学,2005.

二、粤港澳大湾区应用型高等院校的人才培养目标

基于社会需求的不同，应用型人才培养目标有别于学术研究型大学、工程应用型高校以及专科高等职业学院，粤港澳大湾区应用型高校尤其如此。合理地确立粤港澳大湾区应用型高校的人才培养目标是其专业设置、课程设计以及教学的基础和前提。

（一）人才培养目标的原则

粤港澳大湾区应用型高校人才培养目标的确立，既要全面考虑粤港澳大湾区经济社会发展对人才的需求，也要充分遵循学生身心健康全面发展的规律。同时，还要认清粤港澳大湾区应用高校的办学定位和办学思路。因此，粤港澳大湾区人才培养目标的确立需要综合考虑各方面因素。具体来说，应该遵循以下原则①：

1. 适应需求原则

粤港澳大湾区的经济社会发展离不开人力资源的有力支撑。粤港澳大湾区独特的产业结构和发展趋势在经济快速发展的不同阶段，对人才的需求都在不断发生变化。这种变化一方面体现在人才总量上的差别，另一方面体现在人才质量上的差异。因此，粤港澳大湾区的应用型高校必须清楚地认识到，人才培养目标的制定和人才培养模式的设计必须紧扣粤港澳大湾区经济社会发展的时代需求。

2. 全面发展原则

人的全面发展的原则是我国基于马克思主义关于人的全面发

---

① 吴长汉. 我国应用技术型高校人才培养目标研究［D］. 天津：天津职业技术师范大学，2016.

展的学说确定的教育的基本目的,它规定着各类高校人才培养的基本目标。粤港澳大湾区在国家宏观经济发展中具有重要的战略地位,其人才的培养在重视专业与职业发展的同时,也必然要注重人的身心健康全面发展。正如1996年联合国教科文组织(UNESCO)的《教育:财富蕴藏其中》(Learning: The Treasure Within)报告中提到,21世纪的教育应该使人"学会求知,学会做事,学会共处,学会做人"①,这已成为现今高等教育工作者的共识。

3. 整体相关原则

粤港澳大湾区整合各方资源,其应用型高校人才培养目标的确立应该从整个粤港澳大湾区宏观大系统整体出发,综合考虑教育结构和人才需求等因素。一方面,应用型高校只是粤港澳大湾区大系统以及湾区教育系统中的一个子系统,在人才培养目标的确立上,高校不能只孤立地看到自身的理念和定位,还要考虑到粤港澳大湾区整体的经济社会结构和教育结构;另一方面,粤港澳大湾区经济社会发展的显著特征是技术进步迅速,人才需求量大。反之,高等教育对人才的培养周期性较长。因此,作为粤港澳大湾区的应用型高校,其人才培养目标的确立一定要有前瞻性,要充分考虑到该专业行业未来的技术走向。此外,在整体相关原则下,粤港澳大湾区应用型高校也要关注同类型高校之间的互助协作关系,共同为社会输出人才。

4. 切合实际原则

粤港澳大湾区高校众多,教育资源丰富,高校与高校之间既有合作关系,也有竞争关系。要在众多教育资源中脱颖而出,就

---

① 联合国教科文组织. 教育:财富蕴藏其中 [M]. 联合国教科文组织总部中文科,译. 北京:教育科学出版社,1996.

要充分审视学校自身现实状况，如师资、设备等办学条件。在此基础上，再确定合理可行的培养目标，既不能超出能力之外，也不能妄自菲薄，以此实现教育资源的最优配置。

（二）确定人才培养目标的方法

人才培养目标的确定是高校实施人才培养的关键和前提，那么什么样的目标是合理的？目标如何制定？根据人才培养的四大原则，可以把人才培养目标的确定过程分为以下4个步骤：

1. 确定需求

确定需求针对的是"适应需求"的原则。粤港澳大湾区应用型高校必须走出"象牙塔"为社会提供服务，因此其人才培养目标的确立首要的就是开展广泛的需求调研，以确定人才需求的类型、层次和具体要求。

2. 审视资源

审视资源针对的是"整体相关"和"切合实际"的原则，一是对自身情况的判断，是一种"内省"；二是对学校所处环境的扫描和辨析，是一种"外视"。[①] 简单来讲，就是要在足够了解社会人才需求的基础上，对同类高校的基本情况、自身高校现有资源等情况进行分析。

3. 整合差距

社会对人才的需求和本院校的实际资源不一定是完全契合的，这就要求比较两者之间存在的差距。即要在分析社会人才需求的基础上，整合现有资源，将已有研究的培养目标与人才需求和现有资源进行对比，在对比中适当调整培养目标。

---

① 王莹. 应用技术大学定位研究［D］. 上海：华东师范大学，2016.

4. 合理确定

粤港澳大湾区在国家宏观经济发展中具有重大的战略地位，其人才培养目标的确定实际上涉及国家政策、社会需求、高校定位以及人才发展等各方利益。因此，在前三个步骤完成的基础上，要综合考虑各方情况对人才培养目标进行调整。

（三）人才培养目标的规格

人才培养规格是培养目标的具体化①，是对人才所需要的知识、能力和德行等方面要达到的具体标准的规定。本书参照美国教育家、心理学家布鲁姆（Benjamin Bloom）提出的教育目标分类学，同时结合学者们对培养规格构成要素的分析，将粤港澳大湾区应用型人才培养规格从知识要素（Knowledge）、能力结构（Ability）和德行要求（Ethics）三个维度进行描述。②

1. 知识要素

依据不同的划分标准，知识亦可被分为多种类型。按其性质来划分，可分为陈述性知识（declarative knowledge）、条件性知识（conditional knowledge）和程序性知识（productive knowledge）③，即"是什么""为什么"和"怎么做"三类知识。从这三类知识来看，应用型高校人才培养目标应当对三类知识都有所涉猎，而重点掌握的是条件性知识。按其作用来划分，可分为通识性知识和专业性知识，前者指基础文化、理论或工具性知

---

① 郑琼鸽，吕慈仙，唐正玲.《悉尼协议》毕业生素质及其对我国高职工程人才培养规格的启示［J］. 高等工程教育研究，2016（4）：136–140.
② 吴长汉. 我国应用技术型高校人才培养目标研究［D］. 天津：天津职业技术师范大学，2016.
③ 陈琦，刘儒德. 当代教育心理学：修订版［M］. 北京：北京师范大学出版社，2007：251.

识，后者指针对性的专业理论知识和专业实践知识。从这两类知识来看，应用型高校的人才培养目标应在具备通识知识的基础上，在某一专门的领域有更深入的研究，培养就知识结构上看属于"T"型（广而精）人才。①

2. 能力结构

心理学上认为，能力是一种心理特征，是顺利实现某种活动的心理条件。② 不同的标准可将能力划分为多种方式。本书将人的能力分为一般能力和特殊能力。一般能力是人们要正常生活所必须具备的基本能力；而特殊能力是个人所拥有的完成特殊任务或解决特殊问题的专业能力，也可称作特殊技能。应用型高校人才培养目标的能力界定大致也可分为这两种：一般能力，如适应能力、人际交往能力、学习能力等；特殊能力，如依据其性质和表现形式划分的动作技能（运动、操作）和心智技能（智慧、智力）。③ 前者主要体现在肢体的运动和操作层面上，后者则更多地内隐于心理活动中。应用型高校所培养的人才的能力应该两者兼有，在专业能力上更倾向于心智技能，整体上呈现出复合性与专业性的特点。

3. 德行要求

与其他类型的高校相同，应用型高校在人才培养目标上同样要在道德品行方面获得提升与塑型。本书认为，应用型高校人才培养目标的道德素质可分为社会公德与职业道德：社会公德是指个人为维护群体利益而应遵循的基本生活准则与行为规范，旨在

---

① 王通讯. 王通讯人才论集（第3卷）：宏观人才学［M］. 北京：中国社会科学出版社，2001：44.
② 彭聃龄. 普通心理学：修订版［M］. 北京：北京师范大学出版社，2004：404.
③ 朱智贤. 心理学大辞典［M］. 北京：北京师范大学出版社，1989：135.

调节人与人、人与社会、人与自然之间的关系；职业道德是指在职业生涯中根据职业需要所应遵守的行为规范。应用型高校的人才培养目标无论如何定位，它首先培养的必须是一个遵纪守法的公民，在此基础上才能将其培养成为"职业人"。

粤港澳大湾区应用型高校的人才培养目标只有在知识、能力、德行三者皆备时，才能真正培养出服务于湾区经济社会发展的高层次、高素质的专业技术人才。

第二节　应用型高等院校的学科与专业发展

一、学科、专业与职业的内涵

学科和专业是高校教学的基本单元，是划分不同人才培养规格的重要标志，也是职业发展所需的人才培养模式的基本组织形式。学科、专业与职业三者之间关系紧密，在高等教育的人才培养中各自发挥着重要的作用。

（一）学科、专业、职业的概念及内涵

1. 学科的概念及内涵

薛天祥教授对"学科"的内涵进行了详尽的历史梳理。他认为，"从词源学的角度看，学科的最初概念与学习有着密切的联系。学科（discipline）一词源于拉丁语的动词'学习'（discere），以及从它派生出来的名词'学习者'（dislipulus）。从中世纪开始出现了各种形式的有系统的学术课程规划，人文科学与自然科学相应的分离出来。在这些学科日益巩固的基础上，出现了后来成为中世纪各种学校研究派别基础的分科组织，进而又发

展成为大学系统。如今,高等学校的学科主要指学术的分类,即按科学的性质而划分的门类,学科一方面起着目录性的指导作用,规定着我们探索的范围;另一方面起着模范的作用。"① 由此可见,在讨论高等学校学科时,通常将学科理解为知识的类别或科学分支。总体而言,学科是人类在认识和研究活动中针对认识对象,而将自己的知识划分出来的集合,是相对独立的知识体系。学科是在科学或学术发展过程中不断分化和综合而形成的,科学的发展决定了学科的发展,学科是科学研究发展成熟的产物。② 学科的划分有多种,目前我国采用的是国务院学位委员会与原国家教育委员会联合颁布的《授予博士、硕士学位和培养研究生的学科、专业目录》,其设有哲学、法学、经济学、教育学、历史学、文学、管理学、理学、工学、医学、农学、军事学等12个学科门类,下设88个一级学科,381种二级学科。

2. 专业的概念及内涵

目前的教育研究领域内,关于专业的定义大致可分为以下5类。

(1) 专业是根据学科分类、社会分工、科学技术发展和文化社会发展的需要培养学生的各个专门领域。这种标准主要适用于中国和苏联,与"国际教育标准分类"的课程计划或者美国主修课程类似。

(2) 专业根据相对独立的培养目标和要求,按照社会分工和市场需要的学业分类,不同专业具有不同的教学计划。

(3) 周川教授从广义、狭义、特指三个层面来理解专业。他认为,从广义的角度看,专业即某种职业不同于其他职业的一

---

① 薛天祥. 高等教育学 [M]. 桂林:广西师范大学出版社,2001:29-30.
② 邵波. 我国高等教育大众化进程中的应用型高等教育研究 [D]. 南京:南京师范大学,2009.

些特定的劳动特点;狭义的专业,主要是指一些特定的社会职业;特指的专业即高等学校中的专业,它是依据确定的培养目标设置的高等学校。①

(4) 潘懋元、王伟廉借鉴美国关于专业的界定方式认为,专业是课程的一种组织形式。因此,在谈到课程时,也就包含了这种组织形式。②

(5) 薛天祥认为专业有广义、特指之分。广义的专业是指知识的专门化领域;狭义的专业特指当专业与培养人的活动相联系时,往往就由一种培养人才的基本单位演变为一个实体。这个实体形成的依据是学科门类和社会分工需要,实体的任务是对高深专门知识分门别类的进行教与学活动。③

从以上的观点可以归纳出:专业是与人才培养紧密相连的,处于学科体系与社会职业需求的交叉点上,是按照社会对不同领域和岗位的专门人才的需要,提供专门的知识结构和学业基础而设置的,且专业会随社会产业结构的调整和人才需求的变化而变动。目前,我国的专业类别划分主要是依据1998年教育部颁布的《普通高等学校本科专业目录》,该目录分设哲学、法学、教育学、文学、历史学、经济学、管理学、理工、工学、医学、农学等11个学科门类,下设个77个二级类专业,249种本科专业。近几年,随着社会发展和产业需要有新增专业200多种。④

3. 职业的概念及内涵

职业并没有统一的概念,一般认为是在社会生活中,个人所

---

① 周川. "专业" 散论 [J]. 高等教育研究, 1992 (1): 78-83.
② 潘懋元, 王伟廉. 高等教育学 [M]. 福州: 福建教育出版社, 1995.
③ 薛天祥. 高等教育学 [M]. 桂林: 广西师范大学出版社, 2001: 26-27.
④ 教育部高等教育司. 普通高等学校本科专业目录和专业介绍: 1998年颁布 [M]. 北京: 高等教育出版社, 1998.

从事的相对稳定的、专门性的,并以此为主要生活来源的工作种类。职业在国际上有标准的分类,国际劳工组织将职业类别分为大类、小类、细类以及职业项目,对 1 881 个职业名称进行了明确定义。① 我国基于国家发展的背景,在专业、职业上借鉴了苏联的发展模式,即以社会发展需要为中心,当社会有某种职业需要时,就会在一定的学科基础上设置相应的专业,再根据专业设计课程模块,形成了现有的"职业—专业—课程"模式。这充分说明,学科、专业与职业之间具有不可分割的关系。

(二) 学科、专业及职业的联系与区别

1. 学科与专业的联系与区别

学科与专业是紧密相连的,前者是后者的基础,后者是前者的发展和应用。两者基于一定的知识体系,按照一定的组织结构,统一于人才培养的过程。但是两者之间也有一定的区别,刘献君教授将之概括为:

(1) 学科和专业两者构成的元素不同。学科是相对独立的知识体系,是对知识的划分。专业是课程的组织形式,各类课程以不同的组织形式形成不同的专业。

(2) 学科、专业两者发展的动力不同。学科发展的动力是多元的,可以是社会需要、政府需要、学术发展需要,也可是学者们自己的兴趣。"为学术而学术"不仅应该提倡,而且应该受到鼓励;而专业发展的动力是一元的,就是社会需要。因此,专业建设要密切关注社会的需要、学生发展需要和就业的需要,根据社会需要适时调整专业结构和内容。

(3) 学科建设和专业建设的核心不同,学科建设的核心是

---

① 薛天祥. 高等教育学 [M]. 桂林:广西师范大学出版社, 2001:32-33.

科研，专业建设的核心是教学。①

2. 专业与职业的联系与区别

专业与职业的联系和区别随着历史的发展而变化。在西方，专业被称为有声望的职业，因为从事专业的人员一般来说不仅报酬丰厚，而且需要长期的、具有系统知识体系的学术训练。在日常工作中能行使自由的抉择，遵循认识活动的伦理准则，服务于社会，同时还能继续学习并发展专业。② 近代以来，随着科学技术的发展和现代化的推进，职业分化加剧，职业所需的专门知识和技术含量不断提高，从业者需要接受针对性的教育或培训才能胜任工作，职业专业化越来越明显。因此，高等教育走向了专业化，形成了市场需要的专业教育。高校教育不仅具有服务社会的功能，还具有科学研究的功能，但并非所有专业与职业都一一对应。相较而言，职业更具有普遍性，专业更具有特殊性。尽管都是社会分工的产物，但职业直接源于社会分工，而专业是专业分工的结果。因此，相较于职业，专业的技术含量更高，更具有特殊性。具体而言，专业与职业的不同主要体现在如下5个方面。③

（1）依据不同。专业的实施依据是社会的需要，以课程的形式出现并组织实施的，专业本身是相对封闭的，具有一定的系统性和稳定性。职业岗位的设置是依据工作需要，通过岗位分析来确定其内涵的，会随环境的变化不断变化。

（2）结构不同。专业的设计思路是按知识的系统和条理进

---

① 刘献君. 论高校贯彻落实科学发展观中的十个关系 [J]. 高等教育研究，2009（4）：1-10.

② 朗特里. 西方教育词典 [M]. 陈建平，杨立义，邵霞君，等译. 上海：上海译文出版社，1988：248.

③ 邵波. 我国高等教育大众化进程中的应用型高等教育研究 [D]. 南京：南京师范大学，2009.

行组合、编排以构建完整的课程体系。职业岗位一般只是工作的某个环节，起承上启下的作用，必须通过各专业之间的协作来实现企业目标。

（3）评价不同。对专业素质的评价侧重于"知"，学校通过考试、考察等考核方法对学生的专业成绩做出评价，专业学的好坏指对专业知识的掌握程度。而对岗位素质的评价则侧重于"行"，企业通过履行岗位职责的能力和员工的绩效来对员工做出评价。

（4）状态不同。专业内容是固定的、静态的，学习者可以不受时间、空间、方法的限制，通过个人的努力学习和练习来掌握。职业岗位的内涵是变化的、动态的，职业者必须在特定的时间、空间、环境中来履行岗位职责。

（5）目的不同。专业学习的目的是学习专业基础、打好专业基础、提高个人的综合素质，为进入职业岗位做准备。企业在追求管理、生产、服务等环节，其根本目的是谋求经济效益，要求职业者通过履行岗位职责为企业创造经济价值与社会效益。

二、粤港澳大湾区应用型高等院校学科与专业发展

（一）应用型高等教育与学术型本科教育学科专业建设比较

从学科、专业、职业的内涵及关系可以明显地看出，三者的针对性有着明显差异，因此，三者在具体的人才培养要求上同样差异明显。邵波对此进行了专门的研究，他认为学术型本科教育的人才培养目标是创新性研究型人才，强调知识的深厚和学术的逻辑。应用型高等人才的培养目标是复合性应用型人才，强调适应社会发展需要和科技进步要求，突出实践能力和综合素质培养。专科层次的高职高专的培养目标是培养适应生产、建设、管

理、服务第一线岗位需要的应用型人才,决定了其培养"岗位"人才的属性,突出强调学生毕业后走向工作岗位,就必须具有较强的动手能力,以及分析、处理、解决一线生产实际问题的职业能力,做到"零距离"上岗。因此,决定了学术型本科教育、应用型高等教育和高职高专教育分别以学科、专业和职业为导向和基础。①

1. 学术型本科教育的学科与专业建设

学术型本科教育是一种学科导向的高等教育,它是以已有的学科为研究对象,通过科学研究提高学科的人才培养水平,并最终促进学科的发展。因此,学术型本科教育的培养人才、发展科学和服务社会等职能的发挥都是以学科为内核而进行的。

从人才培养来看,学术型本科教育培养的是能够系统、完整地掌握某类或某几类学科领域的基础知识和专门知识的创新型、研究型人才,其专业是为了实现学科所承担的人才培养职能而设置的。

学术型本科教育设置专业时主要是依据现有学科的发展而进行的,学科不仅先于专业,而且高于专业。具体而言,学术型本科教育是根据已有的学科种类来划分专业,制定培养目标,设置课程体系,以培养能够熟练掌握某一门或几门学科知识的科学研究型人才。当学科随着科学技术的进步向前发展时,人们会把某些具有内在联系的相关事物或现象归结到一起,按照一定的逻辑结构形成一个统一的信息群,这便形成了一个新的学科。相应的,学术型本科教育的专业也会随之发生变化,或者产生新的专业,抑或是在已有的专业之间进行调整和合并,以适应学科的发展要求。

---

① 本部分观点参考:邵波. 我国高等教育大众化进程中的应用型高等教育研究[D]. 南京:南京师范大学,2009.

因此，对于学术型本科教育而言，学科是龙头，专业是龙身，学科发展带动了专业发展，学科对专业发展具有明显的导向作用。

2. 应用型高等教育的学科与专业建设

应用型高等教育是为区域经济社会发展服务的，紧密围绕着社会经济发展的需要培养社会需要的应用型人才。作为一种面向社会需要的教育，影响应用型高等教育专业设置的因素很多。这些因素既包括学科建设需要，又包括科技进步、社会分工和适龄人口变动情况，而更主要的是当地社会经济发展的需要。区域经济向前发展，促使产业结构发生变动，对高级应用型专门人才提出了新的要求。为了满足社会的要求，应用型高等教育的专业则必须随着社会产业结构的调整和人才需求的变化而进行相应调整。当某一类产业在整个国民生产总值中居于主导地位时，相应的专业设置得越多，规模也较大，反之亦然。

应用型高等教育的学科和专业的关系完全不同于学术型本科教育。对于应用型高等教育而言，专业设置主要是为了满足社会对某类人才的需求，不再是以学科发展为主要依据。相反的，学科由对专业的主导作用转变成对专业的支撑作用。

从本质而言，应用型高等教育是一种以专业为导向的教育。具体而言，社会经济的发展决定着应用领域的变迁，应用型高等教育必须首先根据应用领域的需求来设置专业，其次根据设置的专业确定相应的人才培养要求，最后根据专业人才培养要求，在一系列的学科门类中选择作为专业理论基础的主干学科，来搭建所培养人才的知识体系。因此，应用型高等教育是以专业为主导地位，学科处于从属地位，专业培养目标决定了选取何种学科和何种内容。

应用型高等教育不是不重视学科建设，而是在同样高度重视学科对专业建设的引领和支撑作用。与学术型本科教育不同的是，应用型高等教育的学科建设侧重于应用型学科，它是理论知识在应用与实践过程中概括、归纳出的知识，这些知识是在特定的工作现场进行实践活动所需要的知识。因此，只有先根据应用领域来设置专业，确定专业培养目标，才能最后确定需要什么样的学科知识来构建相应的学科理论基础。从这个意义上而言，应用型学科也是根据专业培养目标来选择和组织的，对专业培养具有支撑和基础作用。

因此，对于应用型高等教育而言，应用是龙头，专业是龙身，学科是支撑，应用的发展和需要带动和引领专业的发展。应用型高等教育是专业导向型的高等教育。

（二）应用型高等教育的专业设置原则

应用型高等教育一方面作为本科教育，在专业设置上应遵照国家教育部《高等学校本科专业设置管理规定》对普通本科院校专业设置和调整提出的总要求，即"应适应国家经济建设、科技进步和社会发展的需要，遵循教育规律，正确处理需要与可能，数量与质量，近期与远期，局部与整体，特殊与一般的关系"，"应有利于提高教育质量和办学效益，形成合理的专业结构和布局，避免不必要的重复设置"，在专业设置上充分考虑和遵循前瞻性、可行性和系统化等原则。另一方面，应用型高等教育作为以社会需要为依据的专业导向型的高等教育，其专业设置应突出强调和遵循"以宽为主，宽窄适宜"和"以市场需求为导向，以应用为基础"的专业设置原则。

1. 以宽为主，宽窄适宜

从我国本科教育的情况看，专业是我国20世纪50年代从苏联引进的，其目的是为了更好地进行专业教育，培养专门人才。在计划经济时期，由于体制的原因，我国的本科教育长期是按照行业、职业甚至岗位的需要，参照学科门类而设置各种专业。这段时期的本科专业因适应计划经济的需要而划分很细，口径很窄。随着我国经济体制的改革及市场经济体制的逐步建立，本科教育的专业设置问题变得越来越突出，培养出来的人才由于知识结构不合理，适应能力和综合素质不高，很难适应不断发展着的市场经济需要。在此背景下，教育部对本科专业目录进行了三次修订，不断压缩专业种数，积极拓宽专业口径，以此拓宽人才的知识面，增强人才的适应性。

第一次本科专业目录修订始于1982年，到1987年公布了新的本科专业目录，将原有的1 343种本科专业调减至671种。第二次修订始于1989年，于1993年公布了新的本科专业目录，将第一次修订的671种本科专业压缩到504种。然而，由于历史和现实等各方面的原因，我国本科专业划分过细，专业范围过窄。有的专业名称不够科学、规范，门类之间专业重复设置等问题尚未从根本上得以解决。随着社会主义市场经济体制的建立和完善，现代社会、经济、科技、文化的发展和世界高等教育的发展对我国高等教育人才培养提出了新的更高的要求，调整和改革作为人才培养模式重要标志和内容的专业设置又一次提到议事日程上来。从1997年开始，教育部又开始了新一轮的本科专业目录修订工作。1998年7月，教育部公布了新的本科专业目录，将第二次修订的504种本科专业压缩为249种，压缩幅度达到了50.6%。这次修订的专业目录至今尚在使用。

本科专业目录的三次修订，将我国本科专业数从1 343种压缩到249种，可见力度之大。它对于我国本科教育的发展，人才培养质量的提高，以及对社会的适应性等方面都起到了极其重要的促进作用，并有力地推动了我国专业建设的发展，推动了我国普通本科院校对专业和专业建设的高度重视。然而在此过程中，也逐渐形成了这样一种思想观念，即在本科教育中，似乎专业口径越宽越好，越宽越能适应经济社会发展的需要。

在1998年本科专业目录公布后,教育部有关领导曾多次表示,过几年还要对本科专业进行一次大调整,要将现有的249种专业再压缩一半,以进一步拓宽人才培养的口径,适应不断变化的社会经济发展需要。[①] 因此,在我国普通本科院校的专业设置中,目前的普遍提法是"宽口径、厚基础"。然而,在我国进入高等教育大众化发展阶段后,从社会需求的多样性、高等学校的多样化和层次化以及本科教育人才培养目标的多元化等方面来看,是否本科专业整齐划一的种数越少、口径越宽就越好已经成为我国本科专业设置及发展所需要思考和解决的一个重要问题。

从应用型高等教育是培养复合性应用型人才的实际需要出发,一方面,要强调和重视拓宽本科专业的口径。随着社会经济和科技的发展,在进入高等教育大众化发展阶段后,高等教育人数迅速增加,接受高等教育已由一种特权转变为一种权利甚至是义务,大学本科教育已逐渐成为进入职业岗位的最低要求,大学本科教育的基础性特征越来越明显。因此,专业口径较宽,人才的知识面就相对较广,适应能力相对较强,综合素质相对较高,才能在不断变化的社会环境中真正做到"以不变应万变"。另一方面,更要突出强调和重视应用型高等专业对社会需要的"适应性"和"对口性"。从应用型高等专业内涵来看,专业是应用型高等教育的基础,而应用型高等专业的设置依据就是社会的需要。而从市场经济的特征和目前社会的需要也可以看出,由于目前市场竞争的激烈和现代科技的日新月异,社会对本科人才的价值取向已从强调人才的专业性向重视人才的实践能力方向转变。许多企业和用人单位需求的是上手快并且能立即为企业创造直接或间接利润的本科人才,而对于那些虽然基础深厚,后劲足但是

---

① 杨志坚. 中国本科教育培养目标研究[M]. 北京:高等教育出版社,2005:149-200.

上手慢，实践动手能力差的本科人才则不太满意，即社会目前更需要的是应用型高等人才。因此，应用型高等专业，尤其是地方性本科院校所开设的应用型高等专业，口径不宜追求"宽"，也不是传统的过于强调"过细过窄"的专业设置，而是在强调专业设置"宽口径"的基础上，更加突出专业设置要适应和满足社会需要和市场需求。从总体来看，应用型高等专业的设置要"以宽为主，宽窄适宜"，以满足我国本科教育要求和市场经济发展的实际需要。

2. 以市场需求为导向，以应用为基础

社会需要和市场需求是应用型高等教育专业设置的前提和基础，以市场需求为导向。这意味着，一方面，应用型高等教育必须根据区域社会需要来设置专业，及时关注和跟踪区域社会经济和科技发展的需要，关注区域支柱产业、高新技术产业对应用型高等人才专业方向需求的变化，及时增设市场急需的应用型专业，以更好地服务于当地经济建设和社会发展需要。另一方面，市场需求既指现实需求，也包括长远需求，以市场需求为导向，并不是一味地强调迎合市场的任何需要。任何一所大学都不可能承办所有的专业，也不可能在所有的专业领域都保持一流水平。因此，要在综合考量学校人才培养目标，在自身发展基础和条件的基础上，坚持"有所为有所不为"的原则，扬长避短，发挥比较优势，紧密结合区域经济社会发展实际，设置有生命力的、前景广阔的长线专业。同时，充分考虑到人才培养的周期性，适应区域经济发展，适应区域社会发展的专业，形成自身的品牌和特色专业建设方向。不盲目求大、求高、求全，不设置脱离学校实际条件和区域经济发展实际需要的专业。

专业建设不同于职业岗位规范，应用型高等教育的专业设置既要强调以市场需要为导向，同时要依托于学科。应用型高等教育以专业为导向，并非不重视学科建设，更不是脱离学科而过分强调市场需要的专业建设,而是专业建设必须依托于学科。学科建设可以拓宽专业建设的基础面,夯实专业建设的发展基石,有利于高水平专业的建设和长久发展。

应用型高等教育的学科和学科建设不同于学术导向型本科教育,应用型高等教育的学科建设侧重于应用型学科,它是理论知识在应用于实践过程中概括、归纳出的知识,这些知识是为形成在特定的工作现场进行实践活动所需要的知识。

因此,对于应用型高等教育而言,要突出专业建设是以应用为导向,充分发挥学科支撑专业建设、专业促进学科发展的作用,明确和重视每个专业的支撑学科,增强专业的适应能力,坚持学科、专业建设一体化。同时,坚持为地方或区域经济社会发展服务,面向行业和人才市场需求设置专业,推进专业建设。

第三节 应用型高等院校的课程模式

一、两种课程观和课程模式

课程是所有教学环节的关键要素,是实现人才培养目标的重要手段,也是人才培养模式的核心要素和中心环节。"教育实践,就是以课程为轴心展开的。"[1] 人才培养模式的制定与改革,最主要的内容是要对课程设置、课程结构和课程内容重新整合。教育类型和教育层次的划分,本质上是课程内容和课程性质的差异,即什么样的课程性质和课程内容,决定什么样的教育形式和教育层次。因此,应用型高等教育模式乃至粤港澳大湾区人才培养模式的关键在于课程模式。

---

[1] 钟启泉. 现代课程论[M]. 上海:上海教育出版社,1989:3.

(一) 课程的概念和内涵

课程是非常复杂的，到目前为止还没有一个统一的概念。美国学者鲁尔（Rule）对西方教育理论界的课程定义进行综述，其数量高达119种之多。[①] 因此学界认为"课程这个用得最普遍的教育术语也是一个定义最差的教育术语"[②]。对于课程的相关定义，比较常见的有以下几种。

1. 课程是教学科目

这种观点是最传统，也是应用最普遍、认可最多的一种定义方式。《中国大百科全书》中对课程的定义是：课程即教学科目，指所有学科的总和，找学生在教师指导下各种活动的集合。"这种定义主要强调学科结构和知识内容的系统设计，促使学生获得成长。这种课程定义的不足之处在于过于强调教师指导课堂教学，局限了教学方式，学生在学习过程中一直处于被动接受的状态，从而忽略了学生的主观能动性。

2. 课程是学习经验

课程是学习经验的观点主要是从学生的视角出发，将课程内容的学习贯穿于学生的学习过程进而形成经验，即"是学生、学习内容和教学环境之间的相互作用，以及相互作用之后所产生的经验历程与实际结果"。[③] 这种定义的核心理念是以学生为中心，强调学生之间的个性化差异，注重学生的学习过程而非学习结果，使学生在学习的过程中获得知识、技能和情感等，有利于学

---

① 薛天祥. 高等教育学 [M]. 桂林：广西师范大学出版社，2001：229.
② 陈侠. 课程研究引论 [M]//瞿葆奎. 教育学文集：课程与教材（上册）. 北京：人民教育出版社，1988：15.
③ 黄光雄，蔡清田. 课程设计：理论与实际 [M]. 南京：南京师范大学出版社，2005：7.

生的均衡发展。与第一种课程定义相比，这种课程观主要是基于学生视角，强调以学生为中心。不过由于学生的个体差异，不同的学生在学习过程中也会有不同的经验，如果认为课程就是学习经验，那么就必然导致相同的知识构建成许多不同的"课程"。因此，如何给不同的学生设计相应合适的课程并有针对性地进行课程评价就成为这种课程观的难题。

3. 课程是有计划的教学活动

课程是有计划的教学活动，这一定义把"课程的范围、序列和进程，甚至把教学方法和教学设计，即把有计划的教学活动都组合在一起，以图对课程有一个比较全面的看法"。[①] 这种观点认为课程是教学的预先设计，将学习目标、知识内容、教学活动以及教学评价的方式和程序等作为教学工作的准则，以便于掌握学习结果。相比较而言，这种课程的定义相对全面，它综合了包括课程观、课程目标、课程内容和结构在内的人才培养设计方案，以及依据该方案进行人才培养的过程。这与当代教育教学发展的实际情况相一致，有其一定的合理性。然而，由于课程是后续所有人才培养的预先设计，后续的教学活动和人才培养就不得不按事先的设计严格进行人才培养。在遇到特殊情况时往往缺乏弹性，并在计划执行的过程中过于强调方案和计划的落实程度而容易忽略教学活动本身，进而导致与教学结果相悖的情况。

上述从不同的视角对课程进行定义都有其合理的依据。本书在整合以上定义的基础上，对课程进行宏观、中观和微观三个层次的界定。在宏观上，"将一个专业中列入教学计划的各门课程（学科）和它们在教学计划中的地位、开设顺序等总称为课

---

① 黄光雄，蔡清田. 课程设计：理论与实际［M］. 南京：南京师范大学出版社，2005：11.

程"①,即培养计划或课程方案。在中观上,课程是指在一个专业中内容相近的一组课程,它们相互配合,形成一个课程的组合或模块。在微观上,课程则是指某一具体课程。

课程是教学改革的核心问题,也是人才培养方案实施和人才培养目标实现的载体。因此,不论是宏观、中观还是微观的课程概念,其实质都是在特有的课程观的指导下选择相应的课程模式的过程。课程观"就是人们源于哲学、心理学、社会学、技术学、教育学、课程论等方面的原理或主张所体现的价值观,进而形成一系列关于课程问题的基本观点或一般看法。它要明确有关课程的目的、目标、开发和实施诸方面的问题"。② 围绕不同的人才培养目标,针对课程的宗旨、性质、目标、功能、要素、开发基础、方法、内容、实施以及评价等不同的相关问题,就构成了相应的课程观。而课程模式指在某种课程观的指导下,选择和组织教学内容、教学方法、教学管理手段,以及制定教学评价原则而形成的一种形式系统。③

(二) 两种课程观及其课程模式

从课程的定义来看,其本质是在一定的人才培养目标的价值指导下,对相关知识和内容进行合理的排列组合,并进行知识传递的过程。因此,针对不同的人才培养目标,就会有不同的价值指导,就要选取不同的知识内容和知识结构,这就形成了不同的课程观和课程模式。

1. 课程观的形成依据

关于什么样的知识是最有价值的这个命题,近代西方教育史

---

①② 邵波. 我国高等教育大众化进程中的应用型高等教育研究 [D]. 南京: 南京师范大学, 2009.

③ 顾明远. 教育大辞典: 增补合编本 [M]. 上海: 上海教育出版社, 1998: 898.

上曾经发生过两场著名论战,即古典知识和科学知识的交锋,以及通识知识与实用知识的交战。近代以前的教育思想主要源于中世纪及中世纪以前的古典传统,强调古典知识最有价值。19世纪中叶,近代科学技术得以快速发展,"19世纪科学教育思想"的代表人物、英国生物学家赫胥黎(Huxley)在英国皇家学会上发表了著名演讲《什么知识最有价值》。他强调了教育中科学知识的重要性,此后科学知识在大学中取得了"最有价值"的地位。福禄培尔(Froebel)对学校在这种"价值"中的定位进行了界定,他认为,"学校是一种机关,它致力于使学生认识到事物和他自己的本质及内部生活,教他了解和使他意识到各项事物彼此之间的内部关系,对人和对学生的关系,以及对一切事物之本源和不言自明的统一体的,即对上帝的关系。教学的目的就是使学生获得关于一切事物扎根于、存在于、生活于上帝之中的见解,以便学生有朝一日能按照这种见解去处理生活和进行生活"。①

根据福禄培尔的观点,学校的关键任务就是传授具有普遍意义的基础知识,进而发展学生的理解能力和认知能力,对知识的应用和实践则应该放在学校之外自行完成。换言之,即以技术、经验和规则为教学内容的应用实践能力的培养,不应该作为学校教育的核心任务。因此,按照这种观点,构成学校教学的课程内容就应该是长期的、稳定的、永恒的理论知识。福禄培尔的这一观点在当今教育界仍然占据主流地位,如教育家埃贝尔(Ebel)曾明确提出"依我之见,在大多数学校科目中,是否取得成就的实质就在于是否掌握有用的言语知识。如果这一点是正确的话,那么随之而来的结论是:学校主要应该努力提高学生的认知能力,不是增进学生的个人适应能力或改造他生活在其中的社会;

---

① 福禄培尔. 人的教育[M]. 孙祖复,译. 北京:人民教育出版社,1991:84.

应该努力形成有效行为的资源,而不是直接塑造行为本身;应努力建立各门重要学科的有用的知识结构,而不是发挥一般的心理能力"。① 这种观点直接对学校课程知识的内容和标准进行了价值判断,如"像艾德勒这样一些人仍然断言,学院把各种职业训练都包括在自己的课程中是对学院的一种绝对的误用。"② 纽曼(Newman)则以知识论为基础,坚持认为:"一种教育的目的是哲学性的,另一种教育的目的是机械性的;一种要达到普遍的观念,另一种致力于特殊的东西……我只想说,知识按其程度变得越来越特殊时,它也就不再是知识了。"③ 按照这样的观点,学生掌握的知识必须是普遍性的、高度抽象的理论知识,这些知识构成了学生的综合素质,使之能够运用这种知识指导所有的社会实践。反之,当学生掌握的知识是狭窄的、个别的、特殊的或者经验性的,说明他的知识只能用于特定的场合或对象,那么就可以说这个学生没有知识。因此,这种课程观必然以理论知识作为课程模式的核心。

随着人们对高等教育的进一步认识以及高等教育大众化的到来,市场力量在教育中的影响力在不断增强,人们对知识的价值判断也在不断变化。市场经济凸显了知识的经济转化作用,知识的实践效应更为人所重视。德鲁克(Drucker)认为,在知识经济时代有知识的人必须能将知识转化为经济效应,而不只是把知识作为一种背景进行装饰。此外,专门化的知识在市场经济下也非常重要,德鲁克认为,传统受教育的人才被认为是通才,但"在今天的大学,传统的'受过教育的人'根本不被认为是'有

---

① 埃贝尔. 掌握知识应该是首要的教育目标[M]//瞿葆奎. 教育学文集:智育. 北京:人民教育出版社,1993:43–51.
②③ 布鲁贝克. 高等教育哲学[M]. 王承绪,郑继伟,张维平,等译. 杭州:浙江教育出版社,1998:87.

知识的人',他们被人看不起,被视为半吊子"。① 而只有接受过专门知识训练人,才被视为人才,因为"完成任何事情的这种知识必须是专门化的"②。无独有偶,拉塞克和维迪努也认为,随着终身教育的必然趋势,教育目标已经发生了根本性的变化,传统的三级目标,即知识—实用技术—态度和技能三级层次,向新的三级目标,即态度和技能—实用技术—知识三级层次转变,"在一些国家,这种新的三级层次不仅成为明显趋势,而且正如人们所看到的,也成了经济领导人的信念,教师的活动特点和评价者关注的目标。另一些国家则正在或准备向这方面转变。③

在这种理念的指导下,高校教育的课程目标在价值取向上发生了改变。21世纪教育委员会的报告将这种变化称为"教育的四个支柱":学会认知——学会认识社会的方法;学会做事——学会在一定环境中工作;学会共同生活——学会在群体环境中相互合作;学会生存——学会适应和改造自己的环境。④ 由此看出,实用性知识已越来越被人们所需要,而传统的、通过理论知识的学习来发展学生的综合能力,并不能直接成为实践能力的基础。这是因为理论知识上的"为什么"是一种理解世界的能力,而"如何做"是一种改造世界的能力,两者是两种完全不同功能的知识体系,培养的也是两种完全不同的能力。因此,希望学生能自主运用这些理论知识进行社会实践的观点越来越缺乏现实依据。按照德鲁克的知识理念和课程观,要发展学生改造世界的

---

① 布鲁贝克. 高等教育哲学 [M]. 王承绪,郑继伟,张维平,等译. 杭州:浙江教育出版社,1998:87.

② 德鲁克. 后资本主义社会 [M]. 张星岩,译. 上海:上海译文出版社,1998:49-50.

③ 拉塞克,维迪努. 从现在到2000年教育内容发展的全球展望 [M]. 马胜利,高毅,丛莉,等译. 北京:教育科学出版社,1996:145.

④ 联合国教科文组织. 教育:财富蕴藏其中 [M]. 联合国教科文组织总部中文科,译. 2版. 北京:教育科学出版社,2014:49.

实践能力,只能依靠具有实践特征和专门训练的应用知识。

知识和能力表现为认知和应用,或进一步称之为理论与实践的差异,一直是课程观中永恒的命题。美国课程论专家施瓦布(Schwab)对理论目的和实践目的进行了区分,他认为:

(1) 理论的目的是知识,是一般的或普遍的陈述,这些知识或陈述被认为是正确的、被证明了的、值得相信的。实践的目的是决策,是选择,并指导可能的行为。

(2) 理论的内容是那些被认为是具有普遍性的、广泛性的东西,是经过研究和提升的,不受情景改变的影响;实践的内容是那些被认为具有具体性、特定性的东西,始终受情景的影响,高度依赖于情景的不可预测的改变。

(3) 理论的问题源于学科本身,也就是说,理论问题是属于心理状态的。实践问题源于和我们相关的事件的状态。

(4) 理论方法,即直接用于追求知识的方法非常多,但它们有着明显的共同特征,即受原理的控制。实践没有这些指导和规则,我们可能能够意识到存在实践问题,但往往不知道问题到底是什么。问题解决的方法是与问题的逐步明朗同步的。因此,实践的方法不是线性的、按步骤进行的,而是复杂的、不确定的、交互作用的。①

2. 两种课程观

理论目的和实践目的的差异性必然会导致出现两种不同的课程观,即以学科知识为中心的课程观和以实践能力为中心的课程观。

以学科知识为中心的课程观注重学生理论框架的建构,通过对稳定的、基础的理论知识的学习,培养学生综合的、具有迁移

---

① 徐国庆. 实践导向职业教育课程研究:技术学范式 [M]. 上海:上海教育出版社,2005:29.

特质的基础素质结构。因此,这种课程观所学习的主要内容是人类文化遗产中最具学术性、代表性的知识,并且特别重视知识体系本身的逻辑顺序和结构,常把课程内容按照知识的逻辑结构关系组织成各自独立的学科。① 以实践能力为中心的课程观,关注的焦点是学生的"行",即关注学生解决实际问题的能力。这种课程观高度重视社会、企业对职业能力的要求,主张课程开发采用工作分析法,即将各种职业活动的组成元素寻找出来,并确定实践这种职业活动的方法和标准,以此作为课程开发的依据。②

3. 两种课程模式

两种课程观的差异必然会形成两种课程模式,即学问导向的课程模式和实践导向的课程模式,也决定了这两种课程模式在性质、目标、内容、实施、结构、运作方式以及评价等方面的不同。邵波对这两种课程模式进行了比较,他认为,学问导向的课程模式关键在于理论知识框架的系统掌握,其目标是发展学生的理解能力和思维能力,其核心是"知"。③ 这就决定了学问导向的课程模式具有以下6个特征。

(1) 在课程门类上,以学科为划分依据,注重学生完整的学科知识和结构。

(2) 在课程结构上,以理论知识的框架结构及其发展作为课程起点,少部分实践知识只是为了对理论知识进行佐证和强化。

(3) 在课程内容上,理论知识是课程学习的重点,强调建

---

① 施良方. 课程理论:课程的基础、原理与问题 [M]. 北京:教育科学出版社,1996:14.

② 黄克孝. 职业和技术教育课程概论 [M]. 上海:华东师范大学出版社,2001:80.

③ 邵波. 我国高等教育大众化进程中的应用型高等教育研究 [D]. 南京:南京师范大学,2009.

立学生系统的理论框架和知识结构；可能会有实践知识，但不是学习的重点，而只是对理论知识的验证和巩固。

（4）在课程组织上，以理论知识学习为主的特点决定了课程教学是以知识体系为逻辑中心，而不是以实际需要为逻辑中心。

（5）在课程实施上，学生的学习方式主要是以文字符号为中心的记忆、理解和背诵，而不是教学实践活动。

（6）在课程评价上，评价学生学习好坏的主要方式是知识的掌握程度，而非实践能力。

与学问导向的课程模式不同，实践导向的课程模式是以学生完成社会所需的实践应用能力为教学目标，其核心是"行"，这就决定了实践导向的课程模式具有以下特征：

（1）在课程门类上，以工作任务为划分依据，注重学生解决问题的能力。

（2）在课程结构上，以实践过程的认识和实践能力的培养为起点，部分理论知识的讲授只是为了加深对实践过程和实践方法的认识，以便更好地实践活动。

（3）在课程内容上，实践知识是课程学习的重点，所有的理论知识归根结底都是为了更好地实践。

（4）在课程组织上，知识不是以本身的逻辑为中心，而是以实践任务为中心。任务需要什么样的知识，就开展什么样知识的学习。

（5）在课程实施上，以具体的任务实践过程为学习方式，强调训练，认为只有通过实际的操作才能掌握专业的能力。

（6）在课程评价上，主要是通过实践活动的结果来评价学生的学习。

具体的对比情况见表 6-1。

表6-1 两种课程模式的比较表

比较项目	学问导向的课程模式	实践导向的课程模式
课程目标	认识能力、理解能力	技术实践能力和实际应用能力
课程门类划分	学科分类	工作任务划分
课程结构展开的起点	理论知识和认识过程	实践知识和实践过程
课程内容	以理论知识为主	以实践知识为主
课程内容组织	知识本身的逻辑	工作中知识的逻辑
课程实施	记忆、理解	实践性学习
学习结果评价	书面形式	工作样本测绘

比较两种课程模式的差异可以看出，两者在课程目标、课程门类划分、课程结构展开的起点、课程内容、课程内容组织、课程实施和学习结果评价上都有显著差异。因此，两种课程模式可以归纳为：学问导向课程模式适用于培养理论型、研究型的人才，其主要任务是理论研究，其特征在于工作内容的量化不确定性，研究者无法知道当下所研究的理论知识和未来的实践需要之间有什么样的密切的、固定的联系，只能"博而学之"，建立整体的理论框架；实践导向的课程模式从一开始就面向生产管理，其未来的职业方向定位明确，职业技能界定清晰，知识结构相对固定，完全能以产业需要的素质要求进行针对性的学习培养。

上述两种课程模式是理论建构下的两种理想状态的课程模式，在高等教育的实施中，不可能存在纯粹的理论课程而无实践指导，也不可能存在纯粹的技术学习而无理论上的学习，一般都是介于两种课程模式之间的、有不同折中偏向的课程模式。作为粤港澳大湾区的应用型高校，面对发展快速的经济和错综复杂的社会环境，其培养的人才应该是符合该区域发展的复合型人才。即既要求有较为宽厚的理论知识，又要面对粤港澳大湾区实际发展需要的专业和职业要求，这就决定了粤港澳大湾区高等教育的课程模式必然是一种混合模式，即"学科实践"导向的复合课程模式。

二、粤港澳大湾区应用型高等院校的课程模式建构

粤港澳大湾区应用型高等教育的课程模式，是在"学科实践"导向的复合型课程观指导下，课程编制所采用的计划方式和所确定的结构体系。它是为了实现应用型高等教育的培养目标，具有特定结构和功能的课程体系。结合粤港澳大湾区发展的特征来看，其应用型高等教育的课程在内容选择上要强调该区域发展的行业、产业和企业所需的技术、技能知识，按理论与实践相结合的原则进行学科知识重组，紧随区域发展步伐，组建"宽口径、厚基础、重应用、多方向"的课程组合。具体可以从以下3个方面探索粤港澳大湾区应用型高校的课程建构。

（一）基本原则

1. 目标：适用区域经济发展

粤港澳大湾区应用型高等教育既要遵循常规性的高等教育规律，也要结合粤港澳大湾区的实际发展情况，坚持为地方和区域经济发展服务。因此，在课程建构上，粤港澳大湾区应用型高等教育必须突出强调适应粤港澳大湾区科技发展趋势、社会经济发展需求以及产业结构现状和发展方向，根据相应的人才需求及规格来确定课程内容及实施。

2. 主线：注重学生的能力培养

能力本位是应用型高等教育区别于传统学术型教育的关键所在。从以上课程观和课程模式的探讨可知，粤港澳大湾区应用型高等教育的逻辑起点在于培养学生的实践应用能力，要将能力培养贯穿到课程建构的各个环节。因此，作为粤港澳大湾区的应用型高校，其课程目标应紧紧围绕学生能力的培养。在知识结构上，要以技能掌握为主，着眼于专业相关的职业领域内的理论基础和能力素养，强化学生的市场适应性；在能力结构上，既要提高学生的实际应用能力，也要培养学生的创新创业能力；在素质结构上，依托产业与行业发展趋势，针对性地提高学生的职业素质和水平。

3. 基础：建构学生的知识体系

粤港澳大湾区应用型高等教育的人才培养不同于一般地方性的应用型高等教育，其区域的特殊性决定了其培养人才的复合性——既要立足本地，培养服务于政府导向的公共事务性人才和市场导向的产业化人才，也要辐射全球，培养服务于公共财政导向的教育产业人才和以国际市场需求为导向的教育国际化人才。因此，区别于一般的应用型教育，粤港澳大湾区应用型高等教育的课程建构必须以学科知识为基础，既包括相关专业传统的基础学科知识，也包括与之相对应的、系统的实践应用知识，以满足粤港澳大湾区人才所需的较为宽广知识基础和较强实践能力的需要。

（二）方法和步骤

粤港澳大湾区应用型高校的课程体系属于"学科实践"复合型，即要在以湾区经济发展所需要的前提下，尽可能地培养学生的综合能力。因此，其课程体系要以实践过程和实践知识的掌握为课程设置和展开的起点。在此基础上，建构适合行业、专业发展的学科体系。参考邵波的观点，① 大概将其分为以下 3 步。

1. 社会调查与职业分析

社会调查与职业分析相辅相成，缺一不可。社会调查为职业分析提供原始的材料准备，职业分析需要以社会调查为基础。作为服务于粤港澳大湾区的应用型高等教育，必然要关注粤港澳大湾区社会经济的发展和产业结构的调整，了解时下职业结构和人才培养需求的变化，把握区域经济发展动态；吸纳企业专家和学科代表等，以此作为社会调查的基本数据，进行针对性的职业分析。根据职业分析的结果确定社会人才需求的知识结构、能力结构和素质结构，并成为课程的出发点。因此，社会需求调查的范围与深度，直接决定职业分析的结果，并制约着课程体系建构的方向、结构与质量。

2. 目标制定与模块设计

目标制定是在职业分析的基础上，根据所处的产业、行业以及职业对员工提出的要求，来制业相应的教学目标。首先，学生从事该项工作必须具备什么样的知识、能力和素质；其次，根据所需要的知识、能力和素质，寻找对应的知识模块，探索相应的学科知识和教育方式；最后，对这些学科知识和教学方式进行模块设计，形成符合该职业发展的学科体系和教学体系。

3. 课程编制

在模块设计的基础上，根据学科体系性质、功能、内容以及模块的相互关系，构建课程门类；按人才培养目标确定相应课程教学的目标，优化设计每个课程的课程性质、课程结构、课程框

---

① 邵波. 我国高等教育大众化进程中的应用型高等教育研究 [D]. 南京：南京师范大学，2009.

架及评价体系等,据此完成相应的文本制定。

(三) 基本框架

粤港澳大湾区应用型高等教育的课程模式是"学问导向型"和"实践导向型"相结合的复合型课程模式,既强调以学科为基础的知识框架的建构,又强调以实践应用为中心的能力的培养。因此,其课程模式的建构分为两个并列的模块。综合学科导向和实践导向课程模式各自的优点,其基本框架如图6-1所示。

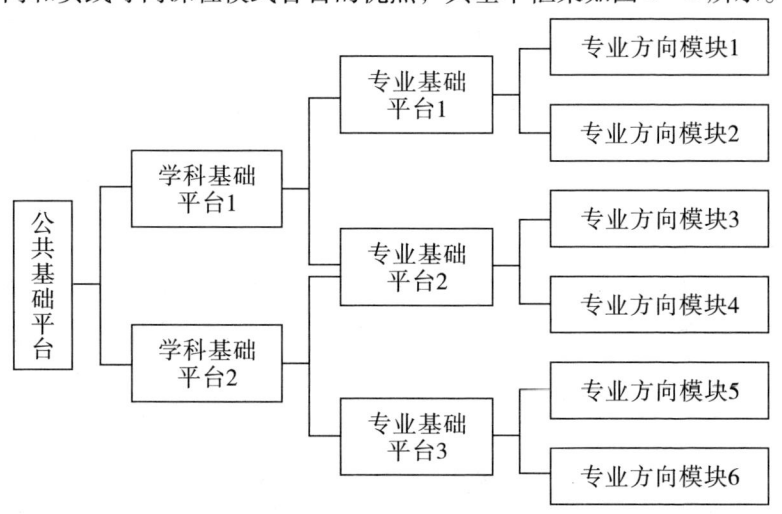

图6-1 粤港澳大湾区应用型高校复合型课程模式建构图

平台是高校进行人才培养时必须保障的规格和要求,由学科或者专业相关的所有课程共同组成,按课程观可以分为理论课程和实践课程。作为粤港澳大湾区的应用型高校,基于服务粤港澳大湾区的经济发展的目标,必须突出强调实践课程的学习。模块要基于专业分化的需要、不同的社会需求,形成不同的人才培养方向,并体现该专业方向的特色。

第四节　基于产业需求的典型人才培养模式

2013年,中国教育科学研究院孙诚研究员在《地方本科院校转型发展研究报告》中提出了几种应用型人才培养模式:嵌入式、分段式、预就业式、项目驱动模式、创业园模式、实习基地模式、订单模式①。本书综合孙诚、孔苏②和学界的相关观点,简单概述几种典型模式:嵌入式培养模式、订单式培养模式、产学研培养模式和"三位一体"培养模式。

一、嵌入式培养模式

(一) 内涵

嵌入式培养模式的原理来源于嵌入式系统。这是一种在制造、过程控制、通讯、医学等方面有着极其广泛的应用,被公认为未来电子信息技术重点发展方向之一的系统。③ 目前,"嵌入式"的概念逐渐延伸,经济学、社会学以及教育学都有所涉及。在教育学领域,嵌入式培养模式认为,教学活动不能脱离社会的实际需求,故而人才培养的目标与质量评价既要遵循教育的内在规律,也要符合社会标准,实现教育系统与社会需求在知识、能力与素质的统一。因此,教学活动的人才培养理念与社会对人才

---

① 加快地方本科院校转型　服务社会经济发展:《地方本科院校转型发展研究报告》负责人答记者问 [N]. 中国教育报, 2013 - 12 - 31 (2).

② 孔苏. 地方本科高校转型发展背景下应用型人才培养模式研究 [D]. 南宁:南宁师范大学, 2015.

③ 李曦,周亦男,周学海. "嵌入式系统设计"系列课程建设 [J]. 研究生教育研究, 2004 (4): 48 - 51.

的需求是互相嵌入的,并非孤立存在的。① "嵌入式"模式有两种类型:一是单向嵌入式,即企业根据自身需要,以校企合作的形式将功能性需求嵌入到对方中;二是双向嵌入型,即校企双方通过共同参与合作,把各自的功能性需求积极主动地嵌入对方,从而实现功能性互补。②

(二) 评价

嵌入式培养模式在人才培养中既可以不打乱正常的教学计划,同时还能满足企业或用人单位对人才在知识、技能和素质方面的具体要求,在现有的应用型人才培养体系中应用较多。然而,粤港澳大湾区在应用该培养模式时可能会遇到一些问题:

(1) 该模式在人才培养的整体思路上可能会出现混乱的情况。嵌入式模式表面上看起来没有更改或破坏原有的教学计划,只是在原有的基础上"嵌入"了部分企业参与的内容。这种"嵌入"一方面会随着区域经济发展和行业企业的变化显得不够稳定,使计划容易出现变化。另一方面,"嵌入"的内容可能会使原本和谐的模块衔接不紧,容易使学生出现知识吸收和学习实践的混乱。

(2) 嵌入式的培养模式强调企业的"嵌入",容易造成企业在参与教学计划制订和实施过程中占据主动和优势,不符合高等教育的内在要求。学校才是学生学习的主要场所,企业是协助学校提高学生能力素质的辅助者,而不能为了企业的个别利益占据人才培养的主导权。

---

① 马金城,李作奎. 财经类高校嵌入式培养模式研究 [J]. 航海教育研究,2008,25(4):90 - 92.
② 匡德花,黄顺杨,罗碧纯. "嵌入式"校企合作:高职人才培养模式新路径探析 [J]. 湖北职业技术学院学报,2012,15(1):10 - 13.

二、订单式培养模式

(一) 内涵

订单式培养模式是指企业按其发展规模预测人才需求量,向学校"下订单",组织学校进行人才培养工作。[①]

目前,订单式培养模式的发展已经相对成熟,但其主要适用于高职教育领域,部分高职院校通过升格为应用型本科院校后一定程度上也沿用了这种培养模式。已有的培养范式有以下几种:

(1) 学生在进入高校以前就已经与企业签订定向培养协议。协议签订后,学生要按照企业的人才培养方案和学习方案进行学习。

(2) 学生在入学后,通过第一年的学习,完成基础性课程,再与企业签订相关职业的培养协议,根据企业的需求调整后续的教学计划。

(3) 学生在完成第二年的学习后,再与企业签订培养协议,最后一年根据企业的需要针对性地进行选修和实践。

(二) 评价

订单式培养模式的优点十分突出,能明显解决学校、学生就业率低的问题,而且学生在入职后适应性较快,企业也能获得其需要的人才,是一种"三赢"模式。然而,这种模式应用于粤港澳大湾区存在明显的弊端。

(1) 订单式培养模式将人才视为"订单",即一种特殊的"产品",产品往往同质性较强,实际应用范围狭窄。粤港澳大

[①] 张涛,谢璐. "订单式"培养模式发展存在的问题及对策研究 [J]. 淮南职业技术学院学报, 2007, 7 (2): 7-9.

湾区作为与美国纽约湾区、旧金山湾区和日本东京湾区并列的世界四大湾区之一，其经济发展和科技革新的速度位列全国之最，产业、行业发展环境也相对复杂，以"订单"方式培养的单一式"产品"很难满足粤港澳大湾区的发展需求。

（2）在培养方案的计划执行中，学校教学计划的制订与企业的特殊要求可能会出现矛盾。企业对人才培养的专业性与特殊性要求能在一定程度上弥补学校计划的不足。但学校是教育性场所，企业是营利性场所，以"订单"的形式为企业培养的教学计划一定会与符合教育规律的正规教育教学计划出现冲突。过于强调"订单式"培养，不仅会使学校在人才培养中失去教育的主导权，还可能违背教育的基本要求。

（3）基于学校硬件要求和教师自身的能力，教师很难按照企业的要求开展教学活动。企业一般希望学生能直接上岗，这要求教师的日常教学就是以企业运行为主要内容。而事实上，学院派的高校教师很难做到将企业和学校完美结合。

三、产学研培养模式

（一）内涵

产学研培养模式强调将生产、学习和科研相结合，是在"产教"融合的基础上，增加了对科研的重视。传统观点认为，应用型高等教育就是重视教学和实践，因此提出"产教"融合，即重视生产与教学。但研究日本、德国的案例发现，生产一线的研究和创造也非常重要，科研已经不能看作是研究型高校或者科研人员的"专属品"。产学研培养模式目前更常见于研究型大学，如美国斯坦福大学就注重应用导向和学科间的优势互补，强调高科技创业,与硅谷企业的协作关系也保证了双方正常沟通交流。① 近年来,我国部分高校也汲取这种模式的经验,并取得了良好的效果。

(二)评价

产学研培养模式可以将学校、企业或科研单位有机结合,既符合区域经济发展和产业需求,也强调人才理论知识和实践能力的培养,比较契合粤港澳大湾区人才培养的需求,但实现这种模式存在一定的困难。

(1)学校与企业的利益不一致,稳定性有待加强。企业的本质在营利,其对人的培养是为了给企业创造经济效益。在人才培养之前,企业接纳学生实践会增加额外的人力成本和资本,校企合作的空间和条件有待加强。

(2)学校的理论知识往往跟不上企业、行业的发展速度。知识经济时代,科技创新层出不穷,而高校教学计划的制订、教材的使用周期短则1年,多则不计,再加上人才培养的周期,使学校教育与市场需求存在一定的"时差"。任何理论从知识到应用都存在相似的问题,产学研培养模式特别强调产业发展、高校教育和科研的一致性,这种滞后性会表现得特别明显。事实上,产学研培养模式比较适合粤港澳大湾区高等教育的应用型人才培养模式,对粤港澳大湾区的行业企业以及学校的互动合作提出了更高的要求。

---

① 顾永安. 新建本科院校转型发展论 [M]. 北京:中国社会科学出版社,2012.

四、"三位一体"培养模式

(一) 内涵

"三位一体"培养模式在学界争议性较大。张杰认为,"三位一体"指的是"能力建设、知识探究和人格养成"的育人理念和"课内与课外相结合、教学与科研相结合、人文与科技相结合"的课程体系。[①] 杨吉兴等认为,"三位一体"指的是"知识、能力和素质为一体""公共能力、专业能力和发展能力为一体"以及"理论教学、实践教学和校园文化活动为一体"。[②] 本书认为,人才培养模式最终是为培养什么样的人以及如何培养服务,应用型高校在"三位一体"的内涵上应该紧紧结合"应用型"的实际,在理解和解释"三位一体"的概念时也要紧扣"应用型"的特征。基于此,可以认为"三位一体"在人才培养的主体上,是指学校、企业和研究机构各自承担着应用型人才培养的不同任务;在人才培养的方式上,是指学习、应用和创新,三者层层递进,不断提高;在课程培养的建构上,是指通识课程、专业课程和职业课程,分别承担着综合能力、应用能力和职业发展能力。因此,"三位一体"的人才培养模式是一种非常复杂的培养模式,目前并没有形成统一的培养范式。

(二) 评价

基于"三位一体"的概念,这种人才培养模式目前为止并

[①] 张杰. 三位一体培养创新型领袖人才 [J]. 教育与职业, 2010 (34): 58.

[②] 杨吉兴, 宋克慧, 张俭, 等. 地方本科院校人才培养模式改革创新的探索:以怀化学院"三位一体"应用型人才培养模式改革为例 [J]. 怀化学院学报, 2012, 31 (12): 95-99.

没有固定的限制，根据不同的人才培养要求，可以制定不同的"三位一体"内容。因此，对于粤港澳大湾区而言，这种培养模式需要根据粤港澳大湾区应用型高校各自的特色发展自身的方向来应用。

尽管"三位一体"培养模式内涵丰富，但在实现该模式的范式上，就存在如何成为"一体"这样的关键和难点。应用型人才的培养并不是简单的"流水线"加工，也不仅仅是放在三个地方轮值学习，其关键在于"三位"之间的关系是否合理。在关系合理的前提下，三者之间如何实现互补的运作是该模式发展的难题。

第七章 港澳地区的高等院校应用型人才培养

对标世界三大湾区，粤港澳大湾区高端创新资源的"家底"清单包括：拥有国际一流大学及全国高等院校170多所；各院校与地方政府以及企事业单位共建设了40余家国家重点实验室、伙伴实验室以及一批重大科技基础设施；倚仗珠三角的历史积累，地区产业基础雄厚，电子通信、互联网、生物医药等新兴产业发展迅猛，更是集聚了一批像华为、腾讯等领先世界的创新型企业。然而，和世界其他三大湾区相比，粤港澳大湾区在科技创新质量和效率上仍存在差距。

研究粤港澳大湾区应用型高等教育，除了切实推进大湾区的创新力量的融合，还应促进湾区未来的可持续发展。粤港澳地区各大高校，在本地区发展需求下的各层次类型人才培养战略、人才累积以及人才培育方面也是责无旁贷。

在研究中不难发现，各研究对象的发展轨迹和定位充分体现了个体特色和区域特色。在创新型和应用型人才输出的同时，在湾区融合的趋势和前提下，整个湾区的高等教育实体均展现出积极寻求合作共赢的趋势。例如，2018年12月19日，中山大学、香港理工大学、澳门大学等20多所高校，组建粤港澳空间科学与技术联盟、粤港澳海洋科技创新联盟。2018年11月8日，中国科学院与香港签署备忘录，在香港打造"医疗科技创新平台"及"人工智能和机器人科技创新平台"。2018年8月31日，香港、澳门与广东等地70余家企业、科研院所成立"粤港澳大湾区生物产业创新联盟"。

此外，大湾区知识产权联盟、大湾区半导体产业联盟、大湾区区块链联盟、大湾区生物医药促进会等一个又一个合作载体如雨后春笋般诞生。粤港澳大湾区的高等院校,正自发从各个领域探索推动粤港澳的大融合,在全面"拆墙"的大前提下积极寻求一致发展方向并取得合作。

本章选取具有代表意义的三所大学作为港澳地区高等院校应用型人才培养的案例以及实证。在介绍每所大学的典型办学经验和特色特长之余,分析和展望粤港澳地区各高等院校进一步融合互助、协力共进的美好明天。

第一节 香港科技大学办学经验和特色特长

一、香港科技大学简介

香港科技大学(The Hong Kong University of Science and Technology),简称港科大(HKUST),是一所坐落于香港清水湾半岛的公立研究型大学。20世纪80年代世界经济转型腾飞,香港亟须建立一所大学以孕育创新意念、创造高新科技,培育科学家、工程技术和商业管理人才,推动香港社会迈进知识时代,所以香港科技大学应运而生。于1991年成立的港科大,也是香港同时期最年轻的专上院校①,由于该校于筹办期间同步进行学术评审

---

① 香港专上教育亦称香港高等教育,是指中学修业后任何不低于中学修业后的教育程度而属专业、技术、学术性质的教育,可以说是在整个香港教育制度下最高层次的。学术范围非常广泛,程度亦有深浅之分,基本上课程的内容皆是专门及专业的。根据《香港法例第0279章 教育条例》,除了法定大学、法定学院、注册专上学院及职业训练局院校外,在香港举办或进行专上教育是必须事先由香港特别行政区教育局常任秘书长批准的。

及通过立法程序，因此成立时已为一所大学。此经历可与本章第二节中的香港教育大学进行横向对比。

香港科技大学设有4个学院，分别为理学院、工学院、工商管理学院及人文社会科学学院，跨学科课程事务处则提供课程范畴，涵盖不同学院的本科生及研究生课程。该校另设霍英东研究院、赛马会高等研究院及公共政策研究院。该校连续多年获评为亚洲三所最佳高等学府之一，亦被美誉为亚洲的麻省理工学院。2019年，在QS世界大学排名创下自身新高，位列全香港第二。

二、办学特色

香港科技大学在不到30年的发展历史中，秉承"着眼世界"的办校理念，在生源培育、人才引进、体制借鉴等方面向世界先进国家教育实体以及资源进行深度学习，获得了今日的学术地位。

（一）生源培育

1. 本科生研究计划

本科生研究计划是香港科技大学的一个特别计划，旨在培养本科生对研究的兴趣。参与计划的本科生会在教授的指导下进行研究活动。计划中，本科生须与教授订立研究范畴，并在计划完结时提交学术报告。计划一般为期三至四个月。2009年，共有250多名本科生完成计划，参加计划的教授约90名。该计划让很多本科生拥有与教授共同研究的机会。港科大于2010年已有30多位学生获得全奖学金前往世界顶级大学（如普林斯顿大学、麻省理工学院、斯坦福大学、耶鲁大学、加州大学伯克利分校、加州大学洛杉矶分校、卡内基梅隆大学、杜克大学等）攻读博士课程。他们虽来自不同背景，但都参加了香港科技大学的本科生研究计划,并从中得到启发和动力。

2. 全面素质培养

香港科技大学提供多元化节目及活动,让学生增进知识及体验丰富的人生。艺术中心定期举办各项艺术活动及文化活动,通过驻校艺术家计划,让学生有机会接触各样艺术和文化活动。同时,香港科技大学积极开展学生体育及康乐活动,开办"活力生活"课程,令学生全面发展。

导师计划及实习机会可指导学生自我设计未来的发展方向,为就业做准备。各类讲座、论坛、卓贤汇,可令学生拓宽视野、提升各项技能,以助个人发展。此外,国际学术交流活动及各类学生文化交流计划可以充分增强学生的国际经验[①]。

(二) 人才引进

港科大创校校长吴家玮,为港科大的发展奠定了基石。他不仅带来先进的办学思想和办学理念,而且在他的影响下,许多杰出海外学者返回香港贡献所长。其中包括航空学和结构力学专家陈介中、实验物理学家钱致榕和植物学和生物技术专家孔宪铎等。

吴家玮校长深知一流人才对一所新大学发展的价值,对选聘的人才定位为高水平、国际化,采取用顶尖的人才吸引顶尖人才的战略,主动出击,在欧美一些发达国家设立了国际性的教师招聘处。吴家玮校长也亲自出马,三顾茅庐,挖掘人才。

同时,香港科技大学也建立了一套严格的招聘制度,选聘过程秉承高度开放、公平的原则,应聘者必须通过校、院、系三级招聘委员会的层层筛选,保证招聘最优秀的学者。港科大霍英东研究院更是邀请了10多位诺贝尔奖得主作为学术顾问,为进一

---

① 孔宪铎. 我的科大十年(增订版)[M]. 北京:北京大学出版社,2004.

步提升学校实力、学术水准积聚能量。港科大现有近500名来自世界各地的教师，各级教授全部拥有著名大学的博士学位，大部分教授在北美研究型大学取得博士学位或从事教研工作。这完全实现了吴家玮校长当初制定的吸引顶尖人才的战略目标。这些精英学者的加盟，使港科大在创办初期就声名鹊起，取得了世界同行公认的学术地位，使港科大的科学研究、人才培养具备了与世界级学府相抗衡的条件。更重要的是，由精英学者形成的群体优势，吸引了更多资深学者的加盟。资深学者们又致力延揽最优秀的研究生，从而培养造就了一批又一批优秀的人才①。

（三）产学研高度结合

作为一所成立不到30年的年轻高校，港科大的迅速崛起，被誉为"香港的奇迹"，在近五年的QS亚洲大学排名中，香港科技大学一直稳定保持在前五名，并曾于2013年夺冠。在今年的泰晤士全球年轻大学排名中，港科大位列榜首。

此外，香港科技大学还建立了世界级创业实践王牌平台——香港科技大学百万奖金创业大赛，自2011年成立以来已成功举办八届，为人熟知的大疆无人机、云洲无人船就是该项大赛的第一届参赛项目。大疆是香港科技大学孵化出来的优质企业之一。

2011年，还是博士生的汪滔带着他的无人机项目参加比赛，发展至今，大疆的估值已达150亿美元。港科大教授李泽湘，是大疆无人机创始人之一，也是大疆的天使投资人，带着汪滔一路摸爬滚打，造就今天无人机领域的领跑者——大疆。正是通过对学生创业项目的全力支持，让优秀毕业生一步步走出了自己的创业之路。

---

① 袁广林. 香港科技大学何以成就大学传奇：基于后发优势理论的思考[J]. 高教探索，2013（2）：62-66.

谈及香港科技大学取得的瞩目成就，香港科技大学校长史维曾经总结，香港科技大学的定位一直是一所国际化的大学，对教授的要求十分严格，向世界上的一流大学看齐，致力于发展尖端科研，并给予教授、学生非常广阔的空间与足够的支持，鼓励他们进行创业创新。在史维看来，粤港澳大湾区的建设对香港科技大学和整个香港来说都是宝贵的机遇，有利于高端科研人才的集聚和大学科研成果的迅速产业化落地，更有利于香港构建健康完善的科创生态体系。

史维校长坦称，大疆等科技公司的成功孵化也并不能只归功于香港科技大学，如果没有深圳这样好的产业环境和科技成果落地条件，大疆也不可能取得今天的成就。因此，粤港澳大湾区的建设无疑将为这一片区的科创发展注入勃勃生机，香港所欠缺的中游的技术转移以及下游的工业创新在部分内地的大湾区城市已经发展得很好，香港自身的生态链构建不可能一蹴而就，可先借助内地的力量。香港科技大学作为研究型高校，也将为整个大湾区提供科研创新的原动力。

2018年12月21日，广州市政府、广州大学、香港科技大学在广州签署了创办香港科技大学（广州）的合作协议签约仪式，广州大学与香港科技大学签署合作办学协议。与已经取得成功办学经验的香港中文大学深圳学院不同，香港科技大学将在广州设立研究生院，致力于打造高端研究型人才的培育与输出。鉴于往日香港科技大学优异的科创实力与经验，这将标志着香港科技大学站在高端科研的角度与湾区各个产业的进一步融合。

第二节　香港教育大学办学经验和特色特长

一、香港教育大学简介

香港教育大学（The Education University of Hong Kong），简称港教大（EDUHK），EDUHK 是香港唯一一所以师范教育为本的大学，亦是 8 所大学教育资助委员会辖下的法定公立大学之一。①

"扎根香港，服务社区，专注教育，推动变革"是香港教育大学力行的办学主旨，在香港教育大学网站的自述中，香港教育大学如此介绍自己："香港教育大学为一所政府资助的高等学府，致力通过提供师训教育以及社会科学和人文科学多元学术及研究课程推动教与学的发展。港教大致力培育敏于思考、关怀社会及放眼世界的教育工作者及社会领袖，使之能够服务社区，推动变革。港教大尤着重研究实力，积极促进研究发展，提升知识、学术及创新，务求对社会与人类发展，做出不懈的贡献。本校矢志成为教育大学先导，为香港以至亚太地区的教育发展奠定基础，做出贡献。"

香港教育大学设有 3 个学院（博文及社会科学学院、教育及人类发展学院、人文学院），辖下共 16 个学系（亚洲及政策研究学系、文化与创意艺术学系、健康与体育学系、数学与资讯科技学系、科学与环境学系、社会科学学系、课程与教学学系、幼儿教育学系、教育政策与领导学系、国际教育与终身学习学系、心理

---

① 香港 8 所公立大学包括：香港大学、香港中文大学、香港科技大学、香港浸会大学、香港理工大学、香港城市大学、岭南大学、香港教育大学。

学系、特殊教育与辅导学系、中国语言学系、英语教育学系、语言学及现代语言系、文学及文化学系），提供不同范畴的本科课程（包括教育学士、文学士及社会科学学士），同时也为在职教师提供部分时间制进修课程。研究生院则负责统筹各研究式或修课式的博士及硕士课程，如哲学博士及教育博士等。修读教育学士或教育文凭的学生需通过两次教学实习，所有教学实习则由"院校协作与学校体验事务处"负责统筹。此外，学院并设多个校级研究与发展中心，追求卓越的研究和合作项目，并积极参与社会。

截至 2018 年 6 月底，香港教育大学有教职员工 1 289 人，其中教学人员 456 人，教学支援以及行政人员 833 人。

二、从香港教育学院到香港教育大学

（一）师范类院校，最具历史的应用型高校模式

现代师范学校主要培训核心科目的基本知识、管理现代课堂及培养学生的职业技能，并为学生提供青年期就业的基本准备。随着教育思想和理论在心理学和社会学等新兴学科及哲学等传统学科基础上取得的发展，师范专业也获得了作为一种应用教育科学的基础地位。

（二）师范学校与普通学校的比较分析

师范学校或学院的学术气质和风格与常规大学有明显不同。师范院校极其注重道德的整体养成，整合知识体系的各个基本领域，并按照一项职业要求集中发展学生职业技能。相比之下，大学则强调知识体系中的理论学科，按照专业把知识体系分隔开来；强调价值中立，这使得现代科学的出现成为可能；强调对自

由思想和开放式问题的一种唯理探讨①②。

随着教育在20世纪的发展以及从20世纪60年代开始的高等教育大众化运动,师范院校很自然地寻求升格为大学,像法律和医学学科一样,成了作为教师的职业准备。尽管如此,转型的核心问题还在于根深蒂固的大学与师范院校之间价值取向的不同。师范院校究竟如何升格为具有大学学术活力和水准的学校,而同时保持它对实际提高学校教育和教学水平的执着?教师职业如何赢得与其他职业同等的地位,而同时坚守其开发所有儿童潜能的使命?

表7-1阐述了大学与师范院校之间价值取向的对比,由此见,研究香港教育大学切合本书探讨应用型大学的核心要求,在粤港澳地区中,其作为港区典型应用型大学具有举足轻重的实践借鉴意义。

表7-1 普通院校与师范院校价值取向对比③

普通院校	师范院校
理论	实践
专业化的知识学科	整合的学习范围
价值中立的学习途径	道德指引的学习途径
比较缺少人情味的环境	培育性环境,教学互动强

---

① HAYHOE R. China's universities 1895—1995: a century of cultural conflict [M]. New York: Garland Publishing, Inc., 1996.
② 许美德. 中国大学1895—1995:一个文化冲突的世纪[M]. 许洁英,译. 北京:教育科学出版社,2000.
③ 许美德,查强. 师范教育与大学:比较分析及其对香港的启示[J]. 北京大学教育评论,2003,1(2):24-32.

续上表

普通院校	师范院校
对一切问题/知识的自由探求	行动导向，知识以职业为基础
学术自由和学术自治	政府管理，行业问责
深度理解和长远变化导向	职业导向，追求高水准的

正因为师范院校与大学价值体现呈现出极大的差异化，对师范学校地位的看法也呈现两个极端化。一方面，由于推动教育行业和承载知识灌输的重任，以及各地均存在的尊师重教的社会风气，师范类学校受到社会以及生源普遍的尊重。另一方面，由于其专注于教师教育发展，在很多学术专业人士和社会人士眼中，其职业针对性过强，提供的学科不够多，无法达到综合性大学的标准和要求。这也是自1994年数所师范类学院合并成立香港教育学院后，上下同僚为其更名为香港教育大学的奋斗过程中既复杂又漫长的重要原因。

（三）由教育学院到教育大学，香港教育大学的晋级之路

1. 五校合一，香港教育学院的建立

香港教育大学传承了逾150年的教师教育经验，为香港最具先导地位的教师教育学府。其历史可追溯至1853年，圣保罗书院开办的首个正规在职教师培训班。香港教育大学的前身，香港教育学院为1994年合并五所师范学院而成，他们分别为：罗富国师范学院（Northcote College of Education，1939年创立）；葛量洪教育学院（Grantham College of Education，1951年创立）；柏立基教育学院（Sir Robert Black College of Education，1960年创

立）；香港工商师范学院（Hong Kong Technical Teachers' College，1974 年创立）；语文教育学院（Institute of Language in Education，1982 年创立）。

五所师范学院的合并，对香港本地师资的培养、整体教学课程、教师素质规范，乃至后期教师的增值培训，无疑都极具优势。然而，成立初期的香港教育学院，由于其定位过于精专，从政策制定以及政府支持角度，均带来不同程度的掣肘。

2. 学院升级为大学，学术界与政治界的一致努力

20 世纪 90 年代初，政府大幅增加大学学位课程的学生额度，但遗漏了几所师范学院。时任教育统筹委员会主席范徐丽泰女士，曾于报章专栏中忆述，认为这项决策将对香港师资培训造成极大损害，当时曾向政府反映，可惜为时已晚。随后，香港理工学院、香港城市理工学院、香港浸会学院纷纷于 1993 年取得自我评审资格，升格为大学。在此结果对比之下，教育学院的吸引力大减。政府这时才匆匆通过教育统筹委员会的第五号报告书，于 1994 年合并五所教育学院，成立香港教育学院，提供教育学位课程，在某种程度上扭转了教育学院收生质素下降的趋势，但整个社会早因轻视师资培训的决策，付出了不少代价。[①]

"1994 年已经具备资格，与其他几家学校一致，教资会管辖的受公帑资助[②]的八大院校中，理工学院、城市理工、浸会学院、岭南学院都先后在 90 年代升格大学，连自资的香港公开学院和私立的树仁学院都获正名，唯独教育学院仍在努力。"[③]2004 年黎国灿博士在立法会的发言《勿重蹈十年前的错误决策，论香

[①][③] 黎国灿. 勿重蹈十年前的错误决策：论香港教育学院的正名与发展模式[EB/OL]. (2007-03-26)[2018-09-30]. http://www.legco.gov.hk/yr06-07/chinese/panels/ed/papers/ed0322cb2-1412-3-c.pdf.

[②] 公帑资助，即公款资助。

港教育学院的正名与发展模式》中提到："现时的情况和20世纪90年代初实有雷同之处，如果再以种种不合理的理由，拒绝让香港教育学院正名成为大学，但另一方面又大力鼓励私立大学的成立，结果是教院被误认为是比大学低一层次的院校，重蹈十多年前的决策错误。这只会阻碍本港教育的整体发展，教师的专业地位也难以提高。"①

时光匆匆，1994年合并成立的香港教育学院，身为公款资助八大校之一，却一直在资格升级的道路上努力。2004年，香港教育学院于年初取得自我评审资格，却未能像其他教资会资助院校一样，在取得该资格约一年后便能正名为"大学"。时任教育统筹局局长曾经因为此问题向香港立法会委员会解释，其中一个考虑因素是国际上大学发展的趋势，是要发展"多元化学科大学"，在同一所大学内提供不同学科领域的学位课程。这其实涉及一个核心的讨论问题，那就是偏向实用、技能、工作导向的应用型高等教育模式，是不是能够和综合性多元化偏学术型的院校平起平坐？

由于不是大学，各层面的发展颇受掣肘，例如长期不获研究生员额和经费、学生会没有加入香港专上学生联会（前称学联）资格（教院学生会只是学联的"友好团体"，树仁大学学生会则是常委会委员）等。2009年，教院申请正名大学遭否决，理由是"大学"不能只开办单一学科（指教育学位），教院的研究水平尚需提高。于是，教院便展开另一次申请正名工作，除了重整院系外，又开办了3个非教育学士课程，和渐次开办自资学士、硕士课程。同时，校方又鼓励教员积极进行学术研究，提高教研

---

① 黎国灿. 勿重蹈十年前的错误决策：论香港教育学院的正名与发展模式 [EB/OL]. (2007–03–26) [2018–09–30]. http://www.legco.gov.hk/yr06–07/chinese/panels/ed/papers/ed0322cb2–1412–3–c.pdf.

水平，争取更多的研究生配额。

2015年9月，大学教育资助委员会（以下简称教资会）经评审认为，香港教育学院采取的内部学术流程、质素与其他教资会资助大学并无二致，在院校层面，如管理、研究、毕业生水平等方面亦可以与其他教资会大学比肩，反映其已合乎资助大学水平，因此通过向行政会议建议让香港教育学院正名为大学。2016年1月，行政长官会同行政会议批准向教院授予大学名衔。2016年5月，立法会三读通过《2016年香港教育学院（修订）条例草案》，于同月刊宪生效，"香港教育学院"正式改名为"香港教育大学"，成为香港第十所大学及第八所公帑资助大学。

三、国际性师范教育模式带来的思考

从数所教育学院合并为一所教育学院，并耗费十数年的时间由教育学院升格为教育大学，未来的路该如何行走？一间师范性大学如何结合当地区域的政治、经济、文化背景，建立其特有的师资培训模式，为当地稳定输出优质的师资资源？

（一）国际师范教育模式对香港教育大学的启示

前香港教育学院名誉院长，加拿大著名教育家许美德（Hayhoe）在《师范教育与大学：比较分析及其对香港的启示》做了具有高度概括性的横向对比。她综合对比了不同国家和地区提升师范教育的历史，归纳了四种截然不同的模式，并讨论了其优劣之处。[①]

（1）模式A：师范学院并入国家重点大学，成为其教育学部（院）（美国、英国和日本）。

---

① 许美德，查强. 师范教育与大学：比较分析及其对香港的启示 [J]. 北京大学教育评论，2003，1（2）：24-32.

（2）模式 B：师范学院升格为教育大学或地方性综合大学，其中教育学部（院）地位突出，造就学术气质。

（3）模式 C：师范学院并入独立的大学层次的院校，其与大学合作培养中小学师资，但具有独立法人地位（法国）。

（4）模式 D：师范学院升格或并入师范大学，仍维持其作为培养师资的单一目的大学的性质（中国大陆与台湾地区）。

模式 A 的优点在于，教育学部（院）享有与其他学部和专业完全同等的地位和尊重。然而，它也有问题，即学术化倾向及看低专业实践、辅导性和对小学教师尤为适合的学科整合学习。重点综合性大学的自主权也容易造成教育学部（院）的资源挪用给其他知识领域，而且政府几乎无法控制教师的供给。这种模式也许最适合于开放的师范教育体系，同时允许一些单一目的教育院校的存在。

模式 B 的优点在于，教育学科标识着所在大学的身份，并使之与专业实践和学校改进具有天然的联系。它能提供一个支持性的环境，其中，教师养成是基本目标，同时能够保障教师的供给，也能够使诸如成人教育、培训者的培训、终身学习和特定专业的教育等领域得以发展。这些发展对知识社会的许多方面有益，包括商业公司、政府部门、专业行业（如法律和医学）和为老人、新移民及其他群体服务的社区组织等。在某些情形下，模式 B 也许不足以为高中教育培养数学、物理、化学、经济学等学科领域的教师。为此，它也许还要依靠重点综合性大学提供毕业生做教师。

模式 C 的优点在于尊重教育学科培养本科生和研究生的重要性和地位，教育学科独立于其他主要学科和专业学院，但与它们享有同等地位。它提倡专注于教育领域及其各个基础学科，如心理学、哲学、社会学、经济学等，但不太注意那些给学校课程提供实质内容的科目领域。对于这些科目领域，它主要依赖于大学。它有利于高层次的教育研究，包括理论和实践研究，而且的确能保障稳定的教师供给。在大学层次的师范学院独立于大学且拥有法人地位的情况下，学术化的危险性要小一些。

模式 D 为教师提供基础学科和专业领域的教师教育，涵盖从早期儿童教育直至高中教育各个层次，但这个模式带有偏重中等教育的倾向。它可能具有强烈的学术倾向，而且是寻求走向自然科学和社会科学主要学科的基础研究，而不是教育研究。不像模式 B，模式 D 不大可能发展到包含成人教育、终身教育、培训者的培训等领域。这与它出现于 19 世纪有关系，当时教师的任务尤其是中学和大学教师的任务，就是教授专业学科知识。

（二）新加坡地区师范教育对香港教育大学的启示

在全世界多个地区中，许美德教授特地对新加坡地区的师范教育做了详细的分析。关于师资培养培训在高等教育体系内定位问题，新加坡似乎已经找到自己的解决办法，但香港能够向它学习什么还不十分明了。这也许可以归因于两个社会教育发展的不同历史及其高等教育体系的不同特点。

新加坡有一所教师训练学院，提供大专层次的中小学师资训练，另外还有新加坡国立大学和南洋大学两所大学。新加坡国立大学使用英语作为教学语言，而南洋大学则使用中文。新加坡国立大学设有教育学院，从事教育研究，并为本校和南洋大学各门学科的毕业生提供本科后的文凭课程，培养的学生日后将成为高中教师。

1971 年，新加坡国立大学的教育学院停办，其课程转移到师范学院（Teacher's Training College）。1973 年，师范学院升格为教育学院（Institute of Education），变成为所有学校培养师资的唯一机构。其大部分教育都是本科以下层次的，也有针对准备当中学教师的大学毕业生的本科后文凭课程，以及从新加坡大学承续而来的部分研究生课程,学位证是以新加坡国立大学的名义颁发。1984年,体育学院并入教育学院,成为直接向教育学院理事会负责的一个自治实体。这些年来,教育学院也按照政府的要求,以文凭班的形式为教师和校长举办了相当数量的在职培训,其所颁发的文凭均得到教育部的认可。

1991年,新加坡教育学院并入南洋理工大学。后者是在原南洋大学的校址上发展起来的理工学院,由政府直接管理。南洋理工大学已经升格具有大学地位,并且合并了教育学院。教育学院仍然保留自己的身份,下设四个学院(教育、文、理和体育学院),与南洋理工大学形成联邦制关系,在重大发展问题上直接向政府报告。在20世纪90年代,教育学院开始为小学和初中教师设置了一系列学位课程,但就读这些课程的学生数量依然很少,大部分小学教师仍然通过大专课程来培养。这个模式与模式C相近,即在一个联邦制的大学架构里存在着一个很强的教育学院。不同之处在于它继续大量从事大专层次的师资培养,学科专业设置齐全,学习领域得以整合,这些都是中小学校所需要的学科和领域。将教育学院并入理工大学,而不是并入国立综合大学的决定,似乎更多是基于规模和平衡的考虑,而不是基于师范教育需求的一致性。

新加坡高等教育模式的主要特征是政府全方位控制高等教育,并有意识地使教育学院垄断各级师资培养。这就使得它在培养方式、科学研究以及培养各级各类教师的总量等方面直接面对政府。这也意味着它没有质量竞争的压力,不存在学生择校问题,也不存在科研经费、课程专业多样化或者与中小学校交流等方面的竞争。教育学院在新加坡高等教育系统中所担负的角色,反映了这个系统的整体特征——高度集中化和理性化,将师资培养和教育研究都置于国家的控制之下。

相比之下,香港具有很强的大学自治传统。1965年创立的大学教育资助委员会成为公立高等院校与政府之间的缓冲机构，并导致香港的高等教育系统相比新加坡更加多样化。每一所院校都有自己特定的使命和身份，在知识领域有不同的重点学科，在基础和应用研究方面有不同的导向。两所理工学院，其中一所维持其教学科研面向应用专业领域的强烈倾向，即香港理工大学；另外一所，即香港城市大学，则向着综合性大学的模式发展。一所新的理工大学，香港科技大学在相对较短的时间内就在特定的领域成为本地区和国际范围的高水平大学。相比较之下，一所规模很小但颇有历史渊源的文科大学，即岭南大学，尽管它的规模很小，而且只有人文社会科学专业，也办得有声有色。

（三）从地域特点出发，找寻大学的定位

香港两所历史悠久的重点综合性大学都有很强的医学、法律和工程等专业学院，同时也有文学院和理学院。每一所综合性大学都有一个教育学院，但方向有所不同。其中，香港大学教育学院倾向于重视中小学教授课程的科目门类，香港中文大学教育学院则更专注于教育专业知识本身，在教育心理学和学校改进方面尤有优势。最后一所基督教教会大学，即香港浸会大学也发展成为一所综合性大学，以文理学科见长，但也有一个教育系，能够在特定的专业领域培养教师。这些大学之中没有一所有意向或有能力接过为整个香港学校体系培养全部师资的任务，包括从幼儿教育直至高中教育。相反，它们都乐于培养大学毕业生，以胜任中学科目的教学，培养教育专业研究生，以从事教育研究，以及开设少数探索性专业，如语言教育学学士。

有鉴于香港高等教育在20世纪80年代的演进，香港特区政府的教育咨询机构——教育统筹会在1992年决定成立一所新的高等学校以专事师范教育就不足为奇了。于是，1994年，就合并五所负责教师职前培养和在职培训的专科层次师范学院成立了香港教育学院。这所全新的教育学院能够保证中小学教师的稳定供给，同时也努力让师范教育在整体上达到大学本科层次。这样做主要是出于对整个社会师资力量的担忧，而不是为了融合综合性大学传统的学术价值。香港教育学院的新校园坐落在香港郊区一个乡村公园之侧，四周山峦起伏，其环境让人联想起传统的中国书院。自宋代以来的几百年中，中国正是由书院开始，孕育了教育的进步传统。

香港教育学院应该努力变成什么样的大学？许美德教授的比较分析提示了两种截然不同的可能性：模式 B，即教育大学；或者模式 D，即师范大学。在香港教育学院今后的发展历程中，这两者代表不同的战略选择和发展方向。

模式 D 反映了全方位的学科发展，涵盖直至高中教育的全部科目，同时包括旨在促进教育学、学校管理、课程开发及其相关领域的全部教育专业知识。这种模式代表着一种相当传统的教育方式，即向青年学生传授各种科目的知识。同时，这种模式也认为，学校教育从整体上是独立且远离社会的，因此不注重知识范畴或专业领域如何与学习社会更加广泛的需求相关联。因为这些原因，也因为师范大学的定位和资源能够驾驭各个门类学科的研究，引发了人们对师范大学能否长远生存的激烈争辩。在我国，师范大学在 20 世纪的大部分时间广受关注，但未来它既可能存在下去，也可能会逐渐消失。

毋庸置疑，模式 B，即教育大学，更适合于香港目前的情况。首先，香港教育体制正在改革，变得更加强调学会学习，在课程中整合重要知识领域，提高青年人相互交流、问题解决和分析思考的能力，发展他们灵活运用信息技术的能力。其次，传统的学科门类，如数学、语言、基础科学和社会科学依然相当重要，但教育学科，如学习心理学、教学法、教育社会学、课程理论、教育哲学、课堂组织和成人教育等，对改革的成败同等重要。通过教育学学士课程实现这些领域与特定学科基本知识的整合，可以培养教师既懂得有关学科的结构和学习要求，又了解不同年龄段学生在课堂上的个别化要求。

教育大学对课程的强调，可以满足学生适应从幼儿园、小学到中学的教学需要，同时也提供给他们可以适用于知识社会许多不同方面的知识技能。政府部门和工商界现在日益认识到终身教育对适应知识社会不断变化需求的必要性，雇员懂得教育心理学、课程开发方法、学习动机理论的知识，了解开发人的潜能的各种途径，就会具有特别的价值。

教育大学可以继承师范学院传统中积极的方面，有效地应用于信息时代转瞬即变的各种需求。这些需求不仅是学校的需求，也是社会其他方面的需求。这种战略选择和发展方向预示着将物理、化学或经济学等学科领域里高水平的研究任务交给综合性大学，它们在这些领域中的教学和科研实力雄厚，能够培养专家型教师。教育大学注重与知识社会各种需求有关的广泛的教育研究，同时提高学生在教学所需基础知识领域的水平，这包括学术上的、表达上的、道德品质上和审美情趣上的知识。它将培养高品质的学识，但这种学识是面向学习社会各种需求的。

英美的师范学校或教育学院趋于转型成为地方性综合大学，在教育专业之外，还有很强的文理和社会科学专业。在某些情况下，它们有意摆脱师范学院的传统。这是由于与大学相比，人们认为师范院校的地位较低。除此之外，大学这个词在西方被人们有意用来强调其综合性或普遍性知识，这要归因于欧洲大学历史传统上的优势。这是约定俗成的，尽管"大学"事实上最初仅仅指学者的行会组织，并没有特指大学课程中知识范围的广泛程度。

在亚洲，大学这个词往往是与高等院校的地位联系在一起的。事实上，欧式的大学在中国和日本出现较晚，就使得大学这个概念在亚洲没有欧洲那么浓厚的历史含义。如果教育能够上升为大学里最受尊重、要求最高的知识领域，这最有可能在亚洲首先实现，而不是在西方。

未来的香港教育大学将是对香港多元和自治的高等教育系统中其他七所公立大学的有力补充。它负有独特的使命，自下而上地为知识社会奠定坚实的基础；它也处于有利地位，能够将中国进步教育传统所具有的某些优势传授给全球社会，并且证明中国的进步教育传统将以崭新的姿态与知识社会的崛起联系起来。

事实证明，香港教育大学从专业规划，课程规划充分考虑到正名为大学后所应当担任的历史重任，并做到科学、合理、全面地践行。

四、紧密联系社区，形成优良反馈机制

至 2018 年，香港教育大学的教育及师资培训在国际 QS 世界大学排名中位列全球第 9 名、亚洲区第 2 名；语言学位列全球第 151～200 名。香港教育大学发展时间较短的心理学和社会科学及管理也分别于 2018 年在国际 QS 世界大学排名中取得全球第 251～300 名和第 323 名。

在地区认受性方面，根据 2004—2016 年香港大学民意研究计划调查结果，香港教育大学在"港人眼中的大专院校排名"中名列第 7；在 2016 年"本港雇主最愿意聘用的大学毕业生"调查中名列第 7。

如此耀眼的成绩，与香港教育大学合理的定位及与时俱进的机制设置是分不开的。

（一）师范生机制—政府主控，合理分配

在香港有四所大学具有师资培训资格，分别是香港大学教育学院、香港中文大学教育学院、香港浸会大学、香港教育大学。

在香港，师资的供给以及设置是由政府相关部门有专门的研究团队负责，比如预计5年之后香港需要多少教师，会有一个大概的数字，现在会安排名额给香港这八所公立大学里面其中四所开设师范专业的大学，由政府来指派这个名额，给到每一个师范专业。香港教育大学以师范教育为主，所以拥有最多的名额，可能获得超过6成以上的名额。每一个同学要顺利完成5年师范的专业课程，合格毕业后，就可以申请教师资格证，成为注册教师。因此，香港的教师资格证是学出来的，不是考出来的。

（二）强调实践教育，沉浸式培养教师

在香港教育大学，师范专业是5年制，非师范专业是4年制。其中，师范专业的学生由第二年开始，每一年学校都会安排一段时间让学生去学校实习。从听课、辅助授课，到逐步试讲、正式授课，最后学生要达到可以完全胜任课程的教学任务这样的水准。这也是香港师范课程的一个特色。因此，实际真正上课的时间应该是4年，而实习是与每年所学的课程相结合的。学生更易吸收课程所学，更能领会把握师范教育的真正精髓。

值得一提的是英文教育专业。其课程设置中还要把学生送到国外去实习，香港教育主要都是以英文教学，而且香港高等教育学生普遍英语水平也很不错。为什么还要再花力气派遣学生到海外进行实习包括学习呢？这一直都是香港教育大学的一个特色，如果是学习中文或者是英文师范课程的同学，教大一定会安排6~10个星期的时间让他参加学校组织的"沉浸课程"。比如学英语师范专业的同学，不管他是学小学英文、中学英文，都会安排他到母语为英语的国家，到那里的师范类大学去上课及实习。

（三）定位精准，展望未来

2017年，在香港教育大学正式更名后，香港教育大学正式颁发《策略发展计划2016—2025》，为教大今后十年的发展奠定基础和方向。整个计划的关键问题是：鉴于全球和本地环境瞬息万变，对教育未来的推行，以至教师与教育人员的角色，都有深远影响，教大该如何率先回应？

《策略发展计划2016—2025》列出的重点涵盖三大策略范畴：学术发展、研究与知识转移以及管理与基建。计划指出，教大的首要任务是创新学士学位课程、推行新教学法及评估模式、利用新科技进行互动及无疆界学习、推出有独特市场定位的研究生课程，以及提升跨学科及多元学科研究专才的协同效应和学术发展，为教育界及社会服务。

在计划中，教大明确提出，在多元化发展方面，将建立多元文化及语言的学习环境，以支持学生发展国际视野；提供支配学习的课程框架，以应对日益国际化及跨文化沟通的需要；加强与区内及国际伙伴的联系，在研究及教学法领域担任领导角色；推动国际化，鼓励学生与本地、区内及海外等多元文化社群共融。

在研究方面，将继续提升研究的数量及质量，建立主题式研究及研究群组；促进多元学科的研究氛围；推动区域及国际研究合作，建立策略性研究伙伴及长期合作关系；指导新晋学术人员，辅助他们申请研究资助及撰写研究报告；提升申请研究拨款的竞争力；推展顾问指导计划，制定学术指导的实践模式。

在知识转移方面，将推动知识转移并提升质素，把现时研究与发展事务处辖下的知识转移小组升格为知识转移办公室；通过研究与发展事务处及图书馆，持续提升公众对本校研究人员及研究成果的认识；强化本校的社会脉络，拓展崭新和现有的区域、国内及国际伙伴关系；确定策略性范畴，以分配知识转移资金，支持及保护本校拥有的知识产权;将知识转移活动进一步多元化,推广至专利、牌照及本校拥有的知识产权等范畴;推动具有社会、教育及经济影响的研究,记录知识转移活动及其研究的影响力,并以英国卓越研究评审框架为量度成效的基准;吸引学生参与知识转移活动。

在营造研究范围方面,将通过非正式的交流、学系内及跨学系的研讨会,促进学术人员及研究生的互动与对话;鼓励学术人员和研究生发布其研究结果;鼓励研究生于著名学术期刊发表或联名发表学术论文。

(四) 香港教育大学发展计划总结

秉承"教育为本,超越教育"的理念,《策略发展计划2016—2025》指出,教大将以带领教育创新为首要使命,借着培育优秀而具道德承担的教育及专业人士,鼓励其终身学习,推动及支持教学、教师教育及教育相关学科的策略发展。

教大将会提供教育以外的跨学科学习及研究环境,促进知识追求、言论及思想自由、政策倡议及实践,以及推动协作及多元化发展;透过创新课程优化专业教师、教师教育以及与教育相关学科,丰富学生经历,让他们实现个人潜能及其教育和事业上的抱负;培养学生成为教育及专业人士,并且能够理论与实践并重、具有创意及创新思维、敏于思考、具有企业精神、关怀社会以及放眼世界;建立活跃的研究文化和环境,促进知识增长、提升学术成就及创新,为社会进步及改进人类生活带来可持续的影响;参与知识转移活动,以促进本校及广大社群的发展,为本地、亚太区以至全球教育及社会发展的所需服务。

第三节 澳门科技大学办学经验和特色特长

一、澳门科技大学简介

澳门科技大学（Macau University of Science and Technology），简称澳科大（MUST），是澳门规模最大的综合型私立大学，为国际大学协会、粤港澳空间科学与技术联盟、粤港澳海洋科技创新联盟、粤港澳高校联盟、粤港澳大湾区知识产权法律联盟、海峡两岸暨港澳防灾减灾即永续发展大学联盟及亚洲法律学会成员高校，也是海峡两岸暨港澳最年轻的二十五强大学之一。

2018年，澳门科技大学在中国两岸四地大学排名中列第21位；在ARWU世界大学学术排名[①]中，位列世界第501～600名，港澳第6名；在美国德克萨斯大学达拉斯分校最新公布的商学/管理学科学术排名中，商学院决策科学系位列大中华区第29位；在ARWU世界一流学科排名中，酒店与旅游管理专业位列亚洲前10名，大中华区第4名，世界第76～100名。2019年，澳门科技大学在QS亚洲大学排名中位列第229位；在泰晤士高等教育世界大学影响力排名中，位列世界第201～300名。

澳门科技大学拥有博士、硕士、学士三级学位授予权，经教育部批准面向内地招生，设有10个教学单位，在校生逾万人，

---

① ARWU世界大学学术排名，即软科世界大学学术排名（Shanghai Ranking's Academic Ranking of World Universities），于2003年由上海交通大学高等教育研究院（前身为高等教育研究所）世界一流大学研究中心首次发布，是世界范围内首个综合性的全球大学排名。2009年开始，ARWU改由上海软科教育信息咨询有限公司（即上海软科）发布并保留所有权利。

其中博士及硕士研究生3 377人，本科生7 915人。澳科大设有两个国家重点实验室：中药质量研究国家重点实验室及月球与行星科学国家重点实验室；还设有澳门首个诺贝尔奖得主实验室——"生物物理与中医药实验室"；四个国家教育部人文社科重点研究伙伴基地及联合实验室：澳门传媒研究中心、澳门海洋发展研究中心、澳门知识产权研究中心和中医药防治肿瘤转化医学研究联合实验室。

二、定位与发展

（一）通识教育与专业教育并重

与内地提倡并且推行的应用型高等教育不同，澳科大更强调通识教育在整个教育体系中的地位。澳科大把专业教育与通识教育并重作为构建人才培养模式的基本原则。澳门是东西方文化的交融地，秉承这一传统的澳科大兼容并蓄各种优秀文化，在课程设置面向国际化的同时，完善开放式的办学机制，本着培养完整的人的目标，逐步形成包括语文、数学、自然科学、人文科学、社会科学以及若干艺术门类的比较完整的通识课程体系，坚持专业教育和通识教育并重，开拓出了一条"专业教育+通识教育"的独特教学模式。澳门科技大学对专业教育十分重视，各专业都制定了严格的学分标准。同时，也非常重视通识教育。前澳门科技大学校长许敖敖说："教育应着力与培养具有广博知识、健康体魄、完美人格，科学精神和人文精神并重的现代人。"通识教育体系由自然科学与现代技术、人文社会科学、文学艺术和养生保健4个类别组成。学生在校期间可根据自己的需要及爱好，从丰富多彩的通识教育课程体系中选修10个学分，以完善知识结构、健全人格修养、优化综合素质。①

(二) 因材施教

澳科大把"更加突出因材施教"定为实施人才培养模式的第一个关键环节。随着高等教育大众化的进程逐渐加快,也随着澳门的高等学校逐步向内地生源开放,澳科大的新生质量出现了较大的差异性和离散性。为了教好这些"千差万别"的学生,学校针对性地提出一定要更加突出因材施教。具体措施包括:基础课程实行分班教学,专业课程实行分别教学。学校希望任课教师把教材中的基本内容和专业内容适当分开,对不同水平的学生提出不同要求,并对学习效果较差的学生加强辅导,帮助他们掌握基本内容。要求教师在教案中既要明确教学基本内容,又要对不同类学生的教学内容及辅导方式做好预案。考试时,教师通常要出两份试卷:一份英文,一份中文。根据期中或期末成绩,再对班级进行调整,真正把因材施教落实到教学的每一环节中。

(三) 立足粤港澳大湾区发展趋势,制订人才发展计划

"澳门整体社会相对比较安逸,不缺资源但缺人才,社会应多考虑如何吸引更多专才,不应害怕外来竞争。目前澳门的人口只有60多万,要成为大湾区内有竞争力的城市,至少要有过百万人口,社会发展才能百花齐放,并融入大湾区。"澳门科技大学副校长庞川在接受记者采访的时候说道②。

为了解决人才稀缺的现状,澳门于2018年出台了《澳门中

---

① 任伟伟,郭峰. 澳门科技大学人才培养模式述评及启示 [J]. 继续教育,2010 (1):135-138.

② 澳门打造 中葡双语人才培养基地 拟"共用"大湾区人才资源 [EB/OL]. (2018-05-29) [2018-09-30]. http://finance.sina.com.cn/roll/2018-05-29/doc-ihcffhsu6160601.shtml.

长期人才培养计划——五年行动方案》。该方案依据人才培养目标，将内容细分为19项发展策略、45项措施和项目。具体措施包括构建和优化人才数据库；推动金融保险、中葡双语、海洋经济和创新型人才培育；继续推动产学研，形成具有竞争力的人才培养机制；增设奖学金制度；优化海外人才回澳发展的政策环境等。

其中，在打造人才培养基地，加强与各地交流方面，澳门高等教育辅助办公室与澳门大学、澳门理工学院、澳门科技大学、澳门城市大学、圣若瑟大学共同成立了"培养中葡双语人才联盟"（以下简称联盟），将共同开展中文及葡萄牙语教师的培训，以汉语教学作为外语教学教师的培训。同时进行葡语教学范围的调查及研究，并开展旅游业中葡双语人才培训，各高等院校将联合提供课程。联盟希望通过落实"澳门高等院校中葡人才培训及教研合作专项资助计划"，推动澳门院校的葡语教育并加强对外交流，以培养中葡双语人才，并与葡语国家构建更加紧密的联系。通过旅游人才培训，与大湾区其他城市相关旅游产业进行交流合作，让澳门能够进一步融入粤港澳大湾区的发展。

（四）响应政策号召，积极寻求合作共赢

2019年2月18日，《粤港澳大湾区发展规划纲要》（以下简称《规划纲要》）公布。2月22日上午，由澳门科技大学社会和文化研究所主办、澳门基金会赞助的《规划纲要》解读与分析座谈会在澳科大举办。澳科大社文所林广志所长、澳门基金会研究所杨道匡副所长、澳门理工学院社会经济与公共政策研究所鄞益奋所长、暨南大学特区港澳经济研究所陈章喜教授、澳科大可持续发展研究所刘成昆所长、澳科大可持续发展研究所高展鸿研究员、澳科大社文所客座教授刘毅先生、澳门旅游学院赵伟兵副教授、澳科大法学院易在成副教授、澳门跨境说网络科技有限公

司CEO周运贤先生、澳科大社文所赵殿红助理所长、澳门创智发展研究协会汤焯言常务理事等嘉宾学者出席座谈会,对《规划纲要》进行了解读和分析。

与会学者表示,粤港澳大湾区建设是习近平总书记亲自谋划、亲自部署、亲自推动的国家战略,是新时代国家改革开放下的重大发展战略。正如《规划纲要》前言指出,建设粤港澳大湾区,既是新时代推动形成国家全面开放新格局的新尝试,也是推动"一国两制"事业发展的新实践。《规划纲要》从空间布局、科技创新、基础设施互联互通、现代产业发展、生态文明建设、打造优质生活圈、参与"一带一路"建设、共建合作发展平台方面提出指导性规划内容,为粤港澳大湾区发展奠定基础、指明方向。

在澳科大参与会议的各位学者们指出,作为粤港澳大湾区的中心城市之一,澳门应借助《规划纲要》的春风,乘祖国繁荣发展的大势,进一步认清自身发展优势,清晰定位,立足澳门特有的历史、人文和区位优势,促进"一中心、一平台、一基地"(世界旅游休闲中心、中国与葡语国家商贸合作服务平台、"以中华文化为主流、多元文化共存"的交流合作基地)协同发展。进一步利用澳门在金融、科技创新、国际市场网络、旅游以及人才等方面的优质资源,密切澳门特色金融、中医药和航天科技等领域与大湾区及内地的合作,融入国家发展大局,担当澳门时代使命,尽最大努力,实现澳门自身的长期繁荣发展。同时,认真总结澳门回归祖国20年来的成功经验,不断丰富"一国两制"实践内涵,以更优异的成绩向国家献礼。

第四节　粤港澳大湾区发展规划下粤港澳地区高等院校的机遇

粤港澳大湾区的规划与发展是近年来香港地区最重要的临近地区发展政策之一，在此前提下，众多香港政治、经济界人士对在此政策前提下的教育合作和发展提出了自己的看法与意见。

一、各家之言

香港霍英东集团副总裁霍启刚 2018 年开始首次履职全国政协委员。长期以来，他致力于青年工作，在推动香港与内地交流上也做了很多努力。关于香港青年要如何融入新时代发展大局，他有着自己的独到见解。2019 年，霍启刚重点关注从教育方面推动内地和港澳的交流，尤其是利用大湾区建设的契机，港澳青年要抓住机遇，关注大湾区的发展，并找到适合自己的发展之路。

《粤港澳大湾区发展规划纲要》颁布不久，标志着大湾区建设迈向新台阶。粤港澳大湾区是中国开放程度最高、经济活力最强的区域之一，在国家发展大局中具有重要战略地位。从小在香港成长的霍启刚对内地和香港都有着深刻的感情。早在 2018 年，霍启刚就已经关注起了粤港澳大湾区建设。在霍启刚看来，粤港澳大湾区为港澳青年发展"搭建了重要的平台和梯子"，港澳青年要抓住机遇。"要多多了解，只要能让自己发展得更好，包括创业、就业或者是其他的机遇，都可以抓住机会。"

霍启刚说："不要觉得大湾区远，很多国家 1 小时生活圈很正常，要包容整个大湾区的发展，才能找到适合自己的路。我们也要多做大湾区的宣传，让港澳青年人更好地认知它、贴近它。"

现在粤港澳大湾区才刚刚开始，未来还有很多可能性，他还希望年轻人能提出意见，有关部门也要多听青年人的意见，让他们参与到其中。

在大湾区，如何进一步便利人员往来，让香港更好地融入国家发展大局，霍启刚着重从教育方面，提出自己的想法。他认为，香港可以充分发挥自己的显著优势，目前香港有很多高校在大湾区设立了分校，如香港科技大学，今年又将在广州设立新校舍，这将进一步巩固香港和广州两地之间的合作。政府工作报告中还提出要加强职业教育，香港也有多年的职业教育基础，相信在大湾区还有很大的空间，让香港职业技术人才在这里落户。

"现在教育人才的交流已经越来越密切，港澳老师已经允许在内地申请执教的牌照，这是一个很大的突破。"对于教研人才交流问题，霍启刚进一步建议："是不是可以考虑让学校释放出更多的岗位，让香港的老师在暑假或者是其他时间，做一些短期的执教任务，让他们更充分地了解内地学校的运作和课程的情况，进而有利于密切两地教育系统的合作。"①

政府官员亦在不同场合发表了对粤港澳地区教育界合作的看法和意见，香港特区行政长官林郑月娥曾在2018年8月14日表示，期望香港知名高校能够落户粤港澳大湾区，以配合粤港澳大湾区打造国际化教育基地的目标。

林郑月娥在礼宾府会见教育部部长陈宝生时表示，香港教育产业具有发展优势，多所大学位列国际排名前百位。即将推出的粤港澳大湾区发展规划带来无限机遇，而香港知名院校如果能落户大湾区，将促进师生交流，并配合大湾区打造国际化教育基地的目标。她期望教育部能够支持特区政府和香港院校的有关工作。

---

① 霍启刚. 大湾区搭好平台　港澳青年应抓住机遇[EB/OL]. (2019-03-10)[2019-05-30]. https://www.sohu.com/a/300257356_206488?sec=wd.

陈宝生表示，教育部将积极支持香港教育发展，深化内地与香港教育交流合作，为"一带一路"、粤港澳大湾区建设和香港长期繁荣稳定厚植人才基础。①

三地教育界的沟通和协作也在粤港澳大湾区规划日渐明朗的前提下进入了更加密切的沟通节点。

2018年7月9日，粤港澳高校联盟2018年大学校长高峰论坛在中山大学广州校区南校园怀士堂举行。教育部港澳台事务办公室主任刘锦、广东省教育厅厅长景李虎、澳门特别行政区政府高等教育辅助办公室主任苏朝晖、香港特别行政区政府教育局副秘书长卢世雄，以及粤港澳三地28所联盟成员高校与相关政府部门代表共约200人与会。

论坛以"时代机遇·大学使命"为主题举行了两轮大学校长圆桌论坛，28所联盟成员高校代表分别就聚焦大湾区高校人才培养合作与加快推进粤港澳高校的科技创新合作等展开热烈讨论。此外，本次论坛还举行了粤港澳超算联盟创盟揭牌仪式，该联盟旨在汇集粤港澳超算应用机构，深化三地的超算应用交流和合作研究，携手打造"粤港澳超算资源共享圈"。

刘锦表示，在粤港澳大湾区的建设中，作为人才的蓄水池和创新思维聚集的思想高地，高校需充分发挥高等教育的基础支撑和动力引领作用，为大湾区提供源源不断的人才支撑和智力支撑。教育部将继续支持粤港澳高校联盟，为联盟开展三地高校教育交流深度合作提供更多的政策便利，并相信粤港澳高校联盟能够抓住新时代新机遇，书写中国高等教育浓墨重彩的奋进之笔。

苏朝晖表示，粤港澳高校联盟的高校有广泛的交流合作与资源共享基础，盼望粤港澳三地高校在课程合作、科研合作、学术

---

① 林郑月娥：期望香港知名高校落户粤港澳大湾区[EB/OL]. (2018-04-14) [2018-09-30]. http://www.xinhuanet.com/2018-04/14/c_1122682881.htm.

合作等方面继续展开深度互动,共同培养新一代人才。

景李虎在会上表示,近年来粤港澳三地教育行政部门紧密合作,推动并支持成立了粤港澳高校联盟、粤港澳高校创新创业联盟、粤港澳大湾区音乐教育和艺术发展联盟等机构,为粤港澳高校的交流合作提供了强有力的推动和保障。三地高校合作成果丰硕,其中,本科合作项目接近190项,广东高校国际及港澳台科技合作平台立项建设平台78个,粤港澳联合实验室建设首批立项建设5家实验室,另外还建有广州南沙资讯科技园、深港产学研基地、香港科技大学霍英东研究院、深圳虚拟大学园区等合作基地。

景李虎透露,接下来将以新理念、新战略、新举措深度整合大湾区高等教育资源,支持粤港澳高校合作办学,鼓励联合共建优势学科专业实验室和研究中心,大力引进世界知名大学和特色学院,推进世界一流大学和一流学科的建设。到2035年,基本构建起与现代化经济体系相适应的大湾区高等教育共同体,基本建成中国教育对外开放的国际教育示范区,提升大湾区在全球化时代的影响力、竞争力和辐射带动力。

三地教育行政部门协议,鼓励大湾区有条件的地市引进港澳高水平高校,积极构建粤港澳高校集群发展的新机制。据了解,香港科技大学、香港城市大学、澳门科技大学都在和广东省一些地级市和高校开展办学合作的前期磋商,对此教育厅将给予积极支持,广东省将积极引进包括港澳在内的世界高水平大学和特色学院,加快建成一批世界知名的高水平大学和高水平理工科大学,建设具有中国特色的世界一流大学群。①

广东省教育厅鼓励粤港澳高校联盟高校建立各类专业联盟,

---

① 粤港澳大学校长开会:2035年要建成大湾区高等教育共同体[EB/OL].(2018-07-10)[2018-09-30]. https://www.cingta.com/detail/5809.

成立特定课程的认定委员会，促进专业认证、学分互认、学生互换、学科竞赛、教师交流、联合科研攻关、科研成果转移转化等合作。支持区内高校人才流动，实施高校科研骨干互访计划，鼓励区内高校互派科研人员，实施优秀教师访学交流机会，支持高校互派教师、互聘兼职教授或客座教授、互聘专家担任学术带头人等多种方式，促进教师交流合作。

值得一提的是，粤港澳高校联盟在粤港澳地区发展规划初期已由中山大学率先倡议并与香港中文大学和澳门大学共同发起，于 2016 年 11 月 15 日正式成立。迄今已汇聚粤港澳三地 28 所高校，其中包括 12 所广东高校：中山大学、华南理工大学、暨南大学、华南农业大学、南方医科大学、广州中医药大学、华南师范大学、广东工业大学、广东外语外贸大学、汕头大学、深圳大学、南方科技大学；9 所香港高校：香港中文大学、岭南大学、香港大学、香港公开大学、香港城市大学、香港科技大学、香港浸会大学、香港理工大学、香港教育大学；7 所澳门高校：澳门大学、圣若瑟大学、旅游学院、澳门城市大学、澳门科技大学、澳门理工学院、澳门镜湖护理学院。

二、器物、制度、理念：粤港澳大湾区高等教育集群的三大瓶颈

目前，粤港澳大湾区内集聚了香港大学、香港科技大学等 5 所世界百强大学，汇聚中山大学、华南理工大学等一批国内知名重点高校，拥有 40 余家国家重点实验室及其伙伴实验室，这些都为湾区科技创新提供了强大的人才和技术支撑。如何搭建平台、创新交流机制，让粤港澳三地的高校产学研合作释放更大创新动能，将成为未来大湾区协同创新发展的新命题。

推进粤港澳大湾区的创新发展，打造国际科技创新中心，其

中一个重要的维度是深化湾区高等教育协同创新发展，提供强大的人才、智力、科技支撑。从国际经验看，一流大学、一流学科和重大科研项目集聚的区域往往也是各类创新型、应用型、技术技能型人才培养和集聚的地方。

打造粤港澳大湾区国际科技创新中心，必然要求湾区高校、科研院所、行业企业充分加强协同创新与成果转化。从现实情况来看，粤港澳科技创新资源丰富，在高校数量、科研院所数量等指标方面已不逊色于世界其他三大湾区。然而，从科技创新质量和效率来看，和其他三大湾区相比仍存在差距。其根本原因在于三地的人才流动、项目流动、资金流动以及政府政策支持还未完全打通，虽然粤港澳三地日益密切的交流为大湾区的产学研合作奠定了基础，但更深入的社会融合与制度创新则需要更多的政策支持。

1. 器物瓶颈：合作不够广泛不够深入

器物层面也即物质层面，这个层面的合作常常就是以物易物，指合作的资源和硬实力。目前粤港澳三地在教育领域的合作相比经济领域还是相对薄弱的。首先，这和教育事业的属性有关。教育和经济不一样，在合作中的物质利益难以直接看到，又难以在短期内见效。因此，其物质交换的基础较弱，合作也常常仅限于交流，而缺乏实质性意义。其次，教育领域的竞争往往多于合作，尤其高等教育领域更常常是只分高低的排他性竞争。因此，目前粤港澳高等教育更多是浅层合作，如三地的大学生夏令营等交流活动、香港高校为珠三角培训管理人员、广州师范院校为澳门培训师资等。这类合作交流显然离打造全球科技创新中心这个层面的深度合作还有较大距离。最后，各方合作基础不够对称也不广泛。珠三角高校虽多，但除了中山大学、华南理工以及深圳打造的少量精尖大学和研究院之外，其他高校都很难与多所已进入世界大学100强的香港高校有比较接近的合作平台和对话基础。因此目前高校合作多是点对点,难以大规模化。

2. 制度瓶颈:缺乏专门的框架协议和对接机制

粤港澳大湾区具有"一国、两制、三个独立关税区"的特点,这对于各自特色发展是难得的优势,但对于高等教育集群的实质性合作而言又存在不少障碍。珠三角各市与港澳之间,虽然民间合作很广泛,政府高层也有很多会晤和交流,但尚未形成健全有效的合作机制。甚至珠三角各市之间也缺乏合作机制,广佛同城、广佛肇经济圈等只是一些概念性和局部性做法。具体到高等教育领域,则更加乏力。虽然早就有《粤港合作框架协议》和《粤澳合作框架协议》,但关于教育的内容都只是交流和培训方面的描述。2017年,国家发展和改革委员会正式公布《深化粤港澳合作推进大湾区建设框架协议》,但关于高等教育合作也基本没有明确表述。因此,即使早年关于粤港澳高等教育一体化的探讨和探索还算比较积极,但是一直没有形成具体的高等教育框架协议,很难突破目前各校为战、小打小闹的瓶颈。

3. 理念瓶颈:高等教育理念的差异和碰撞

真正更难突破的瓶颈,是理念层面的差异。改革开放以来,内地高校长期处于社会转型期和国家战略调整的大背景中,高等教育理念以动态的跳跃性特征为主;而港澳高校一直处于相对稳定的发达社会并长期采用西方高等教育模式,高等教育理念则呈现出稳态发展的特征。典型的例子如当年南方科技大学创立之初,首任校长朱清时和聘请前来协助的几位香港科技大学教授的办学理念发生分歧而分道扬镳。港科大的教授们坚持认为在正式招生之前,必须将教师团队、培养方案、管理规范等框架全部制定完备,才能按部就班去做。但朱清时认为中国社会处于急速转型期,很多时候机遇稍纵即逝,要采取"边开车,边铺轨"的模式,不能等待一切完备再招生。这个事件虽已过去多年,但依然可视为内地和港澳高校理念差异的缩影。香港教育家程介明教授观察当今内地"双一流"建设的观点也反映出类似的理念差异："'双一流'没有一个精确的定义，但是模糊之中又渐见具体，然而还会不断变奏。内地会觉得原则很清晰，但香港会觉得不够精确。两种思维不在一个平面上互动，也有一个相互读懂的需要和过程。"

华南师范大学教育科学学院副研究员陈先哲教授在关于粤港澳大湾区高等教育集群如何为中国高等教育新模式探路并贡献新价值的问题上，希望能在一定程度上助力实践层面的推进的论著中，提出具有高度归纳和概括意义的器物、制度、理念三层理念，并提出了共赢、共识、共创三点突破点，可以作为香港教育大学在粤港澳融汇合作中发展的定位与方向的指导。

三、共赢、共识、共创：粤港澳大湾区高等教育集群的三大突破

（一）利益协商求共赢

任何领域的合作或协同，都面临着解决利益问题的制擘。首先是共同利益，目前粤港澳大湾区的宏观战略设想获得各方的高度支持，粤港澳三地无论政府还是民间大都认为大湾区的建设是个很好的发展机遇，这表明在宏观层面的共同利益已经具备了很好的民意基础。其次是各自利益问题，三地的高校之间亟须展开充分的对话和磋商。比如香港已经拥有多所世界级的研究型大学，可以为大湾区培养科技、工程与医疗人才并提供研发服务，但是也要问香港高校将得到什么？珠三角巨大的腹地和产业是否能为香港高校的师生提供更大的科研试验场？另外，珠三角高校若和港澳高校合作，又将得到什么？提升国际化程度还是科研实力？这大都是涉及具体层面的问题，不适宜用战略规划的思维来

推进，而需要通过对话、讨论和协商来解决。尤其需要各城市和各高校展开广泛的对话和协商，厘清各自的优势和需求，为接下来制度层面的对接建立基础。

（二）机制对接求共识

通过基层的对话和协商，寻找利益的最大公约数，可为高等教育集群提供很好的合作基础。但是，"基层探讨"应和"顶层设计"结合，建立框架协议和对接机制才是最大程度上巩固合作基础的关键所在。这方面可以参考"博洛尼亚计划"对于建立欧洲高等教育一体化的推动作用。"博洛尼亚计划"通过建立学历和资格互认标准和制度、外部评价机制与学校内部保障体系、欧洲学分转换和累积制度等机制，打破了欧洲各国之间的制度藩篱，增强了欧洲高等教育的凝聚力和竞争力。在推进粤港澳大湾区高等教育集群建设的过程中，可借鉴"博洛尼亚计划"的有效经验。首先，应当从中央政府层面出台高等教育合作框架协议或由11个城市成立专门委员会并起草后提请中央政府发文，以保障粤港澳大湾区具备高等教育一体化的制度基础。其次，建立第三方高等教育质量评估机制，评估和比较各地高等教育的优势和短板，制定区域高等教育资源共享的准入条件和方案。最后，在全面评估的基础上建立区域内学分、资格和学历互认制度，可在部分基础接近、优势互补的高校先行试点再逐步铺开。进入粤港澳大湾区时代，必须在这方面有所突破，高等教育集群方能真正产生更大影响力。

（三）理念交融求共创

粤港澳大湾区定位为打造全球科技创新中心，显然作为"最强大脑"的高等教育集群应成为其重要支撑。目前粤港澳大湾区拥有着具备国际水平的大学基础科研以及十分活跃的企业研发，但由于各有发展理念和路径,这些创新要素尚未能产生更好的叠加效应。因此需要有共同的目标和愿景来统领并实现理念交融,让高等教育集群更好地服务于全球科技创新中心的缔造。如今无论是香港的几所高校,还是内地进入"双一流"的高校,都还是过于偏重学术研究尤其是论文发表,而对科教融合以及科研成果应用方面还不够重视。如果继续强化这种路径的话,港澳高等教育可能会游离于大湾区的建设之外,广东高等教育也只能依然在对京沪苏的苦苦追赶之中迷失自我。

因此,粤港澳大湾区高等教育集群亟须走出一条超越现状的路。全球科技创新中心的缔造需要粤港澳大湾区高等教育集群紧紧围绕为当地经济产业提供一流的研究支持和人才支撑为中心,而不是军备竞赛式地把各种大学排行榜和 ESI 学科排名①作为瞄准的靶心。如果只是比拼学术研究,斯坦福大学在成长之初,也远逊于美国东部的名校,但正是其坚持产学研结合的模式并不断强化,加上鼓励创业、包容失败的文化氛围,才成就了今日的斯坦福和"硅谷"。粤港澳大湾区高校并不是没有这方面的基础,比如华南理工大学在早年也有颇多类似"斯坦福模式"的做法——推动产学研结合,支持师生创新创业。这些做法在当年珠三角制造业兴旺之时起了很好的支撑作用,但如果仅从大学排名的角度来评价则很容易忽略其价值。经济学家周其仁考察旧金山湾区后认为其成功的关键在于创新要素的"浓度"和"密度",粤港澳大湾区也拥有全世界最好的创新环境和条件,应有底气和自信去探索办出大学和创业者、企业、政府形成良性循环的湾区高等教育模式。同时也要求湾区各城市和各高校都应该有

---

① Essential Science Indicators,ESI 学科排名是汤姆森科技信息集团在汇集和分析 ISI Web of Science(SCI)所收录的学术文献及其所引用的参考文献的基础上建立起来的分析型数据库,是衡量科学研究绩效,跟踪科学发展趋势的权威分析评价工具。

更大的格局和更宽的视野,才有望在理念交融中共创高等教育新模式,共创高等教育新价值①。

从艺术节的音乐教育论坛上了解到,粤港澳三地的48所高校达成初步意向,探索形成湾区内音乐高校交流合作的联络机制,搭建高端艺术创演与研究平台,适时共同策划重大艺术创作项目建设,推动高校艺术交流与联合展演,构建音乐教育研究基地与人才培养协同创新中心,促进三地高校优势资源共享。

广东省教育厅有关负责人表示,粤港澳大湾区音乐教育与艺术发展联盟的成立,既是粤港澳三地学校艺术教育顺应新时代、构建开放办学新格局的重要举措,也是联盟各成员共同的期盼和使命。同时,相信越来越多的粤港澳地区校际合作活动会在不久的将来诞生,为粤港澳地区高等教育发展的融合和推进做出贡献。

---

① 陈先哲. 粤港澳大湾区建设：走出一条超越现状的路[EB/OL]. (2018 – 08 – 07)[2018 – 09 – 30]. http://www.chinanews.com/sh/2018/08 – 07/8592049.shtml.

参考文献

一、图书

[1] 埃贝尔. 掌握知识应该是首要的教育目标[M]//瞿葆奎. 教育学文集：智育. 北京：人民教育出版社，1993.

[2] 敖丽红. 湾区经济发展理论与实践[M]. 长春：吉林大学出版社，2017.

[3] 布鲁贝克. 高等教育哲学[M]. 王承绪，郑继伟，张维平，等译. 杭州：浙江教育出版社，1998.

[4] 陈广汉，杨柱，谭颖. 区域经济一体化研究[M]. 北京：社会科学文献出版社，2017.

[5] 陈琦，刘儒德. 当代教育心理学：修订版[M]. 北京：北京师范大学出版社，2007.

[6] 陈侠. 课程研究引论[M]//瞿葆奎. 教育学文集：课程与教材（上册）. 北京：人民教育出版社，1988.

[7] 辞海编辑委员会. 辞海：1999年版普及本[M]. 上海：上海辞书出版社，1999.

[8] 德鲁克. 后资本主义社会[M]. 张星岩，译. 上海：上海译文出版社，1998.

[9] 福禄培尔. 人的教育[M]. 孙祖复，译. 北京：人民教育出版社，1991.

[10] 付泉. 管理信息系统[M]. 武汉：华中科技大学出版社，2013.

[11] 顾明远. 教育大辞典：增补合编本[M]. 上海：上海教育出版社，1998.

［12］顾永安. 新建本科院校转型发展论［M］. 北京：中国社会科学出版社，2012.

［13］顾永安. 新建本科院校转型发展与人才培养［M］. 北京：中国社会科学出版社，2012年版.

［14］广东省社会科学院. 粤港澳大湾区建设报告：2018［M］. 北京：社会科学文献出版社，2018.

［15］哈尔滨工业大学（深圳）经济管理学院课题组. 粤港澳大湾区城市群空间及产业结构［M］//方舟. 粤港澳大湾区：合作策略与香港未来. 香港：香港城市大学出版社，2018.

［16］何畔. 战略联盟：现代企业的竞争模式［M］. 广州：广东经济出版社，2000.

［17］黄彬. 面向粤港澳大湾区制造业需求培养高素质工程科技人才［M］//方舟. 粤港澳大湾区：合作策略与香港未来. 香港：香港城市大学出版社，2018.

［18］黄达人，等. 大学的转型［M］. 北京：商务印书馆，2015.

［19］黄光雄，蔡清田. 课程设计：理论与实际［M］. 南京：南京师范大学出版社，2005.

［20］黄克孝. 职业和技术教育课程概论［M］. 上海：华东师范大学出版社，2001.

［21］教育部高等教育司. 普通高等学校本科专业目录和专业介绍：1998年颁布［M］. 北京：高等教育出版社，1998.

［22］教育部高等教育司. 深化教学改革 培养适应21世纪需要的高质量人才：第一次全国普通高等学校教学工作会议文件和资料汇编［M］. 北京：高等教育出版社，1998.

［23］拉塞克，维迪努. 从现在到2000年教育内容发展的全球展望［M］. 马胜利，高毅，丛莉，等译. 北京：教育科学出版社，1996.

［24］朗特里. 西方教育词典［M］. 陈建平，杨立义，邵霞君，等译. 上海：上海译文出版社，1988.

［25］联合国教科文组织. 教育：财富蕴藏其中［M］. 联合国教科文组织总部中文科，译. 北京：教育科学出版社，1996.
［26］联合国教科文组织. 教育：财富蕴藏其中［M］. 联合国教科文组织总部中文科，译. 2版. 北京：教育科学出版社，2014.
［27］林先扬. 粤港澳大湾区城市群经济整合研究［M］. 广州：广东人民出版社，2017.
［28］卢文彬. 湾区经济：探索与实践［M］. 北京：社会科学文献出版社，2018.
［29］潘懋元，王伟廉. 高等教育学［M］. 福州：福建教育出版社，1995.
［30］彭聘龄. 普通心理学：修订版［M］. 3版. 北京：北京师范大学出版社，2004.
［31］施良方. 课程理论：课程的基础、原理与问题［M］. 北京：教育科学出版社，1996.
［32］王通讯. 王通讯人才论集（第三卷）：宏观人才学［M］. 北京：中国社会科学出版社，2001.
［33］徐国庆. 实践导向职业教育课程研究：技术学范式［M］. 上海：上海教育出版社，2005.
［34］薛天祥. 高等教育学［M］. 桂林：广西师范大学出版社，2001.
［35］杨志坚. 中国本科教育培养目标研究［M］. 北京：高等教育出版社，2005.
［36］叶澜. 教育概论［M］. 北京：人民教育出版社，2006.
［37］游霭琼，周仲高. 集聚人才资源 建设粤港澳大湾区人才高地［M］//广东省社会科学院. 粤港澳大湾区建设报告：2018. 北京：社会科学文献出版社，2018.

［38］中国社会科学院语言研究所词典编辑室. 现代汉语词典［M］. 北京：商务印书馆，1996.

［39］钟启泉. 现代课程论［M］. 上海：上海教育出版社，1989.

［40］周伟林，严冀，等. 城市经济学［M］. 上海：复旦大学出版社，2004.

［41］朱岩. 粤港澳大湾区与三大湾区的比较和赶超策略［M］// 方舟. 粤港澳大湾区：合作策略与香港未来. 香港：香港城市大学出版社，2018.

［42］朱智贤. 心理学大辞典［M］. 北京：北京师范大学出版社，1989.

［43］The Carnegie Foundation for the Advancement of Teaching. The carnegie classification of institutions of higher education：2000 edition［M］. Menlo Park：The Carnegie Foundation for the Advancement of Teaching，2001.

二、期刊

［1］蔡敬民，余国江. 从"新建本科"向"新型大学"转变［J］. 中国高等教育，2016（12）.

［2］曾志敏. 打造全球科技创新高地：粤港澳大湾区融合发展的战略思路与路线图［J］. 城市观察，2018（2）.

［3］陈斌. 建设应用技术大学的逻辑与困境［J］. 中国高教研究，2014（8）.

［4］陈宏军，江若尘. 对高等教育社会需求的系统分析［J］. 教育发展研究，2005（10）.

［5］陈力. 现代企业内控制度在高校管理中的运用［J］. 绵阳师范学院学报，2007，26（4）.

［6］陈鹏，薛寒. "中国制造2025"与职业教育人才培养的新使命［J］. 西南大学学报（社会科学版），44（1）.

［7］陈小虎. 多元化、多样式产学融合的理论探究与实践探索［J］. 常州工学院学报（社科版），2008（1）.

[8] 成洪波. 粤港澳大湾区"产学融创":内涵实质、需求背景与路径探索[J]. 中国高教研究, 2018, 302 (10).

[9] 迟云平. 粤港澳大湾区产教融合与产学研一体化[J]. 经贸实践, 2018 (15).

[10] 褚宏启. 关于教育治理的几个关键问题[J]. 人民教育, 2014 (22).

[11] 丁晓华, 陈向东, 王宇星, 等. 基于知识创新指标群的中国高校分类评价研究[J]. 北京航空航天大学学报:社会科学版, 2018, 31 (2).

[12] 董立平. 地方高校转型发展与建设应用技术大学[J]. 教育研究, 2014 (8).

[13] 杜勇宏. 基于三螺旋理论的创新生态系统[J]. 中国流通经济, 2015 (1).

[14] 方红. 教师专业发展身份限制与文化创生[J]. 中国教育学刊, 2011 (7).

[15] 哈尔滨工业大学(深圳)经济管理学院课题组. 粤港澳大湾区发展规划研究[J]. 开放导报, 2017 (4).

[16] 韩伏彬, 董建梅. 地方本科高校转型之师资队伍建设探讨[J]. 职教论坛, 2016 (2).

[17] 郝德永. 第三条道路:当代基础教育课程改革的路径[J]. 高等教育研究, 2011 (12).

[18] 何慧星, 孙松. 现代大学治理下高校落实办学自主权的问题、难点与对策[J]. 国家教育行政学院学报, 2014 (12).

[19] 黄非, 陈红彦, 李弘扬, 等. "一带一路"倡议背景下的粤港澳大湾区协同发展——第一届粤港澳"一带一路"倡议论坛:强化大湾区优势互补(2017)会议综述[J]. 华南理工大学学报(社会科学版), 2018 (1).

[20] 黄英杰. 走向创业型大学：中国的应对与挑战［J］. 清华大学教育研究, 2012, 33（2）.

[21] 金星霖. 刻意训练视角下的教师教学能力培养［J］. 北京教育学院学报, 2015, 29（5）.

[22] 匡德花, 黄顺杨, 罗碧纯. "嵌入式"校企合作：高职人才培养模式新路径探析［J］. 湖北职业技术学院学报, 2012, 15（1）.

[23] 李安琦, 苗贵松. 应用型本科高校产学研合作的维度与路径：20所地方本科高校转型发展经验分析［J］. 职教论坛, 2015（35）.

[24] 李臣之. 粤港澳大湾区教育的开放与合作［J］. 现代教育论丛, 2019（1）.

[25] 李红, 丁嵩, 朱明敏, 等. 多中心跨境合作视角下粤港澳湾区研究综述［J］. 工业技术经济, 2011, 30（8）.

[26] 李红. 跨境湾区开发的理论探索：以中越北部湾及粤港澳湾区为例［J］. 东南亚研究, 2009（5）.

[27] 李立勋. 关于"粤港澳大湾区"的若干思考［J］. 热带地理, 2017（6）.

[28] 李胜兰. 粤港澳大湾区的意义、优势、挑战与制度创新［J］. 探求, 2018（2）.

[29] 李世超, 苏竣. 大学变革的趋势：从研究型大学到创业型大学［J］. 科学学研究, 2006（4）.

[30] 李寿德, 李垣. 研究型大学的特征分析［J］. 比较教育研究, 1999（1）.

[31] 李曦, 周亦男, 周学海. "嵌入式系统设计"系列课程建设［J］. 研究生教育研究, 2004（4）.

[32] 梁建伟. 基于SWOT分析的粤港澳大湾区发展研究［J］. 广东经济, 2018（2）.

［33］林贡钦，徐广林.国外著名湾区发展经验及对我国的启示［J］.深圳大学学报（人文社会科学版），2017（5）.

［34］林先扬，陈忠暖，蔡国田.国内外城市群研究的回顾与展望［J］.热带地理，2003，23（1）.

［35］刘胜.粤港澳大湾区高校科技创新型人才培养的探析：基于国际科技创新中心建设目标［J］.广东经济，2018，(10).

［36］刘瞳.粤港澳大湾区与世界主要湾区和国内主要城市群的比较研究：基于主成分分析法的测度［J］.港澳研究，2017（4）.

［37］刘献君.论高校贯彻落实科学发展观中的十个关系［J］.高等教育研究，2009（4）.

［38］刘孝斌.中国特色社会主义新时代下的粤港澳大湾区建设［J］.贵阳市委党校学报，2018（1）.

［39］刘彦军.地方本科高校转型发展模式研究［J］.中国高教研究，2015（10）.

［40］刘英，高广君.高校人才培养模式的改革及其策略［J］.黑龙江高教研究，2011（1）.

［41］刘云刚，侯璐璐，许志桦.粤港澳大湾区跨境区域协调：现状、问题与展望［J］.城市观察，2018（1）.

［42］龙德毅.产教融合、校企合作人才培养模式的角色定位和责任：构建"行业制定标准，院校负责培训，政府实施监督"校企合作的基本制度和运行机制［J］.天津职业院校联合学报，2015（6）.

［43］吕春燕，孟浩，何建坤.研究型大学在国家自主创新体系中的作用分析［J］.清华大学教育研究，2005，26（5）.

［44］马金城，李作奎.财经类高校嵌入式培养模式研究［J］.航海教育研究，2008，25（4）.

［45］马陆亭. 应用技术大学建设的若干思考［J］. 中国高等教育, 2014（10）.

［46］马向明, 陈洋. 粤港澳大湾区：新阶段与新挑战［J］. 热带地理, 2017（6）.

［47］欧小军. 双师双能型：应用型高校教师专业发展的第三条道路［J］. 重庆高教研究, 2018, 6（6）.

［48］欧小军. 双师双能型教师的身份焦虑及其文化建构［J］. 黑龙江高教研究, 2018（2）.

［49］潘懋元, 董立平. 关于高等学校分类、定位、特色发展的探讨［J］. 教育研究, 2009（2）.

［50］潘懋元, 吴玫. 高等学校分类与定位问题［J］. 复旦教育论坛, 2003, 1（3）.

［51］曲中林, 杨小秋. 广东省地方本科院校转型发展的政策研究［J］. 高教探索, 2018（6）.

［52］石贵舟. 产学研协同创新驱动下的高校内涵发展研究［J］. 学术论坛, 2016, 39（3）.

［53］宋丁. 粤港澳大湾区战略推进的背景分析［J］. 特区经济, 2017（7）.

［54］孙不熟. 争锋：粤港澳与杭州湾［J］. 同舟共进, 2017（11）.

［55］孙淳. 粤港澳大湾区建设背景下广佛同城高等教育合作研究［J］. 顺德职业技术学院学报, 2018, 16（1）.

［56］田栋, 王福强. 国际湾区发展比较分析与经验借鉴［J］. 全球化, 2017（11）.

［57］田晶. 地方高校转型背景下青年教师培养机制探究［J］. 高教探索, 2015（9）.

［58］汪大喹. 关于地方高校转型发展的思考：基于中外应用技术型大学比较研究的视角［J］. 教育探索, 2015（7）.

[59] 王洁茹. 落实高校办学自主权的对策探析［J］. 教学考试, 2017（14）.

[60] 王者鹤. 新建地方本科院校转型发展的困境与对策研究: 基于高等教育治理现代化的视角［J］. 中国高教研究, 2015（4）.

[61] 夏明忠. 新建地方本科院校转型发展的动因、障碍和对策［J］. 高等农业教育, 2014（11）.

[62] 冼雪琳, 安冬平. 粤港澳大湾区高等教育现状及合作模式探讨［J］. 深圳信息职业技术学院学报, 2017（4）.

[63] 谢爱磊, 范冬清, 刘子云, 等. 粤港澳大湾区: 9+2 城市高等教育发展的新框架［J］. 现代教育论丛, 2019（1）.

[64] 谢许潭. 借鉴与合作: 粤港澳大湾区与世界知名湾区的互动新态势分析［J］. 城市观察, 2018（1）.

[65] 薛培军, 李宗泉. 论高职院校校际战略联盟［J］. 教育发展研究, 2005, 25（7）.

[66] 杨吉兴, 宋克慧, 张俭, 等. 地方本科院校人才培养模式改革创新的探索: 以怀化学院"三位一体"应用型人才培养模式改革为例［J］. 怀化学院学报, 2012, 31（12）.

[67] 杨晓玲. 先进企业管理对当代高校管理的影响［J］. 学术探索, 2012（3）.

[68] 杨永聪, 申明浩. 粤港澳大湾区对外开放水平的测度与比较［J］. 城市观察, 2017（6）.

[69] 杨玉浩. 基于地缘关系的粤港澳大湾区高等教育现状及发展战略研究［J］. 教育导刊（上半月）, 2018,（8）.

[70] 姚俭, 李川. 高校办学水平分类评价的指标设计［J］. 教育发展研究, 2010（2）.

[71] 喻锋, 甘清, 梁绮琪. 基于"外部对标——内部聚合"框架的粤港澳大湾区发展评价探索性研究［J］. 城市观察, 2018（2）.

[72] 粤港澳大湾区总体思路研究［J］．国际贸易，2018（2）．

[73] 张洪．地方政府推进高校应用转型的策略与反思：基于部分省市推进高校应用转型的政策文本分析［J］．兰州教育学院学报，2018，34（7）．

[74] 张杰．三位一体培养创新型领袖人才［J］．教育与职业，2010（34）．

[75] 张日新，谷卓桐．粤港澳大湾区的来龙去脉与下一步［J］．改革，2017（5）．

[76] 张涛，谢璐．"订单式"培养模式发展存在的问题及对策研究［J］．淮南职业技术学院学报，2007，7（2）．

[77] 张昱，陈俊坤．粤港澳大湾区经济开放度研究：基于四大湾区比较分析［J］．城市观察，2017（6）．

[78] 张喆，李文霞．教学、科研、创业三维一体的高校分类评价指标体系构建思考［J］．科教文汇（下旬刊），2014（11）．

[79] 张振刚．中国研究型大学分类研究［J］．高等工程教育研究，2002（4）．

[80] 张正．高校企业导师制的实践路径探索［J］．中国成人教育，2014（21）．

[81] 赵新亮，张彦通．地方本科高校向应用技术大学转型的动力机制与战略［J］．高校教育管理，2015（2）．

[82] 郑琼鸽，吕慈仙，唐正玲．《悉尼协议》毕业生素质及其对我国高职工程人才培养规格的启示［J］．高等工程教育研究，2016（4）．

[83] "制造强国战略研究"综合组．实现从制造大国到制造强国的跨越［J］．中国工程科学，2015（7）．

[84] 钟韵，胡晓华．粤港澳大湾区的构建与制度创新：理论基础与实施机制［J］．经济学家，2017（12）．

［85］周川.“专业”散论［J］.高等教育研究,1992（1）.

［86］周春山,罗利佳,史晨怡,等.粤港澳大湾区经济发展时空演变特征及其影响因素［J］.热带地理,2017（6）.

［87］朱建新.地方高校向应用型大学转型的制度性困境、成因与机制构建［J］.高等工程教育研究,2018,172（5）.

［88］邹晓东,陈汉聪.创业型大学:概念内涵、组织特征与实践路径［J］.高等工程教育研究,2011（3）.

［89］CLARK B. The entrepreneurial university: new foundations for collegiality, autonomy, and achievement［J］. Higher education management, 2001, 13（2）.

［90］ETZKOWITZ H, WEBSTER A, GEBHARDT C, et al. The future of the university and the university of the future: evolution of ivory tower to entrepreneurial paradigm［J］. Research policy, 2000, 29（2）.

［91］ETZKOWITZ H. Research groups as 'quasi – firms': the invention of the entrepreneurial university［J］. Research policy, 2003, 32（1）.

［92］KELLS H R. National higher education evaluation systems: methods for analysis and some propositions for the research and policy void［J］. Higher education, 1999, 38（2）.

三、报纸

［1］2017年度珠三角竞争力度报告［N］.南方日报,2017 – 12 – 29（AT01）.

［2］"应用型"办学更好服务经济社会［N］.南方日报,2017 – 12 – 29（AT45）.

［3］大都市圈理论·山东半岛城市群发展［N］.烟台大学报,2010 – 05 – 01（3）.

[4] 贺林平. 读职校, 从谋饭碗到追梦想 [N]. 人民日报, 2018-01-15 (12).

[5] 胡文涛. 高等教育合作在大湾区的妙用 [N]. 中国教育报, 2018-04-19 (6).

[6] 加快地方本科院校转型 服务社会经济发展:《地方本科院校转型发展研究报告》负责人答记者问 [N]. 中国教育报, 2013-12-31 (2).

[7] 诺奖得主争夺 战珠三角如何打赢 [N]. 南方日报, 2017-12-29 (AT20).

[8] 吴岩. 大学之大与湾区之大 [N]. 光明日报, 2018-08-07 (13).

[9] 珠江口如何崛起"中国斯坦福"[N]. 南方日报, 2017-12-29 (AT16).

四、学位论文

[1] 卞常红. 地方本科院校转型动力机制研究 [D]. 济南: 山东财经大学, 2016.

[2] 何桂强. 高校创新型人才培养模式的研究与实践 [D]. 长沙: 中南大学, 2002.

[3] 黄彦辉. 影响地方本科院校向应用技术型高校转型的因素与对策研究: 基于许昌学院的个案研究 [D]. 上海: 华东师范大学, 2018.

[4] 江颖. 高校人才培养模式优化研究: 以就业为视角 [D]. 南昌: 江西财经大学, 2012.

[5] 孔苏. 地方本科高校转型发展背景下应用型人才培养模式研究 [D]. 桂林: 广西师范大学, 2015.

[6] 李柱朋. 地方本科高校向应用技术型高校转型政策的研究 [D]. 烟台: 鲁东大学, 2017.

[7] 刘丹. 自组织理论视角下我国新建地方本科院校转型发展研究［D］. 徐州：江苏师范大学，2017.

[8] 龙惜雨. 我国地方本科院校向应用技术型高校转型的困境与对策研究［D］. 重庆：西南大学，2015.

[9] 路倩倩. 新建地方本科院校向应用型大学转型问题研究［D］. 长春：长春工业大学，2017.

[10] 彭鸿. 中国大学自主权的发展历程、问题及对策研究［D］. 南京：南京航空航天大学，2013.

[11] 秦媛. 高等教育第三方评估问题研究［D］. 济南：山东师范大学，2018.

[12] 邵波. 我国高等教育大众化进程中的应用型高等教育研究［D］. 南京：南京师范大学，2009.

[13] 孙永海. 高职院校战略联盟研究［D］. 青岛：山东科技大学，2007.

[14] 谭菊华. 中国高等教育人才培养模式改革研究［D］. 武汉：武汉大学，2014.

[15] 王娟. 中国城市群演进研究［D］. 成都：西南财经大学，2012.

[16] 王绿原. 资源依赖理论视角下应用技术大学发展路径研究［D］. 桂林：广西师范大学，2017.

[17] 王莹. 应用技术大学定位研究［D］. 上海：华东师范大学，2016.

[18] 吴长汉. 我国应用技术型高校人才培养目标研究［D］. 天津：天津职业技术师范大学，2016.

[19] 肖本招. 德国应用技术大学人才培养对我国新建本科高校转型的启示［D］. 南昌：南昌大学，2018.

[20] 徐培培. 地方高校转型发展中的问题及改进路径研究［D］. 沈阳：沈阳师范大学，2017.

［21］朱烨. 高职人才培养目标研究［D］. 南昌：江西师范大学，2005.

五、电子文献

［1］澳门打造 中葡双语人才培养基地 拟"共用"大湾区人才资源［EB/OL］.（2018－05－29）［2018－09－30］. http://finance.sina.com.cn/roll/2018－05－29/doc－ihcffhsu6160601.shtml.

［2］陈先哲. 粤港澳大湾区建设：走出一条超越现状的路［EB/OL］.（2018－08－07）. http://www.chinanews.com/sh/2018/08－07/8592049.shtml.

［3］德勤. 从"世界工厂"到"世界级湾区"：粤港澳大湾区发展建议［EB/OL］.（2018－02－26）［2018－09－30］. https://www2.deloitte.com/content/dam/Deloitte/cn/Documents/about－deloitte/deloitte－cn－cxo－greater－bay－area－whitepaper－zh－180206.pdf.

［4］广东省教育厅高等教育处处长郑文：打造粤港澳大湾区世界一流高等教育［EB/OL］.（2019－03－21）［2019－05－30］. http://dy.163.com/v2/article/detail/EAQFNG2U0516QHFP.html.

［5］广东省人力资源和社会保障厅. 关于印发《广东省人力资源和社会保障"十三五"规划》的通知［EB/OL］.（2016－07－29）［2018－09－30］. http://www.gdhrss.gov.cn/ghtj/20161028/10200.html.

［6］黄达人：建设高水平应用型大学三点思考［EB/OL］.（2017－07－24）［2018－09－30］. http://www.csdp.edu.cn/article/2799.html.

［7］霍启刚：大湾区搭好平台 港澳青年应抓住机遇［EB/OL］.（2019－03－10）［2019－05－30］. https://www.sohu.com/a/300257356_206488?sec=wd.

[8] 教育部,国家发展改革委,财政部.教育部 国家发展改革委 财政部关于引导部分地方普通本科高校向应用型转变的指导意见[EB/OL].(2015-10-23)[2018-09-30].http://www.moe.gov.cn/srcsite/A03/moe_1892/moe_630/201511/t20151113_218942.html.

[9] 教育部.教育部关于"十三五"时期高等学校设置工作的意见[EB/OL].(2017-01-25)[2018-10-30].http://www.moe.gov.cn/srcsite/A03/s181/201702/t20170217_296529.html.

[10] 教育部.全国高等学校名单[EB/OL].(2017-06-14)[2018-09-30].http://www.moe.gov.cn/srcsite/A03/moe_634/201706/t20170614_306900.html.

[11] 黎国灿.勿重蹈十年前的错误决策:论香港教育学院的正名与发展模式[EB/OL].(2007-03-26)[2018-09-30].http://www.leg co.gov.hk/yr06-07/chinese/panels/ed/papers/ed0322cb2-1412-3-c.pdf.

[12] 林郑月娥:期望香港知名高校落户粤港澳大湾区[EB/OL].(2018-04-14)[2018-09-30].http://www.xinhuanet.com/2018-04/14/c_1122682881.htm.

[13] 刘博智.178所高校发布《驻马店共识》推进向应用技术转型[EB/OL].(2014-04-28)[2018-09-30].http://www.jyb.cn/high/gdjyxw/201404/t20140428_579672.html.

[14] 马陆亭.地方高校如何面对发展机遇[EB/OL].(2018-06-13)[2018-09-30].http://www.nanboedu.org.cn/index.aspx?lanmuid=85&subl anmuid=690&id=545.

[15] 相当于再建一座"广州大学城":珠三角将新增超过10所高校[EB/OL].(2019-03-24)[2019-05-30].http://www.sohu.com/a/303509848_100138206.

[16] 粤港澳大学校长开会：2035年要建成大湾区高等教育共同体[EB/OL].(2018-07-10)[2018-09-30]. https://www.cingta.com/detail/5809.

[17] 甄勇. 粤港澳大湾区和新时代应用型教育之探索[EB/OL].(2018-06-18)[2018-09-30]. http://www.nanboedu.org.cn/index.aspx?lanmuid=85&sublanmuid=690&id=552.

后　记

　　《粤港澳大湾区与新时代应用型高等教育》这本稚嫩的小书，是广东南博集团教育研究院（以下简称南博教育研究院）组织编写的有关应用型教育研究丛书的第一辑。

　　作为一名在2006年就加盟广东南博集团的老员工，我见证了广东南博集团（以下简称南博集团）这些年的发展和壮大，见证了南博教育研究院从孕育到诞生的全过程，也见证了这本书的从创意到成稿的全过程。

　　应该说，南博集团从2万元创业资金起步发展至今，一路上经历了太多的风风雨雨，是我们国家改革开放的见证者、参与者和受益者。特别是南博集团的教育板块，已经成为广东省甚至全国比较大型的教育集团。

　　教育是最具有情怀的事业，也是一个国家、一个民族发展的根基。在迈向民族复兴、实现中国梦的伟大进程中，教育发挥着基础性作用。正如前段时间华为总裁任正非所言，教育是我们国家未来的希望所在。实际上，南博集团董事长刘东风多年来也抱有共同的追求和愿景。他说，南博集团目前体量这么大，但是我并不关注它为社会多创造了多少经济价值。我更看重的，是南博集团将来要为这个社会、这片土地留下多少精神遗产。我们办教育，不仅要脚踏实地，培养人才，还要仰望星空，研究、思考一些长远的东西，不仅仅是服务集团，还要能够更好地服务国家，服务社会，发出南博集团自己的声音。这个是2017年是成立南博教育研究院的初衷。

刘东风董事长这个思想的孕育和发展，不是突然迸发的感情冲动，而是若干年来深入思考的自然结果，也是他作为一名知识分子出身的企业家的固有情怀。我深刻理解刘东风董事长这种情怀的意义，也深深理解把这种情怀作为南博人的共同理想来奋斗的价值。也正因为这个企业家的教育情怀，近年来吸引了国内外一大批专家、学者来共集众智，共谋教育事业发展。其中，2018年6月9日集团举办的首届南博教育高峰论坛，就是其中的一个集中体现。

感谢魏中林教授对论坛举办的高度评价，这既是给我们的鼓励与肯定，更是对我们的期望与激励。这些年南博集团一路走来，他一直是关注者、指导者和帮助者。论坛结束后，魏中林教授即提议要对论坛的举办进行全面的深度总结，期望把论坛上诸多专家、领导频闪的灵光，能够固化为一种研究成果著作。为此我们于2018年6月组建书稿编撰小组，由王彦斌先行拟定大纲框架，在魏中林教授指导下先后组织人员进行了4次研讨，并于2019年5月初稿告竣。初稿执笔情况为：第一章曾祥辉，第二章段颖逸，第三章段颖逸、曾祥辉，第四章李旖，第五章、第六章王俊，第七章霍箫夷。最后由王彦斌统稿，魏中林教授审定。

我深知虽然我们大家都十分努力，但距离南博集团的目标，还有很长的路要走，这仅仅是第一步。就这本书来说，除了魏中林教授指出的不足外，由于每个人的专业背景各异，教育经历不一，工作时间长短有差，对于应用型高等教育理论与实践的把握和体悟也各不相同，所以不同篇章的水平也显参差。

特别感谢咸立亭、杨贵仁、韩惠鹏、牛维麟、罗伟其、汤贞敏等专家、领导的指导和帮助。感谢广东科技学院伍晓莉、张蕴华、钟琼、邹瑞等老师对书稿的悉心校对。作为南博教育研究院院长，我更多的是为各位专家、教授做好服务工作，为搭建平台做好服务，值此书出版之际，写这几句话，是为后记。

周二勇
2019 年 5 月 28 日